工业和信息化普通高等教育
"十三五"规划教材立项项目

21世纪高等学校会计学系列教材

会计信息系统实用教程

金蝶 ERP-K/3

微课版 第2版

何亮 编著

人民邮电出版社

北京

图书在版编目（CIP）数据

会计信息系统实用教程：金蝶ERP-K/3：微课版 /
何亮编著. -- 2版. -- 北京：人民邮电出版社，2018.6（2021.1重印）
21世纪高等学校会计学系列教材
ISBN 978-7-115-47758-3

Ⅰ. ①会… Ⅱ. ①何… Ⅲ. ①财务软件－高等学校－
教材 Ⅳ. ①F232

中国版本图书馆CIP数据核字(2018)第032949号

内 容 提 要

　　本书以实例操作步骤模式编写，分为 10 章，内容包括会计信息系统概述，核算账套管理，基础资料设置，总账系统，报表与财务分析系统，应收款、应付款管理系统，固定资产管理系统，工资管理系统，现金管理系统，供应链系统。除第 1 章以外，每一章后面均配有实验题。本书在最后附有 3 份实操考试题，使读者能够提前熟悉企业实际业务场景，并同步检验读者独立操作会计信息系统的能力。

　　本书可作为高等院校财经类专业相关课程的教材，也可作为会计人员岗位培训的教材，以及相关财务工作者和经营管理人员的参考用书。

　◆ 编　　著　何　亮
　　　责任编辑　孙燕燕
　　　责任印制　焦志炜
　◆ 人民邮电出版社出版发行　　北京市丰台区成寿寺路 11 号
　　　邮编　100164　电子邮件　315@ptpress.com.cn
　　　网址　http://www.ptpress.com.cn
　　　保定市中画美凯印刷有限公司印刷
　◆ 开本：787×1092　1/16
　　　印张：15.5　　　　　　　　2018 年 6 月第 2 版
　　　字数：447 千字　　　　　　2021 年 1 月河北第 5 次印刷

定价：45.00 元

读者服务热线：**(010)81055256**　印装质量热线：**(010)81055316**
反盗版热线：**(010)81055315**
广告经营许可证：京东市监广登字 20170147 号

前 言 Foreword

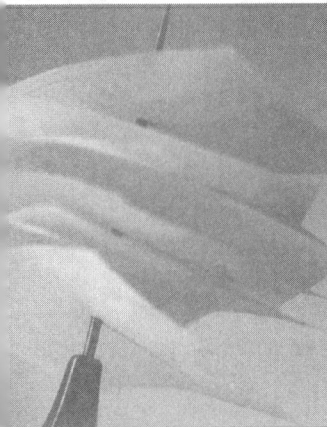

本书以"金蝶 ERP-K/3 系统"为蓝本，结合企业实际业务，以"理论联系实际，实操提升能力"为写作思想，目的是让读者轻松、快速和灵活地学习并应用金蝶 ERP-K/3 会计信息系统。

全书详细讲述金蝶 ERP-K/3 系统的安装、初始设置、日常单据处理和各种账簿报表的查询方法，分章讲述金蝶 ERP-K/3 系统的基础知识、财务系统的应用方法和供应链系统的使用方法。本书在编写上具有以下特色。

（1）内容新颖。本书所采用的"金蝶 ERP-K/3 系统"功能强大，可以实现财务与业务一体化，包括财务系统、供应链系统、生产管理系统和人力资源系统等，符合各类企业的需求。另外，本书采用图文并茂的形式，让学习者轻松、快速学会应用软件。

（2）配套教学微视频。本书为读者准备了丰富的微视频，文件格式为 mp4 文件，读者可以通过多种播放终端进行播放，可以随时随地学习，以达到高效学习的目的。

（3）实战性强。本书模拟"深圳市理想科技有限公司"的业务数据，详细讲述金蝶 ERP-K/3 系统的安装、日常单据处理和各种报表查询等操作。通过实例练习，读者能够尽快理解企业部门组织结构和企业所涉及的业务单据内容，从而更好地学习会计信息系统，提高财务核算水平和管理水平。

（4）内容全面。本书讲述了会计信息系统的基本知识、财务系统和供应链系统的应用。财务系统讲解包括总账、报表与财务分析、固定资产管理、应收款管理、应付款管理、工资管理和现金管理等系统的应用。供应链系统讲解包括销售管理、采购管理、仓存管理和存货核算等系统的应用。

（5）配有课后实验题。读者根据书中每一章的步骤逐一学习完以后，可自行上机实验，以检验自身知识掌握的程度。

（6）配有实操考试题 3 份。编者根据各企业可能采用的不同系统方式，通过实操考试题让读者提前熟悉企业的实际业务场景，并且同步检验读者独立操作会计信息系统的能力。

（7）适合自学。编者在模拟实例数据讲解时，采用步骤清晰的讲解方式，即使用每一功能时，我们按照实际情况分成几个步骤，每一步骤尽量配以操作图片，使读者能快速掌握会计信息系统的使用方法。该讲解方式非常适合于自学的读者。

本书与第1版的区别主要有以下几个方面。

（1）安装使用的操作系统新。第1版是在 Windows XP 环境下安装讲解的，本书是在 Windows 7 环境下安装讲解的。

（2）金蝶 ERP-K/3 系统新。本书使用目前最新的 V14.0 版本进行讲解。

（3）本书在各章的重点和难点都录制有视频，读者通过视频可以更直观地学习软件的操作方法。

（4）修改了第1版中的文字错误。

在本书的学习过程中，读者可以根据书中的操作实例，先学习操作方法，以对软件有所认识，然后再详细理解其中的理论知识和具体功能应用。

本书所附"深圳市理想科技有限公司"账套请到人民邮电出版社人邮教育社区（www.ryjiaoyu.com）免费下载。

由于编者水平有限，书中难免存在不足之处，编者殷切希望读者批评指正，并可将邮件发至（book_better@sina.com）。

编　者

2017 年 12 月

目 录 Contents

第1章　会计信息系统概述

1.1　会计信息系统的内涵 / 1

1.1.1　信息系统的概念 / 1

1.1.2　会计信息系统 / 1

1.1.3　会计信息系统的分类 / 2

1.1.4　会计信息系统的组成 / 3

1.2　实施会计信息系统的基础 / 4

1.2.1　管理基础 / 5

1.2.2　数据基础 / 6

1.3　会计信息系统——金蝶K/3介绍 / 7

1.4　课后习题 / 8

第2章　核算账套管理

2.1　金蝶K/3操作流程 / 9

2.2　核算账套管理 / 9

2.2.1　核算账套建立 / 10

2.2.2　属性设置和启用账套 / 11

2.2.3　备份账套 / 12

2.2.4　恢复账套 / 15

2.2.5　删除账套 / 15

2.2.6　用户管理 / 15

2.3　金蝶K/3系统登录 / 20

2.4　课后习题 / 22

实验一　账套管理和用户管理 / 22

第3章　基础资料设置

3.1　科目 / 24

3.1.1　引入会计科目 / 24

3.1.2　新增科目 / 25

3.1.3　修改科目 / 28

3.1.4　禁用、反禁用科目 / 29

3.1.5　删除、引出、预览、打印科目 / 29

3.2　币别 / 30

3.3 凭证字 /31

3.4 计量单位 /31

3.5 结算方式 /33

3.6 核算项目 /33

　　3.6.1 客户、供应商 /34

　　3.6.2 部门、职员 /36

　　3.6.3 物料 /37

　　3.6.4 仓库 /42

　　3.6.5 现金流量项目 /43

3.7 课后习题 /44

实验二 基础资料设置 /44

第4章 总账系统

4.1 系统概述 /47

4.2 初始设置 /48

　　4.2.1 总账系统参数设置 /48

　　4.2.2 初始数据录入 /53

4.3 凭证处理 /56

　　4.3.1 凭证录入 /56

　　4.3.2 凭证查询 /62

　　4.3.3 凭证审核 /63

　　4.3.4 凭证修改、删除 /64

　　4.3.5 凭证打印 /65

　　4.3.6 凭证过账 /67

　　4.3.7 凭证练习 /68

4.4 账簿 /68

　　4.4.1 总分类账 /69

　　4.4.2 明细分类账 /69

　　4.4.3 多栏账 /70

　　4.4.4 核算项目分类总账 /71

　　4.4.5 核算项目明细账 /72

4.5 财务报表 /73

4.6 往来 /73

　　4.6.1 核销管理 /74

　　4.6.2 往来对账单 /75

　　4.6.3 账龄分析表 /75

4.7 现金流量表 /76

　　4.7.1 现金流量项目指定 /76

　　4.7.2 现金流量表查询 /77

　　4.7.3 T形账户 /77

4.8 结账 /77

　　4.8.1 期末调汇 /78

　　4.8.2 自动转账 /79

　　4.8.3 结转损益 /81

　　4.8.4 期末结账 /82

4.9 课后习题 /82

实验三 总账系统 /83

第5章 报表与财务分析系统

5.1 系统概述 /85

5.2 报表处理 /85

　　5.2.1 查看报表 /85

　　5.2.2 打印 /86

　　5.2.3 自定义报表 /89

　　5.2.4 常用菜单 /91

5.3 财务分析 /94

　　5.3.1 报表分析 /95

　　5.3.2 财务指标 /97

5.4 课后习题 /97

实验四 会计报表查询 /98

第6章 应收款、应付款管理系统

6.1 系统概述 /99

6.2 初始设置 /101

　　6.2.1 应收款管理系统参数设置 /101

　　6.2.2 基础资料 /106

　　6.2.3 应收初始数据录入 /109

6.3 日常处理 /113

　　6.3.1 发票处理 /113

　　6.3.2 收款单 /115

　　6.3.3 票据处理 /116

　　6.3.4 结算 /121

　　6.3.5 凭证处理 /122

　　6.3.6 坏账处理 /124

6.4　账表查询分析 / 125

6.5　期末处理 / 128

6.6　课后习题 / 128

实验五　应收、应付数据处理 / 129

第7章　固定资产管理系统

7.1　系统概述 / 131

7.2　初始设置 / 132

7.3　日常处理 / 138

　　7.3.1　固定资产新增 / 138

　　7.3.2　固定资产清理 / 138

　　7.3.3　固定资产变动、批量清理与变动 / 139

　　7.3.4　固定资产卡片查看、编辑和删除 / 140

　　7.3.5　固定资产拆分 / 140

　　7.3.6　固定资产审核 / 141

　　7.3.7　凭证管理 / 141

7.4　报表 / 142

　　7.4.1　统计报表 / 142

　　7.4.2　管理报表 / 143

7.5　期末处理 / 144

　　7.5.1　工作量管理 / 144

　　7.5.2　计提折旧 / 144

　　7.5.3　折旧管理 / 145

　　7.5.4　自动对账 / 145

　　7.5.5　期末结账 / 146

7.6　课后习题 / 147

实验六　固定资产管理 / 147

第8章　工资管理系统

8.1　系统概述 / 149

8.2　初始设置 / 150

　　8.2.1　类别管理设置 / 150

　　8.2.2　基础设置 / 151

8.3　日常处理 / 155

　　8.3.1　工资业务 / 155

　　8.3.2　人员变动 / 160

8.4　工资报表 / 161

8.5　期末结账 / 163

8.6　课后习题 / 164

实验七　工资管理 / 164

第9章　现金管理系统

9.1　系统概述 / 167

9.2　初始设置 / 168

　　9.2.1　现金管理系统参数设置 / 168

　　9.2.2　现金管理初始数据录入 / 169

9.3　日常处理 / 171

　　9.3.1　总账数据 / 171

　　9.3.2　现金 / 173

　　9.3.3　银行存款 / 176

　　9.3.4　票据 / 178

9.4　报表 / 182

9.5　期末结账 / 182

9.6　课后习题 / 183

实验八　现金管理 / 183

第10章　供应链系统

10.1　系统概述 / 185

10.2　初始设置 / 186

　　10.2.1　系统参数设置 / 186

　　10.2.2　初始数据录入 / 187

　　10.2.3　启动供应链系统 / 189

10.3　通用介绍 / 189

　　10.3.1　单据界面通用介绍 / 189

　　10.3.2　业务单据操作介绍 / 193

　　10.3.3　序时簿查询操作说明 / 196

10.4　供应链系统实例练习 / 197

　　10.4.1　销售订单处理 / 198

　　10.4.2　采购订单处理 / 199

　　10.4.3　外购入库单处理 / 200

　　10.4.4　生产领料单处理 / 202

　　10.4.5　产品入库单处理 / 203

10.4.6　销售出库单处理 / 203

10.4.7　采购发票处理 / 205

10.4.8　外购入库成本核算处理 / 207

10.4.9　销售发票处理 / 207

10.4.10　材料成本核算处理 / 209

10.4.11　供应链单据生成凭证处理 / 212

10.5　课后习题 / 215

实验九　供应链系统 / 215

实操考试一 / 218

实操考试二 / 221

实操考试三 / 226

附录　金蝶K/3 WISE V14.0安装方法 / 231

参考文献 / 240

【学习重点】

通过本章学习，了解会计信息系统的概念、分类及组成；掌握实施会计信息系统的基础；了解金蝶 K/3 系统各财务功能模块组成及各模块之间数据流向的关系。

1.1 会计信息系统的内涵

1.1.1 信息系统的概念

信息系统是指通过计算机对输入的原始数据进行收集、存储、传输、分析等变换处理，并输出有用信息的计算机系统。

信息系统的基本功能可归纳为以下几个方面。

（1）数据的收集和输入。数据的收集和输入功能是指将待处理的原始数据集中起来，转化为信息系统所需要的形式，输入到系统中。在衡量一个信息系统的性能时，必须考虑以下内容：收集数据的手段是否完善；准确性和及时性如何；具有哪些校验功能；输入手段是否方便易用；数据收集和输入的制度是否严密等。

（2）信息的存储。数据进入信息系统后，经过加工或处理，转换成对操作用户有用的信息。信息系统负责把信息按照一定的方法存储、保管起来。

（3）信息的传输。为了让信息的使用者更方便地使用信息，信息系统能够迅速、准确地将信息传递到各个使用部门。

（4）信息的加工。信息系统对进入系统的数据进行加工处理，包括查询、计算、排序、归并、汇总等。

（5）信息的输出。信息输出的目的是将信息系统处理的结果以各种形式提供给信息的使用者。

1.1.2 会计信息系统

会计信息系统（Accounting Information System，AIS）是管理信息系统的一个子系统，是专门用于企事业单位处理会计业务，收集、存储、传输和加工各种会计数据，输出会计信息，并将其反馈给各有关部门，为企业的经营活动和决策提供帮助，为投资人、债权人、政府部门提供财务信息的系统。它运用本身所特有的一套方法，从价值方面对企业、事业、团体的生产经营活动和经营成果，进行全面、连续、系统的定量描述。会计的各项活动都与信息有关，取得原始凭证是收集原始数据，填制记账凭证和记账是把会计数据转换成会计信息并进行信息的传递和存储，提供账簿和报表是会计信息的输出和使用。显然，会计活动的每个步骤都有信息处理任务，每一步都服从于一个统一的目标，所有步骤及其所采用的方法和程序加起来就形成了一个动态的有机整体，这个整体就是会计信息系统。

若从处理手段的角度来看，会计信息系统分为计算机会计信息处理系统（或称为电算化会计信息系统）和手工会计信息系统（或称为传统会计信息系统）。但随着手工会计信息系统的进一步减少，人们习惯将"计算机会计信息系统"简称为"会计信息系统"或"电算化会计"。电算化是我国经济领域对计算机处理经济事务通俗、笼统的称呼。"会计电算化"一词是 1981 年中国会计学会在长春市召开的"财务、会计、成本应用电子计算机专题讨论会"上提出的。它是指将电子计算机技术应用到会计业务处理工作中，用计算机来辅助会计核算和管理，通过会计软件指挥计算机替代手工很难完成的会计工作。

1.1.3　会计信息系统的分类

按照会计信息系统所能提供的会计信息深度和服务层次，会计信息系统可以分为以下 3 种类型。

（1）会计核算系统。会计核算系统是会计信息系统的基础，也是其基本构成。不论会计信息系统在会计信息处理上达到何种深度和广度，这一层次都是必不可少的。其主要功能是处理传统财务信息，并向会计管理系统和会计决策支持系统提供来自企事业单位经济事项的最原始的会计核算数据，如总账核算、工资核算、材料核算、成本核算和固定资产核算等。

（2）会计管理系统。会计管理系统是会计决策支持系统的基础，是会计信息系统的中间层次。其主要作用是在核算处理的基础上，根据会计决策支持系统的会计决策信息完成对资金、成本、销售收入和利润等方面的管理和控制，并将决策执行的结果反馈给会计决策系统，行使会计信息系统的监督、管理和控制职能。例如，资金管理子系统用于对资金的使用、周转、控制和分析等。

（3）会计决策支持系统。会计决策支持系统是会计信息系统的最高层次。其主要理论依据是一些有关的数字经济预决策模型。同时，它建立在前两个层次之上，其规模是具有弹性的。由于各组织的实际情况和管理水平差别很大，因此每个组织对会计决策支持系统的要求也有很大不同，但其基本功能是帮助会计问题的决策者进行科学的经营决策和预测工作。其基本内容包括长短期投资预测、风险预测与控制、利润预测、不同情况下的投入产出预测和决策等。

需要强调指出的是，会计核算系统、会计管理系统、会计决策支持系统不是截然分开的，而是有着密切联系的。

按照不同的组织类型，会计信息系统可以划分为以下几种。

（1）工业企业的会计信息系统：主要对供、产、销过程进行核算、反映和控制。它一般分为总账、会计报表、工资管理、固定资产管理、材料管理、往来处理和销售管理等子系统。

（2）商业企业的会计信息系统：主要反映商品的采购、商品的存放管理、商品的销售业务。它一般分为总账、会计报表、工资管理、采购管理、库存管理和销售管理等子系统。

（3）行政事业单位的会计信息系统：主要核算国家财政的拨入款项，对各种费用支出进行监督和控制。它一般分为总账、会计报表、工资管理、预算管理和专项费用支出管理等子系统。

（4）科技贸易及服务类型组织的会计信息系统：主要核算所提供的劳务和归集的费用，同时对债权和债务进行分析和控制。它一般分为总账、应收款管理、应付款管理和工资管理等系统。

（5）金融机构的会计信息系统：可以核算、反映和监督银行本身的正常经营活动情况，同时核算、反映和监督各部门、各组织的资金活动情况。它一般分为柜台供应链系统、同城资金核算系统、电子联行系统、转账系统、国际资金结算系统、固定资产管理系统、会计报表和决策支持系统等。

按照会计信息的开展范围和组织形式，会计信息系统可以划分为以下几种。

（1）单位会计信息系统：指一个法人单位或独立核算单位的会计部门使用的会计信息系统。此处单位是指包括各行各业的单位，它是行业会计信息化系统和地区会计信息化系统的基础。但是行业不同，其核算范围和深度也有所不同。

（2）行业会计信息系统：有两种含义，一是行业各单位的会计部门实现会计信息化；二是全行业的会计部门实现报表和报表汇总的会计信息化。行业会计信息系统的第一种含义有待于单位的会计信息化全部实现，所以各个行业的主管领导在开展会计信息化工作时，应把近期的工作着眼点放在此项工作上。实现行业内报表的收集和汇总相对简单一些，但也应抓紧部署该工作。

（3）地区会计信息系统：一是全地区所有单位的会计部门实现会计信息化；二是全地区的会计部门实现报表的收集和汇总会计信息化。

1.1.4 会计信息系统的组成

会计信息系统从物理组成来看，是由计算机硬件、计算机软件、数据、会计规范、人员组成的；从职能结构来看，是由若干个职能子系统组成的。

1. 会计信息系统的物理组成

（1）计算机硬件。计算机硬件是指进行会计数据输入、处理、存储及输出的各种电子设备。输入设备有键盘、鼠标、光电扫描仪和条形码扫描仪等；处理设备有计算机主机；存储设备有硬盘、光盘和 U 盘等；输出设备有显示器和打印机等；通信设备有传输介质、路由器等。硬件设备不同的结构及组合方式决定了会计信息系统的不同工作方式。目前常见的有单用户结构、多用户结构、局域网结构和广域网结构 4 种类型。

（2）计算机软件。计算机软件包括系统软件和应用软件。系统软件主要是指中文操作系统、数据库管理系统等，一般在购买硬件设备时由计算机厂商提供或自行购买。应用软件主要指会计软件，它是会计信息系统的一个重要组成部分。有关会计软件的一些文档资料也包括在会计软件之内，使用单位可以组织开发设计会计软件或购买商品化会计软件。

（3）数据。会计信息系统的数据包括输入的原始数据（如原始凭证）、处理后的中间结果数据（如明细账、总账、多栏账等）、系统处理结果向组织内部和外部有关部门人员提供的会计数据（如会计报表等）。由操作人员把会计数据输入计算机内，计算机进行处理后，再输出相应的各种数据。由于会计信息涉及面广、量大，必须由专门的数据库系统集中处理这些数据。

（4）会计规范。会计规范是指保证会计信息系统正常运作的各种制度和控制程度，如硬件管理制度、数据管理制度、会计人员岗位责任制度、内部控制制度、会计制度、会计准则等。

（5）人员。人员一般是指从事系统的规划、开发、维护和使用的人员，有系统管理员、系统分析员、系统维护员和会计档案保管员等。人员也是会计信息系统中的一个重要因素，如果没有一支高水平、高素质的会计人员队伍和系统管理员队伍，硬件、软件再好，系统也难以稳定、正常地运作。

2. 会计信息系统的职能结构

会计信息系统职能从其系统职能结构来看可分为会计核算职能和会计管理职能，会计核算职能目前较为成熟。下面以工业企业会计信息系统为例来介绍其职能构成。

（1）会计核算职能

① 总账系统：用于日常账务处理，从记账凭证的录入开始，完成凭证的复核、记账、结账等业务处理，并对凭证、总账、明细账、日记账、科目汇总表和多栏账等账表进行查询，提供各种形式的查询打印功能。总账系统是整个会计信息系统的核心。各供应链系统如工资核算、材料核算等生成的凭证需要转入总账系统进行登账，同时，总账、明细账等会计信息也是会计报表系统的基础。

② 会计报表系统：根据总账系统有关账簿、凭证的数据，自动生成会计报表，包括资产负债表、利润表和现金流量表等。根据企业管理的要求，也可以设计相应的内部报表，自动从账务处理系统或其他供应链系统提取数据，进行会计信息的分析。

③ 应收款、应付款管理系统：专门负责企业的应收款和应付款管理，进行发票的登记，收款和付款的录入，往来数据的核销，随时查询、分析往来数据的汇总报表和明细表，即时反映往来单位的余额等情况，并可进行账龄分析等查询。

④ 固定资产管理系统：用于管理固定资产卡片信息，根据原始固定资产卡片信息自动登记固定资产明细账，每月根据折旧方法计提折旧凭证并传递到账务处理系统，用户可以随时查询固定资产卡片信息和折旧分配表等账表。

⑤ 工资管理系统：用于处理职工工资核算，以及考勤记录、扣款、扣税等基础数据，自动计算职工应发工资和实发工资等，完成工资的汇总、分配和福利费的提取等工作，编制输出工资条和分析报表等，自动生成工资核算有关凭证并传递到账务处理系统。

⑥ 销售系统：负责针对客户的产成品销售业务，进行销售发货单的处理，销售发票的登记，销售费用和税金的处理，可以查询销售收款、欠款和利润等情况，并将有关系统凭证传递到总账系统。

⑦ 采购系统：负责采购原材料的处理，进行采购收货的处理，采购发票的登记，采购费用和税金的处理，可以查询采购付款、欠款和成本降低等情况，并将有关系统凭证传递到总账系统。

⑧ 库存系统：主要负责材料的收、发、储存和使用的有关核算工作。通过录入材料入库凭证、发料凭证以及委托加工凭证，自动登记库存台账、进出库流水账和收发存汇总表等。

（2）会计管理职能

① 投资决策系统：根据不同的决策方法对组织的投资方案进行测算、对比和分析，从中选择最优的方案。

② 销售预测分析系统：根据预测的对象、目的、时间及精确程度的不同，用不同的预测方法对产品的未来销售做出预测和分析。

③ 全面预算系统：根据不同的管理理念采用不同的预算编制方法，在销售预测的基础上，对组织未来特定时期生产经营活动做出数量说明。

④ 成本控制系统：根据不同的成本控制目的，采用不同的成本控制方法对产品进行事前、事中、事后控制，分析实际成本与标准成本的差异，找出成本升降的原因，为成本决策提供依据。

⑤ 存货控制系统：根据不同的存货控制方法分析构成存货成本的各个项目，得出最适当的存货存储数量，使库存存货的成本总额最小化。

1.2 实施会计信息系统的基础

会计信息系统不仅是会计电算化，它还涉及人、财、物、供、产、销等诸多方面，覆盖企业生产经营活动的所有领域，是有效利用企业资源集成化的企业级信息系统，是一个具有系统复杂、实施难度大、应用周期长等特点的企业管理系统工程。因此，企业在实施会计信息系统时，必须从系统工程和科学管理的角度出发，建立健全管理体系和运作机制，打好系统实施所需的基础。这些工作主要包括：①企业的领导班子具有改革进取的决心，对实施的系统有一致的明确目标；②建立现代企业制度，制定明确、量化的应用目标；③扎实做好信息资源的基础管理工作；④建立一支高素质的信息技术队伍；⑤制定和完善企业信息化工作规范；⑥建立与会计信息系统相匹配的网络环境。

实施会计信息系统可促进企业解决以下问题。①基础管理不扎实：具体表现在人、财、物和供、产、销等方面与制度化、规范化、科学化有相当大距离，人为因素和主观因素的影响都非常大。②战略管理不到位：这是由于企业对内部资源的状况以及环境资源的状况不了解，对市场变化的趋势不能很好地把握，尤其是在信息不充分的情况下，往往容易做出盲目的决策。③信息资源不共享：由于企业内部的物资、财务、技术以及其他的部门信息不共享、不集成，沟通严重不足，结果大量的信息是孤岛式的、滞后的，甚至是虚假的和部门利益化的，管理的依据失真严重。即使是某个部门做得很好，企业整体的管理水平却很难提高。实施会计信息系统，可利用计算机的准确性和非情感性，使基础管理规范化，使综合管理集成化，大大减少决策者日常管理时间的消耗，大大增加企业投入市场和研发上的精力，提高战略管理的准确性。

实施会计信息系统要进行总体规划、分步实施。

第 1 阶段是基础管理阶段，基础阶段重点解决基础数据管理、基本业务流程设计、内部控制设计、员工业务规范的管理等方面。企业通过对这些基础的梳理和规范化，初步形成对企业资源的了解，从而能够有选择地对重点资源进行控制和把握。

第 2 阶段是理顺业务流程，规范企业管理。在实施会计信息系统的过程中，借助相关的管理理念对企业的流程进行优化，当优化后的流程（流程步骤和岗位相结合）借助软件和计算机硬件得以实现后，任何业务操作就必须遵守制定的规则。企业的业务流程集中体现在采购流程、库存管理流程、生产制造流程、销售流程和财务结算流程，不同的步骤由不同的岗位来处理，企业要严格按照系统控制流程，对企业内部所有环节进行有效的控制和管理。这样，就从管理范畴的深度上为企业提供了更丰富的功能和工具。

1.2.1 管理基础

实现财务管理与业务处理的协同，必须科学地规范企业的管理工作，设计业务流程，统一基础数据管理。如果这些工作做不好，那么再先进的系统也无法实现系统的设计目标。首先要扎实地做好信息资源的基础管理工作，包括财务管理、存货管理、生产管理、成本管理和固定资产管理等，做到数据准确、完备、客观、及时，为会计信息系统提供足够的基础支持。

1. 管理工作制度化

管理工作必须有相配套的管理制度。这些制度是为使用系统的"人"和系统制定的"规矩"。企业人员必须严格遵守这些"规矩"，才能保证会计信息系统的有效运作，实现会计信息系统的高度集成，物流、资金流、信息流的同步，并通过业务处理系统，预制每个业务的财务处理凭证。当特定的业务触发相应的处理时，系统自动生成凭证，保证会计信息及时从供应链系统获取。

2. 业务流程科学化

会计信息系统涉及人、财、物、供、产、销等诸多方面，覆盖企业生产经营活动的所有领域，是物流、信息流、资金流高度集中统一的系统。这无疑就要求企业对原有的组织机构、人员设备、工作流程进行重新安排，以保证系统功能的实现。实施信息系统的过程就是依据市场竞争规则的企业再造过程，所以，企业实施会计信息系统必须进行业务流程重组。也就是说，打破企业基于职能结构为基础的、流程被肢解成碎片分布于企业各职能部门的框架，重新整合流程，使之以一种全新而完整的方式运转起来。

许多成功的企业在搞企业信息化时，都是紧紧地围绕着企业的核心业务和主导流程来开展的。零售帝国沃尔玛的核心业务是商品零售，而要保证其遍布全球的连锁店能够正常经营，货物配送就成为它的主导流程。因此，沃尔玛不惜花费巨资来"强化"它的核心业务和主导流程。再如，青岛海尔是一家制造型企业，它在国内率先采用了计算机集成制造系统（CIMS），取得了非常好的效果。现在，海尔全面实行了"索酬、索赔、跳闸"的内部市场链（SST）管理制度。"市场链"实质上是以订单信息流为中心，带动物流和资金流的运行。

企业必须从自身的实际条件出发，逐步推进企业信息化与流程再造进程。企业流程再造必须同企业的信息化水平相适应，充分发挥信息化对流程再造的催化作用。再造以信息化为基础的企业作业流程，才能真正发挥信息系统的强大功能，在全球化、知识化、信息化的新经济时代取得竞争优势。

1.2.2　数据基础

1. 基础数据规范化

实施会计信息系统要从基础工作抓起，必须保证基础数据的完整性、准确性和可靠性，同时要对原来管理系统的每一环节进行整顿提高。实施信息化的成功企业和专家总结出了这样的名言："三分技术、七分管理、十二分数据。"可以说，数据是信息系统的基础和核心，一个数据失真、不完整或采集不及时的信息化系统，无论其功能多么完善，使用如何方便，都不会有任何意义。然而，要做到系统中的数据准确、及时、全面，没有一套与之适应的管理规范是难以保证的。基础数据包括客户档案、供应商档案、物料档案、计量单位、仓库档案、固定资产清单、生产工序和工艺路线等，这些都要求规范化。

2. 财务数据规范化

财务基础数据也包括为财务系统提供信息的各种业务数据、各种材料和产品信息、工艺配方、客户和供应商档案、固定资产及人事信息等。这些数据是企业最重要的资源，是企业信息化建设的基石。实施会计信息系统，可以强行规范各种数据的建立，如在输入销售订单时，一定要输入客户编码信息、产品销售的行业流向等。这些规范的数据和特征值为今后信息的查询和决策分析提供了强有力的支持。

财务的基础数据主要有以下两类。一类是进行管理和会计监督所必须的定额和费用开发的标准和预算（或计划）；另一类是各种核算对象，如原材料、零配件、包装物、产成品、固定资产、低值易耗品等的名称和编码。对第一类基础数据，要结合管理制度和具体的管理办法制定出科学、合理、完整的标准，并规定相应的审核、批准权限。第二类基础数据是会计信息系统实施的基础，也是系统能够按照设计要求运行的基本保证，必须对这类数据进行系统的分类整理，才能为会计信息系统的顺利实施打好基础。

3. 历史数据规范化

为了保证会计信息系统初始化工作顺利进行，还需要对有关的历史数据进行必要的规范整理。

（1）规范会计科目体系，整理期初数据

按照选择的软件要求，设计企业的科目体系，然后对已使用的科目按照新的标准进行调整，使之与新系统对接，并按新科目准备期初数据。这些数据包括以下几个方面：各科目（包括明细科目）的年初数、累计发生数、期末数、辅助核算项目的期初余额、待清理的往来款项、数量金额账的数量和单价、外币金额账的外币和汇率等。

（2）往来账户的清理

对历史遗留下的无望收回的呆账、乱账和难账，应组织整理和处理，不宜进入会计信息系统的往来账户。根据不同的用户对往来账款的管理不同，可将往来账分设为客户往来、供应商往来、个人往来辅助账。系统在登记往来账户明细账、总账的同时，还应按单位名称或个人姓名在辅助账数据文件中，按辅助账的特点进行汇总登记和明细登记；还应对往来账户的有关资料，如企业名称、个人姓名、地址、电话、邮政编码等资料进行认真的清理，做到名称使用规范，相关资料齐全，从而为建立会计信息系统打好基础。

（3）银行账的清理

银行账的清理就是将单位的银行账与银行对账单进行核对，并查清未达账项的原因，以保证会计信息系统中银行账初始数据的准确性。

（4）存货的清理

存货的清理就是将各仓库中的物料、半成品、产成品进行盘点，对盘点结果进行相应的处理，如物料编码、物料名称、型号规格、计量单位、计划价格、实际价格、库存量等，然后按照软件的设计要求进行整理。

（5）固定资产的清理

固定资产的清理首先要对所有在册固定资产进行实地盘点，对于盘亏、毁坏的资产进行清理处理，然后按照软件的设计要求对固定资产进行分类整理。其具体工作包括整理卡片资料，确定每一资产的编号、原始价值、累计折旧、维修资料等变动项资料。

历史数据的正确与否，是决定系统运行结果是否准确可靠的前提条件，因为会计信息系统中大多数数据的处理，都以期初数据作为处理和结转的依据。

1.3 会计信息系统——金蝶 K/3 介绍

金蝶 K/3 系统是一套财务与业务高度集成的会计信息系统软件，既可以管理财务业务，又可以与购销存和精益生产等业务集成使用，实现财务业务一体化的目的。

金蝶 K/3 财务功能模块组成和各模块之间数据流向如图 1-1 所示。

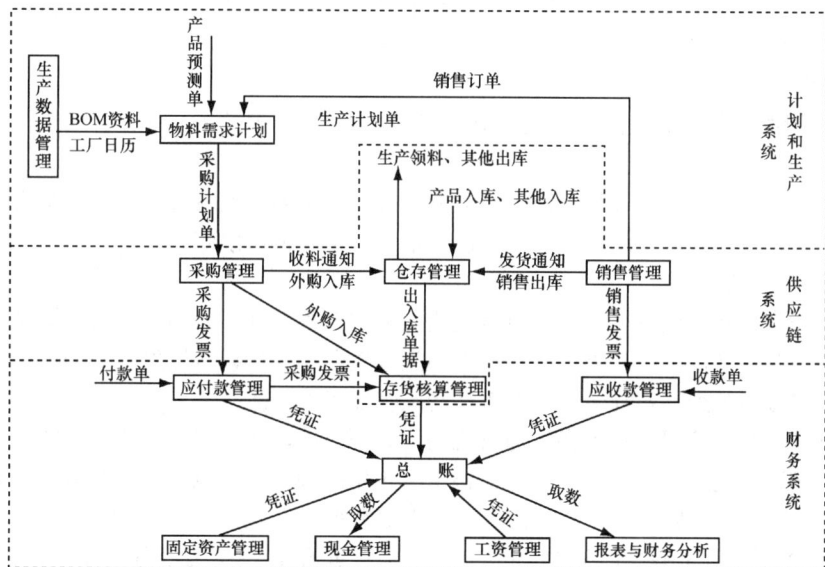

图 1-1

1. 财务系统

财务系统包括总账系统、报表与财务分析系统、应收款管理系统、应付款管理系统、固定资产管理系统、工资管理系统和现金管理系统。

（1）总账系统。总账系统是以凭证为原始数据，通过凭证输入和处理，完成记账和结账、账簿查询及打印输出等工作，同时提供往来款核算和管理、部门核算和管理、项目核算和管理等功能。总账系统与其他业务连用时，可以接收从其他业务传递过来的凭证并进行会计核算，以达到财务业务一体化的目的。

（2）报表与财务分析系统。报表与财务分析系统主要根据会计核算数据（如总账系统产生的总账及明细账等数据）完成各种会计报表的编制工作，如资产负债表、利润表等；同时可以自定义报表，如部门费用情况表等。分析功能可以根据报表数据生成各种分析表和分析图等。

（3）应收款和应付款管理系统。应收款系统主要管理销售发票、应收单、应收票据及销售收款单据的录入、审核，并进行应收款项与收款单的核销。应收款系统对企业的应收账款进行综合管理，生成相关单据和凭证并传递到"总账"系统，具有客户信用管理、现金折扣管理和坏账管理、抵销应付款及催收管理等功能。同时，它还能生成应收账龄分析、欠款分析、回款分析、资金流入预测等销售业务的统计分析报表。应收款系统与销售系统连用时，能接收销售系统传递的销售发票并进行审核。应收款系统可单独使用，也可与"总账"系统连用，所生成的凭证即时传递到"总账"系统，确保财务信息的一致性。

应付款系统的功能与应收款系统类似，但是数据为应收款的反向数据。

（4）固定资产管理系统。固定资产管理系统主要是对设备进行管理，即存储和管理固定资产卡片，灵活地进行增加、删除、修改、查询、打印、统计与汇总等操作。如进行固定资产的变动核算，输入固定资产增减变动或项目内容变化的原始凭证后，系统自动登记固定资产明细账，更新固定资产卡片。完成计提折旧和分配后，费用分配转账凭证可自动转入"总账"系统，用户可灵活查询、统计和打印各种账表。

（5）工资管理系统。工资管理系统是以职员个人的原始工资数据为基础，具有完成职员工资的计算，工资费用的汇总和分配，计算个人所得税，查询、统计和打印各种工资表，自动编制工资费用分配表、转账凭证并传递给账务处理系统等功能的管理系统。

（6）现金管理系统。现金管理系统是对现金业务和银行业务进行管理的系统，用户可以录入现金日记账、银行日记账，录入银行对账单数据与银行日记账进行对账处理，随时可以与总账下科目进行对账，以保证双方系统数据的一致性，同时该系统提供支票管理功能。

2. 工业会计系统

工业会计系统即为供应链系统，主要包括销售管理系统、采购管理系统、仓存管理系统和存货核算管理系统。

（1）销售管理系统。销售管理系统是以销售业务为主线，兼顾辅助业务管理，实现销售业务管理与核算一体化的系统。销售管理系统提供销售报价、销售订单、销售出库和销售开票功能，用户可随时查询各种销售明细账等账簿。

（2）采购管理系统。采购管理系统可以实现对采购业务的全程管理。采购管理系统提供采购订单、采购入库和采购开票功能，可以从"生产管理"中生成采购建议后，直接生成采购订单并传递到采购管理系统，用户可随时查询各种采购订单执行情况明细账等账簿。

（3）仓存管理系统。仓存管理系统主要以物料流动为处理对象，达到账实相符的目的。系统提供采购入库、产品入库、其他入库、盘盈入库、销售出库、生产领料、其他出库、调拨和组装等业务处理功能。用户可以随时查询即时库存和收发存汇总表等账簿。

（4）存货核算管理系统。存货核算管理系统主要针对企业存货的收、发、存业务进行成本核算，首先核算入库成本，再计算出库成本，从而即时掌握存货的耗用情况，及时、准确地把种类存货成本归集到各成本项目和成本对象上，为企业的成本核算提供基础数据；它动态反映存货资金的增减变动，提供存货资金周转和占用的分析数据，为降低库存、减少资金积压、加速资金周转提供决策依据。各业务单据可以根据凭证模板生成凭证并传递到账务处理系统进行财务核算，使业务与财务形成无缝连接。

由于计划和生产系统在财务实际工作中很少接触，本书将不会讲述。

1.4 课后习题

（1）请解释"信息系统"的含义。

（2）请解释"会计信息系统"的含义。

（3）按照会计信息系统所能提供的会计信息深度和服务层次，会计信息系统可以分为几种类型？

（4）会计信息系统的物理组成有哪些？

（5）实施会计信息系统对历史数据的规范有哪些要求？

（6）请画出金蝶K/3财务功能模块组成和各模块之间的数据流向。

核算账套管理 | 第2章

【学习重点】

通过本章学习，了解金蝶 K/3 会计信息系统核算账套建立、账套备份和账套恢复等操作，掌握账套用户档案的建立和权限的控制等方法。

2.1 金蝶 K/3 操作流程

在使用会计信息系统之前，用户首先需要了解它的操作流程。流程如图 2-1 所示。

在使用金蝶 K/3 系统进行日常业务处理之前，用户首先要建立账套，账套建立成功后即可进行系统设置。系统设置包含系统参数设置、基础资料设置和初始数据录入。系统参数设置是指设置与账套有关的信息，如账套的公司名称、地址、记账本位币等。基础资料设置是指录入业务单据时要获取的基础数据，如会计科目、客户资料和物料资料等。初始数据录入是指录入账套启用会计期间的初始数据，如会计科目的期初数据、累计数据和物料初始数据等。然后检查数据是否正确，是否符合启用要求，如果符合，则可以结束初始化并启用账套。之后，可以进行日常的业务处理，如销售发票、采购发票、收款单、付款单、固定资产单据的处理。最后所有数据都归纳到总账系统，系统根据已保存的单据数据可生成相应的报表。每个月的业务工作处理完成后，可以进行月末结账，进入下一会计期间继续处理业务。

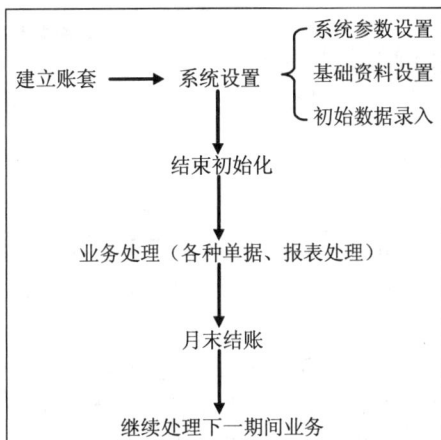

图 2-1

2.2 核算账套管理

会计信息系统就是指用计算机系统代替人工进行账务、业务处理等工作。因此，用户必须建立一个账套文件，存放公司的财务和业务资料，以便于使用计算机进行处理。

账套是一个数据库文件，存放所有的业务数据资料，包含会计科目、凭证、账簿、报表和出入库单据等内容，所有工作都需要登录账套后才能进行处理。一个账套只能做一个会计主体（公司）的业务，金蝶软件对账套的数量没有限制，也就是说一套金蝶 K/3 系统可以处理多家公司的账务。

> （1）本书所讲练习都是在"金蝶 K/3 WISE V14.X"版本上操作的。
> （2）若是使用网络版，账套管理功能在"服务器"计算机上使用。
> （3）本书操作环境为 Windows 7 系统、数据库为 SQL2008。
> （4）学习本书前，默认你的计算机里已安装好金蝶 K/3 WISE V14.X 系统，并正常登录使用。

2.2.1 核算账套建立

【例2-1】深圳市理想科技有限公司是一家专业开发、生产、销售各类数码相框的公司，该公司将于2017年1月使用金蝶K/3系统，记账本位币为"人民币"。建立该核算账套。

操作步骤如下。

（1）单击【开始】→【所有程序】→【金蝶K/3 WISE】→【金蝶K/3服务器配置工具】→【账套管理】，系统弹出"账套管理登录"窗口，如图2-2所示。

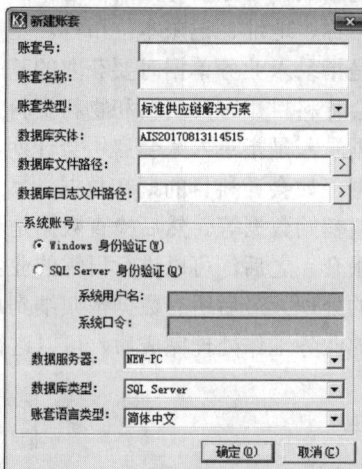

核算账套建立

（2）用户名"Admin"是系统默认的账套管理员，"密码"默认为空，单击"确定"按钮，系统进入"金蝶K/3账套管理"窗口，如图2-3所示。在"金蝶K/3账套管理"窗口中有两个列表——机构列表和账套列表。

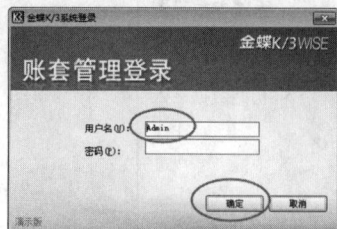

图2-2

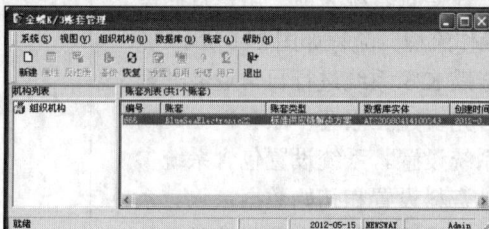

图2-3

* **账套列表**：显示当前计算机中已经建立的账套信息。

* **机构列表**：很多集团性、连锁性公司下的各分公司既要财务数据独立核算又需要汇总，为了便于分类管理，可以将其结构分层，然后在相应的组织结构下建立账套。

（3）单击菜单【数据库】→【建立账套】，或单击工具栏上的"新建"按钮，系统弹出"信息"窗口，请认真理解窗口中的内容，以便建立账套时选择相应类型。在此单击"关闭"按钮，系统弹出"新建账套"窗口，如图2-4所示。

"新建账套"各项说明如表2-1所示。

图2-4

表2-1　　　　　　　　　　　　　"新建账套"窗口各项目解释

项　目	说　明	是否为必填项
账套号	账套在系统中的编号，手动录入，不能有重号	是
账套名称	账套的名称	是
账套类型	系统提供8种账套类型，系统类型会自动建立相关内容	是
数据库实体	账套在SQL Server数据库服务器中的唯一标识。新建账套时，系统会自动产生一个数据实体，可以手工修改	是
数据库文件路径	账套保存的路径	是
数据库日志文件路径	账套操作日志保存的路径	是
系统账号	新建账套所要登录的数据服务器名称、登录数据服务器方式、登录用户名和密码	是

（4）录入账套号"006"，账套名称录入"深圳市理想科技有限公司"，单击"数据库文件路径"

右侧"＞"按钮（浏览），选择数据库文件保存路径，保持默认值，同步设置"数据库日志文件路径"，"系统账号"使用"SQL Server 身份验证"模式，录入 SQL 的用户名和密码，其他项目保持默认值，设置完成如图 2-5 所示。

 如果对计算机的基本操作不熟悉，建议保存路径采用系统默认值，以便日后维护。

（5）单击"确定"按钮，系统开始建立账套，账套建立成功后，账套信息会显示在"账套列表"中，如图 2-6 所示。

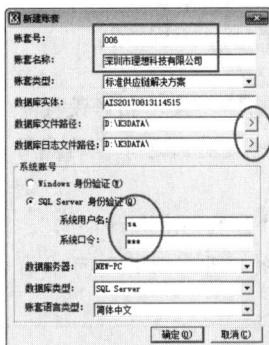

图 2-5

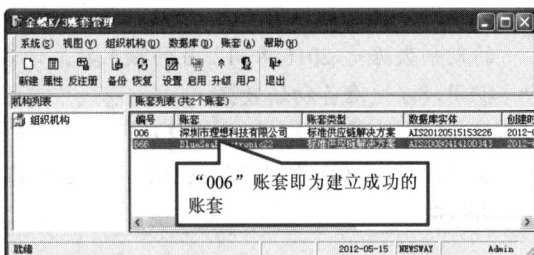

"006"账套即为建立成功的账套

图 2-6

2.2.2　属性设置和启用账套

属性包括账套的机构名称、记账本位币和启用会计期间等内容，属性设置完成后才可以启用账套，设置步骤如下。

（1）在"账套列表"中选中"006"账套，单击菜单【账套】→【属性设置】，或单击工具栏上的"设置"按钮，系统弹出"属性设置"窗口。在"系统"选项卡中可以设置账套的基本信息。录入"深圳市理想科技有限公司""深圳南山区""0755-86123456"，如图 2-7 所示。

属性设置和启用账套

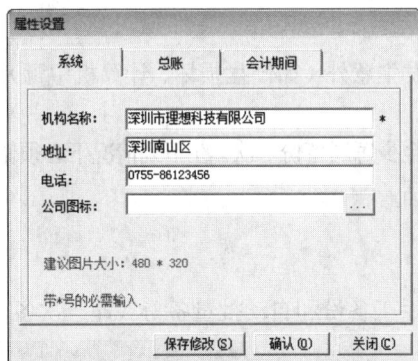

图 2-7

（2）在"总账"选项卡中可以设置记账时的基本信息。录入"RMB""人民币"，其他选项采用默认值。

（3）在"会计期间"选项卡单击"更改"按钮，系统弹出"会计期间"设置窗口，"启用会计年度"录入"2017"，"启用会计期间"录入"1"，如图 2-8 所示。

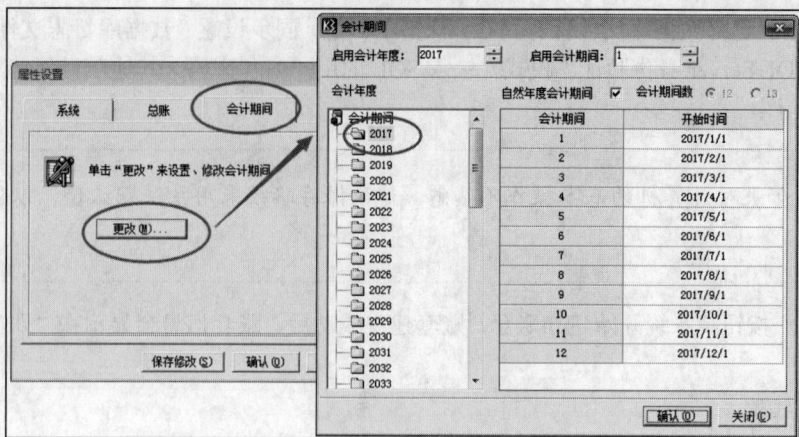

图 2-8

（1）启用会计年度为"2017 年"，启用会计期间为"1 月"，表示初始设置中的期初数据是 2016 年 12 月的期末数。读者在启用账套时一定要注意账套的启用期间，以便准备初始数据。

（2）如果会计期间需要特殊设置，则可以取消选中的"自然年度会计期间"，这样读者可以设置"12"或"13"个会计期间，并且期间的"开始日期"可以自由修改。

（4）单击"确定"按钮保存会计期间设置，并返回"属性设置"窗口，单击"确认"按钮。系统会弹出"确认启用当前账套吗？"窗口，单击"是"按钮，稍后系统会再弹出"成功启用"提示窗口，单击"确定"按钮，完成属性设置和账套启用工作。

该处的账套启用是指建立账套文件工作完成，而不是启用后可以录入业务单据。因为初始数据还未录入，所以录入单据后的数据会与实际数据有出入。

2.2.3 备份账套

操作软件时，为预防数据出错或发生意外（如硬盘损坏、计算机中毒），需要随时备份数据，以便恢复时使用。

备份工作可以随时进行，编者建议至少每周备份一次。在下列情况下必须做备份。

（1）每月结账前和账务处理结束后。

（2）更新软件版本前。

（3）进行会计年度结账时。

备份账套

金蝶 K/3 提供两种备份方法——手工备份和自动批量备份（即一次备份多个账套，而且备份工作在后台定时执行，不用人工操作）。

1. 手工备份

（1）在"账套列表"中选中要备份的账套，如选中"深圳市理想科技有限公司"账套，单击菜单【数据库】→【备份账套】，或单击工具栏中"备份"按钮，系统弹出"账套备份"窗口，如图 2-9 所示。

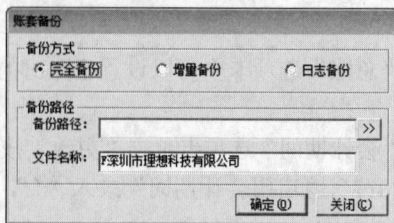

图 2-9

- **完全备份**：执行完整数据库的备份，也就是为账套中的所有数据建立一个副本。备份后，生成完全备份文件。
- **增量备份**：记录自上次完整数据库备份后对数据库所做的更改，也就是为上次完整数据库备份后发生变动的数据建立一个副本；备份后，生成增量备份文件；增量备份比完全备份工作量小而且备份速度快，因此可以更经常地备份，以减小丢失数据的危险。
- **日志备份**：事务日志是上次备份事务日志后，对数据库执行的所有操作的记录。一般情况下，事务日志备份比数据库备份使用的资源少，因此可以经常地创建事务日志备份。经常备份将减小丢失数据的危险。
- **备份路径**：备份所生成的*.DBB 和*.BAK 文件的保存位置，应尽量采用默认值。
- **文件名称**：备份时生成的文件名称可更改。

> **注意**　第一次备份一定用完全备份；备份生成的*.DBB 和*.BAK 文件，要定期复制到外部存储设备上。

（2）单击"备份路径"右侧的"》"按钮（浏览），系统弹出"选择数据库文件路径"窗口，采用默认保存路径，单击"确定"按钮返回"账套备份"窗口，单击"确定"按钮，系统开始备份数据，稍后系统弹出"金蝶提示"窗口，如图 2-10 所示。单击"确定"按钮，备份完成。

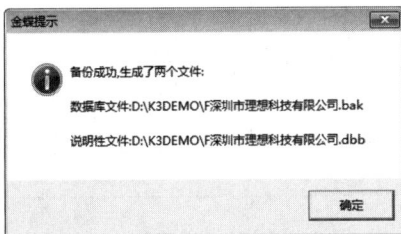

图 2-10

2. 自动批量备份

当系统中有多个账套时，一次备份一个账套会比较麻烦。金蝶 K/3 提供了账套自动批量备份工具。账套自动批量备份的设置步骤如下。

（1）单击菜单【数据库】→【账套自动批量备份】功能，系统弹出"账套批量自动备份工具"窗口，如图 2-11 所示。

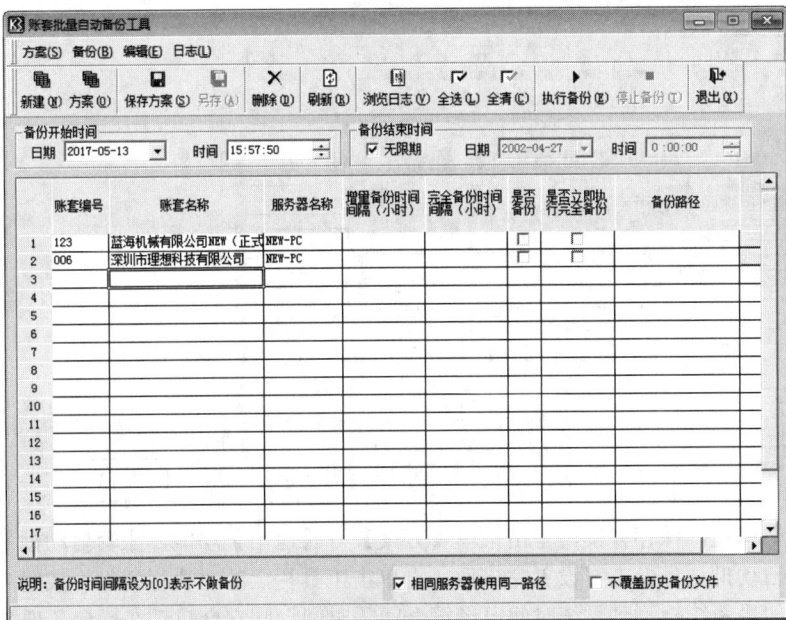

图 2-11

（2）单击菜单【方案】→【新建】，设置"备份开始时间"为当前计算机系统时间，"备份结束时间"设置为"无限期"，"增量备份时间间隔（小时）"设为"5"，"完全备份时间间隔"设为"100"，勾选"是否备份"，设置"备份路径"时单击右侧的"…"按钮，系统弹出"选择数据库文件路径"窗口，如图2-12所示。

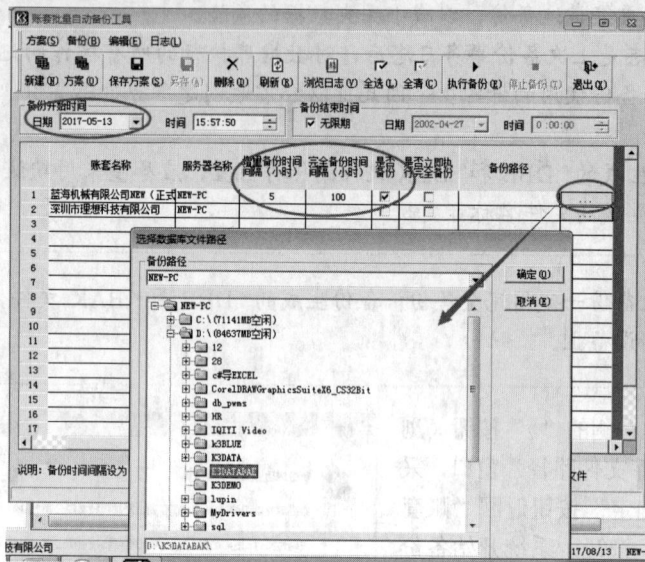

图2-12

 一定要记住图2-12中的文件名和保存位置，这是要复制到外部存储设备上的文件。

（3）保存路径采用系统默认值，单击"确定"按钮返回工具窗口，单击菜单【方案】→【保存方案】功能，系统弹出"方案保存"窗口，录入"A方案"，如图2-13所示。

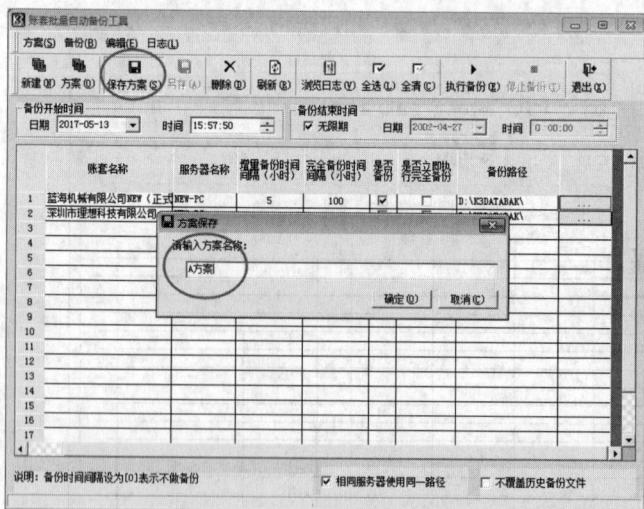

图2-13

（4）单击"确定"按钮，保存方案，单击菜单【方案】→【退出】功能，账套自动批量备份的方案设置完成。账套自动批量备份方案设置完成后，再单击工具栏上的"执行备份"按钮，让备份方案处于运行状态。如果系统检测到系统时间已经符合间隔时间，则它会自动在后台备份数据。

2.2.4　恢复账套

如果账套出错，则可利用"恢复账套"功能将备份文件恢复成账套文件，再继续进行账套处理。

恢复删除账套

单击菜单【数据库】→【恢复账套】，或单击工具栏上"恢复"按钮，系统弹出"选择数据库服务器"窗口，选择"SQL Server 身份验证"模式，录入用户名和口令，如图 2-14 所示。

单击"确定"按钮进入"恢复账套"窗口，在"服务器端备份文件"列表下选择备份文件所保存的位置，选中备份文件，然后在右侧账套号中录入账套号，修改账套名，如图 2-15 所示。

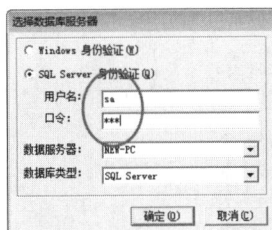

图 2-14

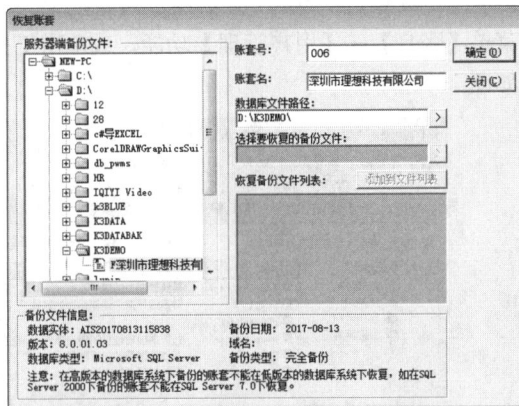

图 2-15

单击"确定"按钮即可开始恢复工作。完成恢复后，用户在"账套列表"窗口中可以看到已经恢复成功的账套。

恢复账套时，"账套号""账套名"不能与系统内已存有的其他"账套号""账套名"相同。

2.2.5　删除账套

用户可以将不再使用的账套从系统中删除，以节约硬盘空间。选中要删除的账套，单击菜单【数据库】→【删除账套】功能，系统弹出信息提示窗口，单击"是"按钮，系统弹出提示是否备份的窗口，用户可根据实际情况选择提示窗口上的按钮。单击"否"按钮，不备份该账套。如果稍后在"账套列表"窗口没有看到要删除的账套，则表示删除成功。

2.2.6　用户管理

用户管理是指对使用该账套的操作员进行管理，对用户使用账套的权限进行控制，可以控制哪些用户能够登录到指定的账套，能够使用账套中的哪些子系统或哪些模块等。系统中预设有 6 个用户和 3 个用户组，操作者可以在系统中增加用户并进行相应的授权。下面以表 2-2 中数据为例讲述如何进行用户管理。

用户管理

表 2-2 深圳市理想科技有限公司账套的用户

用户名	用户组	权　限
严秀兰	Administrators	所有权限
何　钰	财务组	基础资料、总账、固定资产、现金管理、工资和存货核算使用，销售发票和采购发票
杨玉琴	业务组	基础资料查询权，采购管理
陈　铮		基础资料查询权，销售管理

1. 新增用户组

为方便管理用户信息，可以将具有类似权限的用户分组。以新增表 2-2 中数据"财务组"为例，操作步骤如下。

（1）单击菜单【账套】→【用户管理】功能，或单击工具栏上的"用户"按钮，系统弹出"用户管理"窗口，如图 2-16 所示。

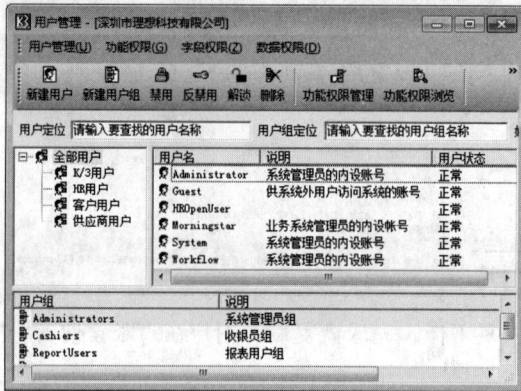

图 2-16

（2）单击菜单【用户管理】→【新建用户组】，系统弹出"新增用户组"窗口，在"用户组名"和"说明"栏内分别录入"财务组""账务核算"，如图 2-17 所示。

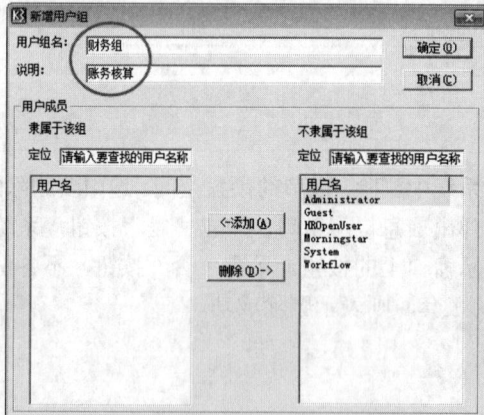

图 2-17

（3）设置完成后单击"确定"按钮进行保存，这时，在"用户管理"窗口的下部可以看到已经新增的"财务组"内容，其他组别，请读者自行添加。

2. 新增用户

下面以新增用户"何钰"为例，讲述新增用户操作步骤。

（1）单击菜单【用户管理】→【新建用户】功能，系统弹出"新增用户"窗口，在"用户"选项卡中的"用户姓名"中录入"何钰"，其他项目保持默认值，如图 2-18 所示。

图 2-18

- "用户"选项卡：录入用户的名称、所属类别，以及用户有效期和密码有效期内容。
- "认证方式"选项卡：选择当前用户的密码认证方式，是 NT 安全认证或者是密码认证；当选择 NT 安全认证时，需要填写完整的域用户账号。密码认证方式具体分为以下 4 种。
  ① 传统认证：密码是在密码框中输入的内容，这个密码是固定的。
  ② 动态密码锁认证：密码由用户手中持有的动态密码卡动态产生。
  ③ 智能钥匙认证：密码为用户手中持有的智能钥匙的密码。
  ④ 自定义认证：密码为用户手中持有的动态密码卡动态产生或者持有的智能钥匙的密码。
- "权限属性"选项卡：设置当前用户的一些权限设置。
- "用户组"选项卡：设置当前用户所属的级别，默认为 "Users 组"，没有任何权限。

（2）切换到"认证方式"选项卡，选择"密码认证"中的"传统认证方式"，密码为空值，由用户自行修改。权限属性保持默认值，单击"用户组"选项卡，选中"隶属于"下的"财务组"，单击"添加"按钮，"何钰"即隶属于"财务组"，如图 2-19 所示。

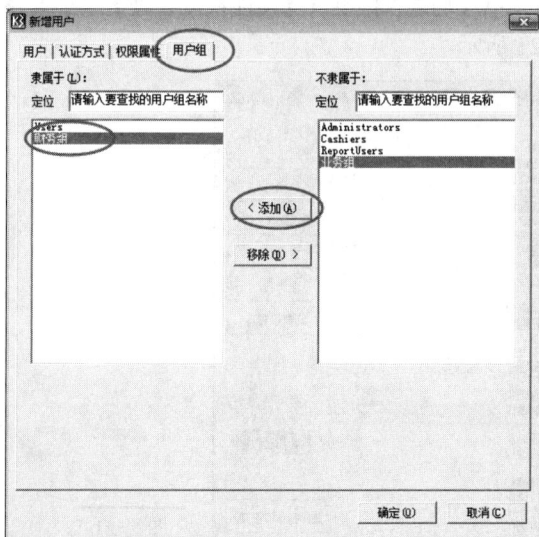

图 2-19

（3）单击"确定"按钮，保存新增用户设置，这时新增的用户信息会显示在"用户管理"窗口中。请读者自行增加其他用户。新增完成的"用户管理"窗口如图 2-20 所示。

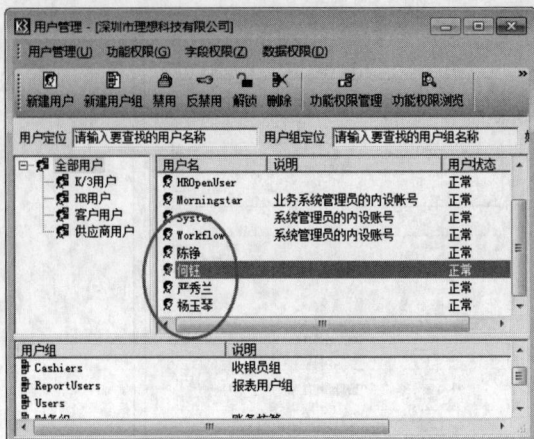

图 2-20

3. 设置权限

权限设置在金蝶 K/3 系统占有非常重要的位置，系统管理员通过权限控制可以有效控制 ERP 资料的保密，如管理现金银行账的用户不能查看往来业务资料。金蝶 K/3 系统为用户提供了三大设置权限的菜单：功能权限、字段权限和数据权限。

- **功能权限**：指对各子系统中功能模块功能的管理权和查询权，当用户拥有该子系统的功能模块的功能权限时，才能进行对应模块的功能操作。

- **字段权限**：指对各子系统中某数据类别的字段操作权限，只有当用户拥有了该字段的字段权限时，才能对该字段进行对应的操作；如对应收管理中的"金额"进行字段权限控制时，当该用户拥有该字段权限时，则可以进行对应操作，如查询金额数据；反之，则查询不了金额，但可以看到其他信息。

- **数据权限**：指对系统中具体数据的操作权限。如对"客户"数据进行权限控制时，A 业务员只能看到 A 本人的客户资料，B 业务员只能看到 B 本人的客户资料，业务经理则可以设置为可以同时看到所有人的客户资料。

下面以设置"何钰"的"功能权限"为例，介绍用户权限设置的具体步骤。

（1）选中用户"何钰"，单击菜单【功能权限】→【功能权限管理】功能，系统弹出"用户管理_权限管理[何钰]"窗口，如图 2-21 所示。

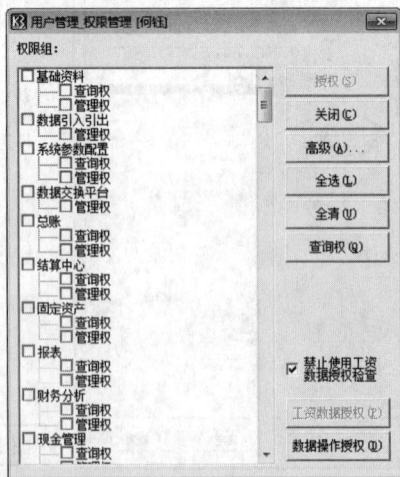

图 2-21

- **权限组**：系统中所涉及的权限内容列表，在方框中打勾表示选中；查询权表示只能查看，管理权表示可以修改、删除等。

- **授权**：选中相应权限，单击该按钮表示授予所选中的权限。
- **关闭**：退出"权限管理"窗口。
- **高级**：详细设置用户的权限。单击"高级"按钮，系统弹出"用户权限"窗口，在"用户权限"窗口可以详细设置用户的权限，打上勾表示选中，如图2-22所示；单击"授权"按钮对所选中的功能进行授权，单击"关闭"按钮返回"用户管理_权限管理[何钰]"窗口。

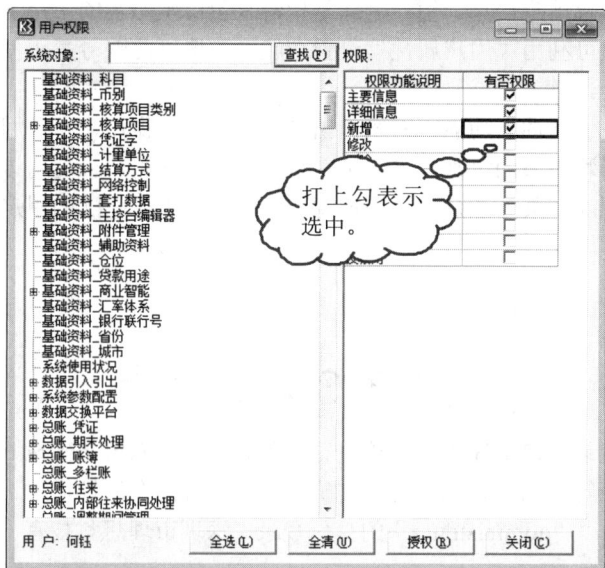

图 2-22

- **全选**：选中"权限组"的所有内容。
- **全清**：不选择"权限组"的任意内容。
- **禁止使用工资数据授权检查和工资数据授权**：选中"禁止使用工资数据授权检查"项的同时不能使用"工资数据授权"按钮；取消选中，单击"工资数据授权"按钮，系统弹出"项目授权"窗口，打勾选中相应的查看权和修改权，单击"授权"按钮表示授权保存。

（2）在"用户管理_权限管理[何钰]"窗口选中基础资料、总账、固定资产、报表、现金管理等，如图2-23所示，单击"授权"按钮，保存权限功能。

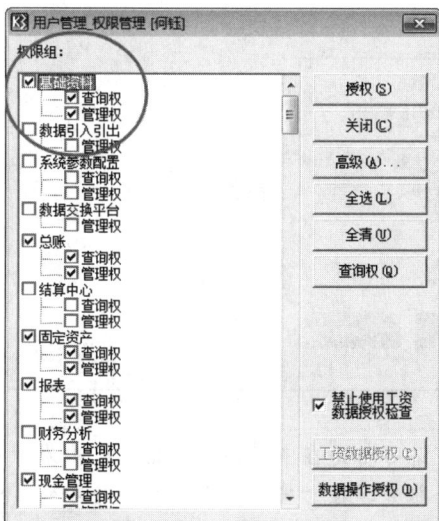

图 2-23

（3）其余用户的权限请读者自行设置。

为不影响本书的演示进程，建议读者将所有操作员都加入"administrators"组，以授予所有权限进行本书中的实例练习。

4. 修改、删除用户

用户可以在用户属性中修改用户信息。用户删除是指将未使用本账套的用户从系统中删除，已发生业务的用户不能删除，但可利用"用户属性"设置功能，勾选"此账号禁止使用"项，用户则不能再使用该账号登录本账套。

单击菜单【用户管理】→【属性】功能，系统弹出"用户属性"窗口，在"用户属性"窗口，可以修改该用户的名称、密码和隶属的组别，以及是否禁用。当某些用户未使用该账套时，为便于管理可以将该用户从系统中删除。其方法是在"用户管理"窗口选中要删除的用户，单击菜单【用户管理】→【删除】功能即可。

2.3

金蝶 K/3 系统登录

建立好核算账套，必须登录金蝶 K/3 系统才能进行业务处理，如系统基础设置、单据录入和查询相关报表等。用户登录系统时需确认用户身份的合法性，才能进入系统，处理相关业务。以"administrator"的身份登录"深圳市理想科技有限公司"账套，操作步骤如下。

金蝶 K/3 系统登录

（1）双击桌面上的"金蝶 K/3 WISE"图标，或单击【开始】→【所有程序】→【金蝶 K/3 WISE】→【金蝶 K/3 WISE】。系统弹出"金蝶 K/3 系统登录"窗口，选择"当前账套"为"深圳市理想科技有限公司"，以"以命名用户身份登录"方式登录，选中该项目，在"用户名"处输入"administrator"，"密码"为空，如图 2-24 所示。

图 2-24

本书以后的所有练习都是在中文简体、组织机构为"无"的状态下进行操作的，具体要操作某个账套，在"当前账套"处指定即可。单击右上角的"修改密码"项，可以修改当前用户的登录密码。

（2）单击"确定"按钮，用户身份通过系统检测后弹出提示"演示版"窗口，单击"确定"按钮，系统进入"K/3 系统"窗口模式；同时，系统会提示"ERP 与云之家的集成功能已开通，是否立即前往开通？"窗口，用户按照实际情况选择，在此单击"取消"按钮，如图 2-25 所示。

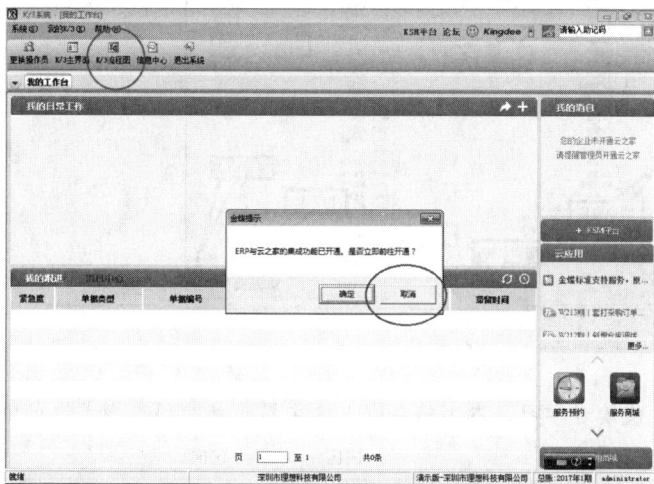

图 2-25

单击图 2-25 中工具栏上的"K/3 流程图"，系统切换到流程图模式，如图 2-26 所示。

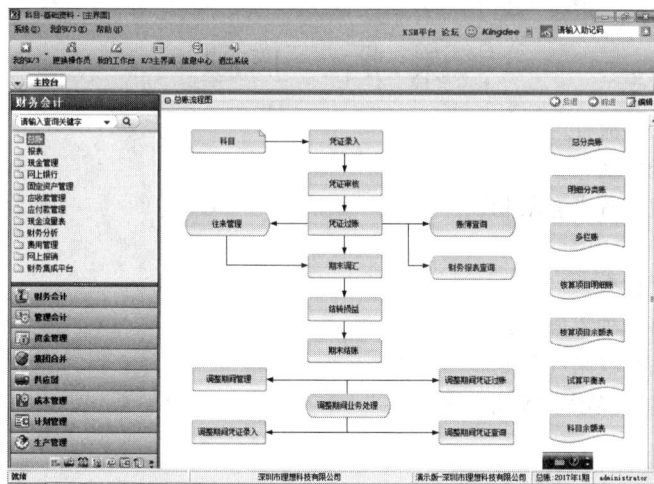

图 2-26

在流程图窗口，双击功能图标可以进入更详细的流程图模式或者进入操作界面窗口，如双击"采购管理"图标，进入采购管理功能下的流程图。

（3）单击菜单【系统】→【K/3 主界面】，窗口切换功能列表模式，如图 2-27 所示。以下详细介绍系统大类、明细模块、子功能列表、明细功能列表几个部分。

- **系统大类**：金蝶 K/3 ERP 产品按选项卡划分为财务会计、管理会计、资金管理、集团合并、供应链、成本管理、计划管理、生产管理、精益管理、资产管理、人力资源、企业绩效、商业智能、内控管理、电子商务、系统设置和我的 K/3，共 17 个系统大类。
- **明细模块**：在"系统大类"中选择某一大类选项，则系统明细中会显示所包含的明细模块系统。
- **子功能列表**：显示所选择的"明细模块"对应的子功能列表。如选择"仓存管理"系统，在子功能列表中会显示该系统下的所有子功能。
- **明细功能列表**：子功能下所对应的明细功能，双击"明细功能"即可出现相应的处理窗口。

例如，需要查询总分类账簿，则依次选择【财务会计】→【总账】→【账簿】→【总分类账】，系统将弹出对话框，录入查询条件后单击"确定"按钮，即可查询账簿。

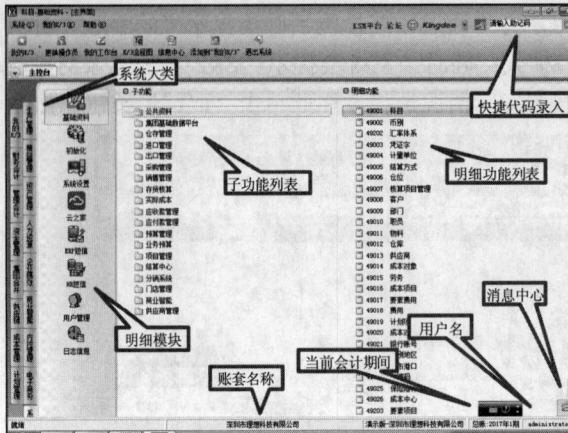

图 2-27

为了方便读者学习，本书将会以 K/3 主界面功能列表模式进行讲述。

2.4 课 后 习 题

（1）请描述金蝶 K/3 操作流程。

（2）账套文件的定义是什么？

（3）金蝶 K/3 对账套数量有没有限制？

（4）备份的方法有几种？

（5）恢复账套时要注意什么？

（6）登录金蝶 K/3 后有几种界面模式？

（7）金蝶 K/3 系统的高级权限在哪儿？

（8）登录系统后账套名称显示在哪儿？

实验一 账套管理和用户管理

【实验目的】

（1）掌握金蝶 K/3 账套的建立、备份和恢复方法。

（2）掌握用户管理方法。

（3）掌握权限控制方法。

【实验内容】

（1）建立账套。

（2）启用账套。

（3）备份账套。

（4）恢复账套。

（5）删除账套。

（6）建立用户档案。

（7）权限设置。

（8）登录账套。

【实验资料】

（1）公司信息。

机构名称：宇纵科技有限公司

地址：广州天河区

电话：020-12345678

本位币：RMB

启用会计期间：2017-01

（2）用户表与权限（见表 2-3）。

表 2-3　　　　　　　　　　　　　　　用户与权限

用户名	密　码	用户组	权　　限
贺君兰	111	Administrators	所有权限
李　丽	222	财务组	基础资料、总账、固定资产、现金管理、工资、应收款、应付款、仓存管理和存货核算使用，销售发票和采购发票
叶小英	333	业务组	基础资料查询权，采购管理、供应链系统公用设置
王力保	444		基础资料查询权，销售管理、供应链系统公用设置

【实验步骤】

（1）建立账套。（以后的实验均默认采用此账套）

账套号：100

账套名称：宇纵科技有限公司

账套类型：标准供应链解决方案

采用默认账套路径

（2）账套属性设置，并启用账套。

机构名称：宇纵科技有限公司

地址：广州天河区

电话：020-12345678

本位币：RMB

启用会计年度：2017

启用会计期间：1

设置完成后，保存并启用账套

（3）备份账套，备份文件保存路径自定义。

（4）恢复账套，将刚才备份文件恢复为账套号：101，账套名称：宇纵科技有限公司 2。

（5）把刚才恢复的账套从系统中删除。

> **注意**
>
> 删除时若提示账套正在使用，则重启服务器后即可删除。

（6）新增用户表信息并进行权限设置。

（7）以"贺君兰"身份登录 100 宇纵科技有限公司账套，注意密码的录入。

第3章 | 基础资料设置

【学习重点】

通过本章学习，了解基础资料的设置方法，从而为后继业务处理奠定基础。

基础资料是整个金蝶 ERP-K/3 系统的基础，用户在录入单据或凭证时，通过获取公共资料，如科目、币别、物料、客户等信息，可以快速生成所需要的单据。因此，所有的凭证、单据都是由一些公共资料信息和具体的数量信息组成的。

3.1 | 科　目

会计科目是填制会计凭证、登记会计账簿和编制会计报表的基础。会计科目是对会计对象具体内容分门别类地进行核算所规定的项目。会计科目是一个完整的体系，是区别于流水账的标志，是复式记账和分类核算的基础。会计科目设置的完整性影响着会计过程的顺利实施，会计科目设置的层次深度直接影响会计核算的详细、准确程度。除此之外，对于电算化系统，会计科目的设置还是用户应用系统的基础，它是实施各个会计手段的前提。

科目

对"科目"基础资料进行管理，就是对财务上使用的"会计科目"进行新增、修改、删除和科目禁用等操作。正确地对会计科目进行管理，是在以后财务核算中进行有效核算的基础。会计科目设置的重点是明细科目和属性的设置。

3.1.1　引入会计科目

金蝶 K/3 系统为用户预设有相关行业的一级会计科目和部分二级明细科目，它涉及新会计准则、企业会计制度科目和小企业会计制度科目等会计科目。用户使用时需要先引入账套，由用户自行增加更加详细的明细科目。

【例 3-1】 在"深圳市理想科技有限公司"账套引入"新会计准则科目"。

（1）以"严秀兰"身份登录账套，选择【系统设置】→【基础资料】→【公共资料】→【科目】，双击"科目"选项，系统进入会计科目的设置窗口，如图 3-1 所示。

（2）单击菜单【文件】→【从模板引入科目】，系统弹出"科目模板"选择窗口，单击"行业"下的下拉按钮，用户可以自由选择所需要的行业科目，如图 3-2 所示。单击"查看科目"按钮，可以查看该行业下预设的会计科目。

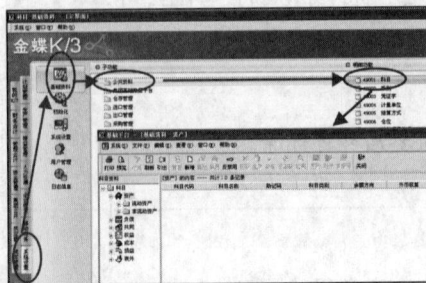

图 3-1

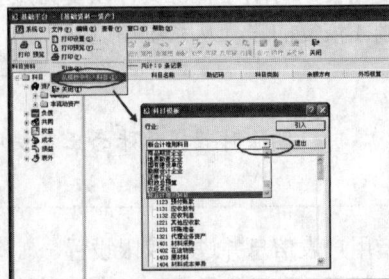

图 3-2

（3）选择"新会计准则科目"，单击"引入"按钮，系统弹出"引入科目"窗口，单击"全选"按钮，再单击"确定"按钮，引入所有会计科目。稍后系统弹出"引入成功"的提示，单击"确定"按钮返回"会计科目"窗口。引入科目后的窗口如图 3-3 所示。

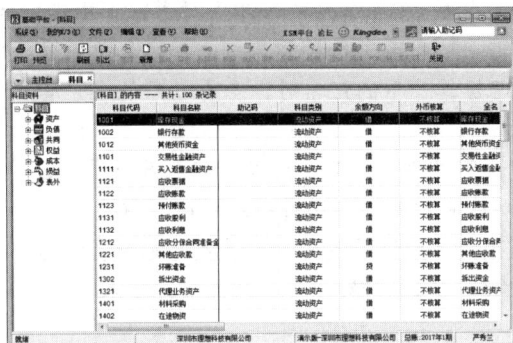

图 3-3

若屏幕上未显示所引入的会计科目，单击工具栏上的"刷新"按钮即可显示。查看相应类别下科目的方法是单击该类别前的"+"号，可层层展开后查看。如果不需要引入所有科目，在引入时则可以单独勾选需要引入的科目，再单击"确定"按钮即可。

3.1.2 新增科目

从模板引入的会计科目已经预设一级会计科目和部分二级明细科目，涉及更明细的核算科目则需要由用户自己新增。单击菜单【编辑】→【新增科目】，或者单击工具栏上的"新增"按钮，系统弹出"会计科目-新增"窗口，窗口共有"科目设置"和"核算项目"两个标签页，如图 3-4 所示。

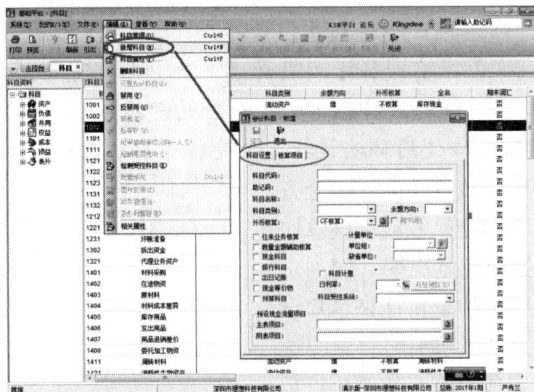

图 3-4

"科目设置"标签页项目分别说明如下。

- **科目代码**：在账套中必须唯一，需先增加上级科目代码，再增加该科目的下级科目，明细级科目代码由"上级科目代码+本级科目代码"组成，中间用小数点进行分隔；例如"1001.01"代码，表示一级代码是"1001"，二级代码是"01"，中间以".（小数点）"间隔。该项目为必录项目。
- **助记码**：在录入凭证时，为了提高科目录入的速度，引入助记码，帮助记忆科目的编码；例如，"现金"科目的助记码设置为"xj"，则在凭证录入时在"会计科目"项输入"xj"，系统将会自动引用"现金"科目；该项目为非必录项目。
- **科目名称**：会计科目的文字标识，输入的科目名称一般为汉字和字符；在命名科目名称时只需录入本级科目名称，不必带上级科目名称；该项目为必录项目。
- **科目类别**：选择该科目所属的会计科目类别；该项目为必录项目。

- **余额方向**：选择该科目的默认余额方向。该属性对于账簿或报表输出的数据有直接影响，系统将根据科目的默认余额方向来反映输出的数值；该项目为必录项目。
- **外币核算**：指定该科目外币核算的类型，核算方式分3种。①不核算外币：不进行外币核算，只核算本位币，系统默认为该属性；②核算所有外币：对本账套中设定的所有货币进行核算；③核算单一外币：只对本账套中某一种外币进行核算，当选择核算单一外币时，要求选择一种进行核算的外币的名称，系统在处理核算外币的汇率时，会自动默认在"币别"基础资料中输入的汇率。该项目根据管理情况设置。
- **期末调汇**：当会计科目有设置外币核算时，设置在期末是否进行汇率调整，如果选择期末调汇则在期末执行"期末调汇"功能时对此科目进行调汇处理；该项目根据管理情况设置。
- **往来业务核算**：选中此选项，在凭证录入时要求录入往来业务编号，以方便进行往来业务数据的核销处理，此项选择将影响到"往来对账单"和"账龄分析表"的输出；此项适合"总账"系统单独使用时设置。
- **数量金额辅助核算**：设置该科目表示是否进行数量金额辅助核算，若进行数量金额辅助核算，要求选择核算的计量单位；该项目根据管理要求设置。
- **计量单位**：选择科目的计量单位组及默认的计量单位；只有科目选择了数量金额辅助核算，此项目才可使用。
- **现金科目**：选中此选项，指定为现金类科目，在现金日记账和现金流量中使用。
- **银行科目**：选中此选项，指定为银行科目，在银行日记账和现金流量中使用。
- **出日记账**：选中此选项，查询"明细分类账"时，可以按日统计金额。
- **现金等价物**：该选项供现金流量表取数使用。
- **预算科目**：选中此选项，对该科目进行预算管理。同时单击"科目预算"按钮，系统弹出"科目预算"窗口，可以设置本科目的本年最高预算余额、本年最低预算余额等数据。
- **科目计息**：选择此选项，则该科目参与利息的计算。
- **日利率**：输入科目的日利率。只有选择了科目计息，日利率才可用。
- **科目受控系统**：用户可以给明细的科目指定一个对应的受控系统；在用户录入应收应付模块中的收付款等单据时，系统将只允许使用那些被指定为受控于应收应付系统的科目。

金蝶 K/3 系统为用户提供多项目核算功能，可全方位、多角度地反映企业的财务信息。设置多项目核算比设置明细科目更直观、更简洁、处理速度更快。例如，企业的往来客户单位有 1 000 个以上，如果将往来客户设置成明细科目，那么，应收账款的二级明细科目至少达到 1 000 条；而如果将往来客户设置成应收账款的核算项目，则只要应收账款一个一级科目就可以了。每一科目可实现 1 024 个核算项目的处理。单击"核算项目"标签页，切换到"核算项目"窗口，如图 3-5 所示。

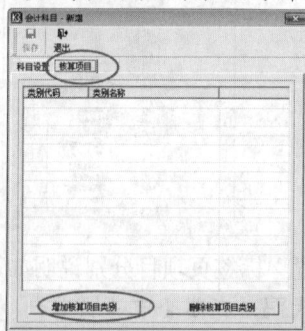

图 3-5

"核算项目"标签页各项目分别说明如下。

- **增加核算项目类别**：单击该按钮，系统弹出"核算项目类别"窗口，选择要进行核算的项目，如图 3-6 所示；该功能需要在本科目未使用的情况下才能使用，所以一般在"初始化"时就对科目进行项目核算设置。
- **删除核算项目类别**：将不想进行项目核算的项目删除。必须在本科目未使用的情况下才能使用此功能。

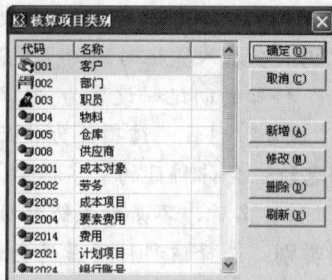

图 3-6

【例 3-2】 新增表 3-1 中所有会计科目。

表 3-1　　　　　　　　　　　　新增会计科目

科目代码	科目名称	科目代码	科目名称	科目代码	科目名称
1001.01	人民币	5001.01.01	直接材料	6602.01	差旅费
1001.02	港币	5001.01.02	直接人工	6602.02	业务招待费
1002.01	工行 567 本币	5001.01.03	制造费用转入	6602.03	办公费
1002.02	中行 239 港币	5101.01	房租水电费	6602.04	管理员工资
1601.01	办公设备	5101.02	折旧费	6602.05	折旧费
1601.02	机械设备	5101.03	员工工资	6602.06	其他
1601.03	运输车辆	6601.01	差旅费	6602.07	坏账损失
4001.01	陈友生	6601.02	业务招待费	6603.01	利息
4001.02	陈静	6601.03	折旧费	6603.02	银行手续费
5001.01	基本生产成本	6601.04	业务员工资	6603.03	调汇

（1）在"科目"管理窗口，单击窗口左侧的【科目】→【资产】→【流动资产】，系统将"流动资产"下的所有会计科目都显示出来，在窗口右侧选中"现金"科目，单击工具栏上"新增"按钮，系统弹出"会计科目-新增"窗口，如图 3-7 所示。

（2）"科目代码"录入"1001.01"，"科目名称"录入"人民币"，如图 3-8 所示。

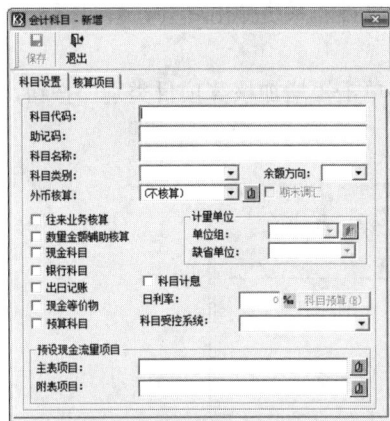

图 3-7

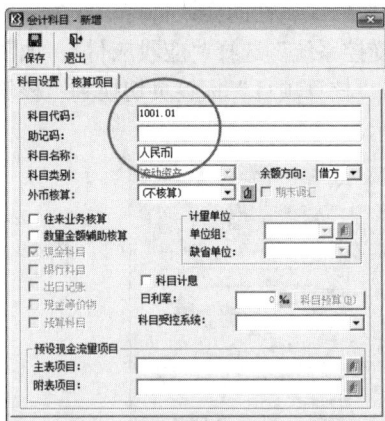

图 3-8

（3）单击"保存"按钮，保存当前设置。表中其他会计科目请自行录入。

提示

（1）录入"1001.02 港币"和"1002.02 中行 239 港币"科目时，待"币别"管理中新增"港币"后再返回修改科目属性核算"单一外币"中的"港币"。

（2）当新增"6602.01"科目时，系统会弹出提示窗口，如图 3-9 所示，根据实际情况选择即可。

（3）会计科目新增完成，想知道是否新增成功，方法是单击【科目】→【资产】→【流动资产】→【现金】查看。也可以单击菜单【查看】→【选项】，系统弹出"选项"设置窗口，选中"显示级次"下的"显示所有明细"选项，如图 3-10 所示，这样系统会自动从当前系统大类中显示所有明细科目。

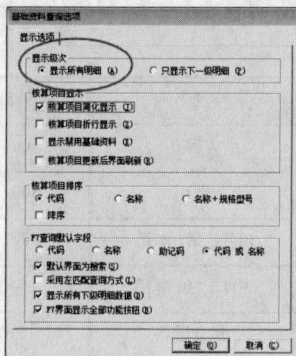

图 3-9

图 3-10

3.1.3 修改科目

在日常账务处理过程中，当需要对会计科目的属性进行修改，以增强核算功能，或者由于会计科目属性设置错误需要修改时，可以利用"修改"功能对会计科目的属性进行修改。在"科目"资料窗口，选中要修改的"会计科目"，双击进入"会计科目-修改"窗口，对要修改的属性进行修改后，单击窗口上的"保存"按钮即可。

【例 3-3】修改"1122—应收账款""2203—预收款"的科目属性，修改核算"客户"项目的功能；修改"2202—应付账款""1123—预付款"的科目属性，修改核算"供应商"项目的功能，以上4科目同时修改为"应收应付"受控。

（1）选中要修改属性的会计科目。双击"1122—应收账款"科目，系统弹出"会计科目-修改"窗口，"科目受控系统"选择"应收应付"，如图 3-11 所示。

（2）单击"核算项目"标签页切换到"核算项目"窗口，再单击"增加核算项目类别"按钮，如图 3-12 所示。

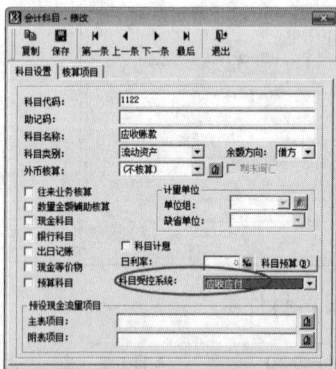

图 3-11

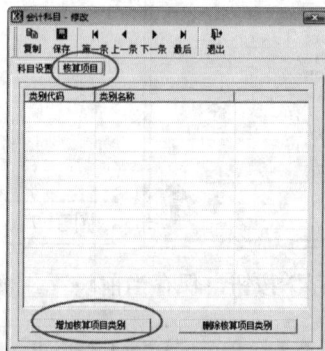

图 3-12

（3）系统弹出"核算项目类别"窗口，选中"客户"项目，单击"确定"按钮，返回"会计科目-修改"窗口，如图 3-13 所示。

（4）单击"保存"按钮保存设置。用同样方法修改"2203—预收款""2202—应付账款""1123—预付款"的科目属性。

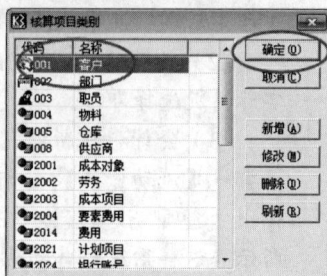

图 3-13

> **提示** 若当总账系统与应收应付连用，所涉及的往来凭证从应收应付生成传递到总账时，则以上往来科目必须设置"科目受控"，否则在应收应付下生成凭证时不能成功。

3.1.4 禁用、反禁用科目

1. 禁用科目

当不想使用某个会计科目时，可以禁用该科目，禁用后的科目不能再使用，如不能录入涉及该科目的凭证，其他系统也不能使用该科目，并且该科目不能被修改、删除。要禁用某一科目，先选中该科目，然后单击工具栏上的"禁用"按钮，或单击鼠标右键，系统弹出快捷菜单，选择"禁用"菜单。

> **提示** 如果要在"科目"资料窗口看到已禁用科目，单击菜单【查看】→【选项】，系统弹出"基础资料查询选项"窗口，选中"显示禁用基础资料"项目，如图 3-14 所示，单击"确定"按钮，即可看到被禁用的基础资料。

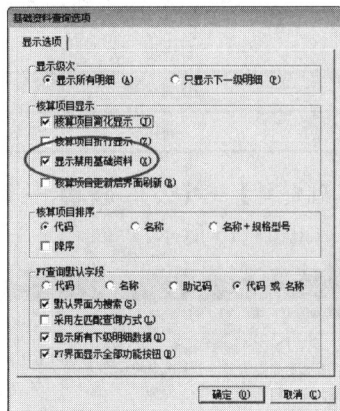

图 3-14

2. 反禁用科目

若需要继续使用已"禁用"的会计科目，可以进行反禁用。方法是：选中已被"禁用"的会计科目，单击工具栏上"反禁用"按钮即可。

3.1.5 删除、引出、预览、打印科目

1. 删除科目

当会计科目不再使用时，可以从账套中删除。方法是：选中要删除的会计科目，单击工具栏上"删除"按钮即可。注：已使用的科目不能被删除。

> **建议** 系统引入的会计科目不要随意删除，因为这些科目与随后的资产负债表、利润表有关联；如果将这些科目删除，可能会在随后的报表中要重新设置公式，这样太烦琐。

2. 引出科目

引出功能可以将会计科目资料从系统中引出为其他格式的文件，以供其他软件使用。系统中

可以引出的格式有 MS Excel、金蝶报表和 Text 等格式文件。其操作方法是：单击工具栏上"引出"按钮，系统弹出"引出科目"窗口，选中要引出的"数据类型"，然后根据提示操作即可完成引出工作。

3. 预览、打印科目

预览是对要打印的会计科目资料预览输出效果，如果不满意，可以随时进行格式和页面调整。打印是按照会计科目资料的预览效果进行输出的。

3.2 币 别

币别设置主要是指针对企业经营活动中所涉及的币种进行管理，其操作功能有新增、修改、删除和禁用等。

当企业经营活动中有涉及本位币以外的币别时，则需要将其新增入系统，以供调用，如港币、美元等币别。

【例 3-4】以新增的"表 3-2"中数据为例，介绍币别的新增方法。

币别

表 3-2   币别

币别代码	币别名称	记账汇率
HKD	港币	0.88

（1）选择【系统设置】→【基础资料】→【公共资料】→【币别】，双击"币别"功能，系统弹出"基础平台-[币别]"管理窗口，如图 3-15 所示。

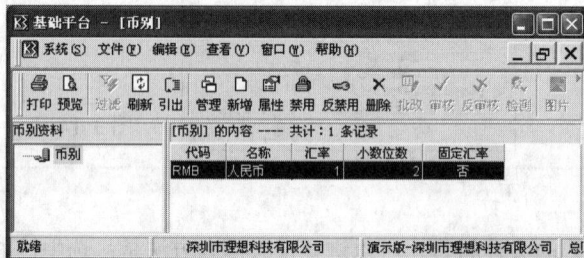

图 3-15

（2）单击工具栏上"新增"按钮，系统弹出"币别-新增"窗口，录入币别代码"HKD"、币别名称"港币"、记账汇率"0.88"，如图 3-16 所示。

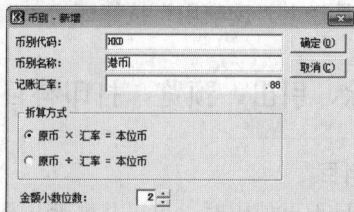

图 3-16

- **币别代码**：货币币别的代码，系统使用 3个字符表示。建议使用惯例编码，如 RMB、HKD等；币别代码尽量不要使用"$"符号，因该符号在自定义报表中已有特殊含义，如果使用该符号，在自定义报表中定义取数公式时可能会遇到麻烦。

- **币别名称**：货币的名称，如人民币、港币等。

- **记账汇率**：在经济业务发生时的记账汇率，期末调整汇兑损益时，系统自动按对应期间的记账汇率折算，并调整汇兑损益额度。

- **折算方式**：系统提供两种折算公式。

- **金额小数位数**：指定币别的精确的小数位数，范围为 0～4。

- **固定/浮动汇率**：指定币别是固定汇率还是浮动汇率。

（3）单击"确定"按钮保存设置，这时在"币别"管理窗口可以看到已经新增的"港币"。

请修改 "1001.02" 和 "1002.02" 科目属性核算 "单一外币" 中的 "港币"，并且进行期末调汇。

3.3 凭证字

凭证字设置是指管理凭证处理时使用的凭证字，如收、付、转、记等，该项功能可以对凭证字进行新增、修改、删除等操作。

【例 3-5】新增 "记" 凭证字。

（1）选择【系统设置】→【基础资料】→【公共资料】→【凭证字】，双击 "凭证字"，系统进入 "基础平台-[凭证字]" 管理窗口，如图 3-17 所示。

（2）单击工具栏上的 "新增" 按钮，系统弹出 "凭证字-新增" 窗口，在 "凭证字" 处录入 "记"，其他选项保持默认值，如图 3-18 所示。单击 "确定" 按钮保存设置。

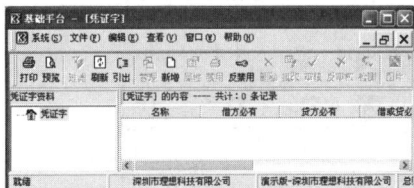

图 3-17

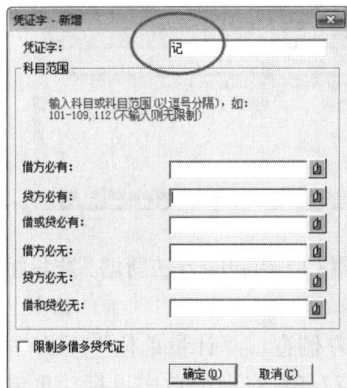

图 3-18

- **科目范围**。用户可以设置该凭证字使用的会计科目范围，如借方有某个科目时才能使用该凭证字。
- **限制多借多贷凭证**。选中，如是多借多贷凭证，则不允许保存该凭证。但可以保存一借一贷、一借多贷或多借一贷的凭证。

3.4 计量单位

计量单位设置是指在系统进行存货核算和固定资产资料录入时，为不同的存货、固定资产设置计量标准，如千克、台、张等。

计量单位

若账套不使用固定资产模块和进销存模块，计量单位可以不用设置。

【例 3-6】以新增 "表 3-3" 中数据为例，介绍新增方法。

表3-3   计量单位

组 别	代 码	名 称	系 数
重量组	01	千克	1
	02	克	0.001
数量组	11	PCS	1
其他组	21	台	1
	22	辆	1

（1）选择【系统设置】→【基础资料】→【公共资料】→【计量单位】，双击"计量单位"选项，系统弹出"计量单位"管理窗口。需先新增一个组别。选中左侧"计量单位资料"下的"计量单位"，单击"新增"按钮，如图3-19所示。

（2）系统弹出"新增计量单位组"窗口，计量单位组录入"重量组"，如图3-20所示。

（3）单击"确定"按钮，保存设置并返回"计量单位"管理窗口，这时可以看到左侧新增的"计量单位组"资料。

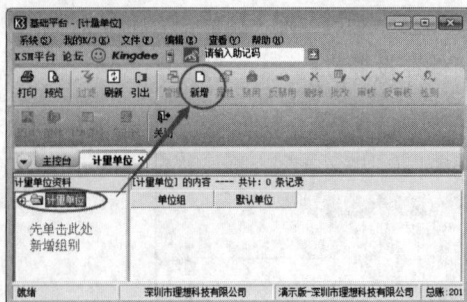

图3-19

图3-20

（4）同步骤（1）相同的方法新增"数量组"和"其他组"。

（5）选中左侧窗口"计量单位"下的"重量组"，然后到右侧窗口任意空白处单击鼠标，再单击工具栏上"新增"按钮，系统弹出"计量单位-新增"窗口，录入代码"01"、名称"千克"，换算率"1"，如图3-21所示。

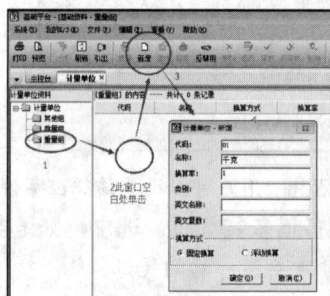

图3-21

（1）换算率是非默认计量单位与默认计量单位的换算系数。非默认计量单位与默认计量单位的系数换算关系为乘的关系，即1（默认计量单位系数）×非默认计量单位系数。一个单位组中只能有一个默认计量单位。

（2）英文名称和英文复数可以视管理要求确定是否录入。

（6）单击"确定"按钮，保存设置并返回"计量单位"管理窗口，这时可以看到新增的"计量单位"资料。用步骤（5）的方法将表中其他计量单位录入系统。

新增"克"时注意换算率，新增"PCS"时注意选择的单位组是"数量组"。

3.5

结 算 方 式

结算方式设置是指管理往来业务中的结款方式，该功能可实现现金结算、支票结算等操作。

【例 3-7】以新增"表 3-4"中数据为例，介绍新增结算方式的方法。

表 3-4 结算方式

代 码	名 称
JF06	支票

（1）选择【系统设置】→【基础资料】→【公共资料】→【结算方式】，双击"结算方式"选项，系统弹出"基础平台-[结算方式]"管理窗口，如图 3-22 所示。

（2）单击图 3-22 中工具栏上的"新增"按钮，系统弹出"结算方式-新增"窗口，录入代码"JF06"，名称"支票"，如图 3-23 所示。

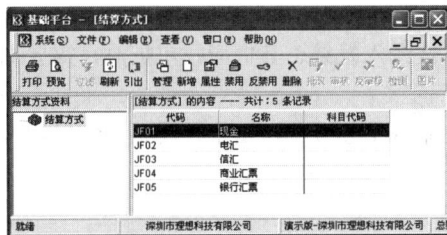

图 3-22

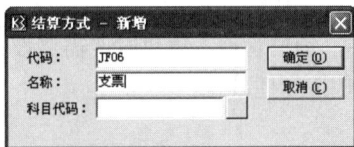

图 3-23

（3）单击"确定"按钮，保存设置并返回"结算方式"管理窗口，这时可以看到窗口中已经新增的结算方式。

注意

"新增"窗口中的"科目代码"设置只有某个银行科目才能使用该种结算方式，空值为任意银行科目都可以使用。

3.6

核 算 项 目

在金蝶 K/3 中，核算项目是指操作相同、作用相类似的一类基础数据的统称。把具有这些特征的数据统一归到核算项目中进行管理，这样比较方便，操作也比较容易。

核算项目

核算项目的特点如下。

（1）具有相同的操作，如新增、删改、禁用、条形码管理、保存附件和审核等，并可以在单据中通过 F7 键进行调用等。

（2）核算项目是构成单据的必要信息，如录入单据时需要录入客户、供应商、商品、部门和职员等信息。

（3）本身可以包含多个数据，并且这些数据需要以层级关系保存和显示。

双击【系统设置】→【基础资料】→【公共资料】→【核算项目管理】，系统弹出"基础平台-

[全部核算项目]"管理窗口，如图3-24所示。单击"核算项目"前的"+"号可层层查看该类别下的内容。

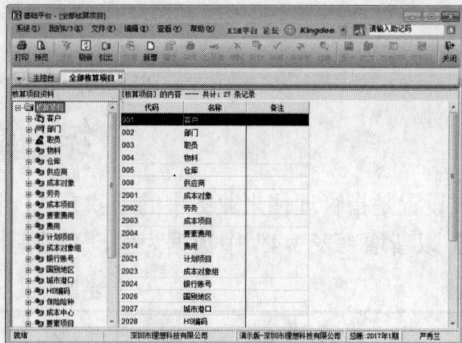

图3-24

系统中预设有多种核算项目类型，有客户、部门、职员、物料、仓库、供应商和现金流量项目等。用户可以根据自身需要定义所要使用的核算项目类型。核算项目不要求全部都设置完整，根据所使用的模块设置相关核算项目即可。

3.6.1 客户、供应商

客户是企业生产经营的对象，准确地设置客户信息对往来账务管理非常有利。客户资料在以下情况下需要设置。

（1）单独使用"总账"模块时，会计科目中的属性有设置"核算项目"为"客户"时，则客户资料需要设置。

（2）使用"应收款管理"模块时，需要设置客户资料，在录入发票、其他应收单据时，需要调用客户信息。

（3）使用"销售管理"模块时，需要设置客户资料，在录入销售订单、销售合同、销售发货等单据时需要调用客户信息。

1. 新增

【例3-8】以新增"表3-5"中数据为例，介绍"客户"资料的新增方法，操作步骤如下。

表3-5 客户

代　码	名　称
01	北京宏码科技
02	广州华商数码
03	深圳易通贸易
04	上海扬帆

（1）在"核算项目"管理窗口，单击【核算项目】→【客户】，在右侧"内容"窗口的任意位置单击鼠标，再单击工具栏上的"新增"按钮，系统弹出"新增"窗口，如图3-25所示。

在"新增"窗口有项目属性、参数设置两个选项卡，同时在项目属性下有基本资料、应收应付资料、进出口资料、图片、条形码和附件6个选项卡窗口。

"基本资料"是客户的一些基本信息，如公司名、地址、电话和联系人等。

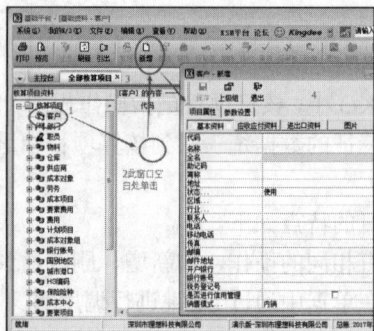

图3-25

- **代码**：客户编号，金蝶K/3系统中一个代码只能标识一个客户。
- **名称和全名**：都是客户名称，前者是本客户的具体名称，类似短代码，由用户手工录入；后者是包括上级名称在内的客户名称，类似长代码，由系统自动给出。

- **状态**：有使用、未使用和冻结 3 种状态选择，对于未使用和冻结状态的客户，系统控制不提供业务处理，但如果改变了状态，之前的发生额可以显示在相关查询报表中。
- **是否进行信用管理**：销售系统和应收款管理系统信用管理需要设置项目的属性，选中该选项后，还需到【基础资料】→【应收款管理】→【信用管理】下，进行信用资料的设置。

"应收应付资料"选项卡是设置客户资料在应收系统中需要使用到的一些客户信息，如该客户发生业务时的应收账款科目是什么，预收账款的科目是什么等信息。

"进出口资料"选项卡是设置进出口系统中需要使用的客户信息。

"图片"选项卡可以将客户的一些图片信息引入系统，如公司照片、为该客户生产的产品照片或者厂房照片等。

"附件"选项卡可以将客户的附件信息上传系统并保存，以方便查阅。

（2）在基本资料窗口，录入代码"01"，名称"北京宏码科技"，单击"保存"按钮进行保存。单击"退出"按钮返回"核算项目"窗口，这时可以看到已经新增的客户资料。

（3）其他客户资料请读者自行进行新增，新增完成后的窗口如图 3-26 所示。

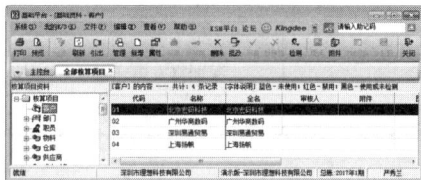

图 3-26

（1）若客户还需要分类，如分为大客户、一般客户之类时，则在"新增"窗口单击工具栏上的"上级组"按钮，先建立分类后，再在相应类别进行客户的新增。

（2）若用户只使用总账系统，则只需输入代码和名称即可。

2. 修改

客户资料录入完成后，当客户属性中的某个项目内容需要修改时，在"核算项目"管理窗口中，选中需要修改的客户记录，双击进入该客户的档案"修改"窗口，修改所需要的项目内容，再单击"保存"按钮即可。

3. 审核、反审核

为预防资料被意外或恶意更改、删除，金蝶 K/3 提供客户档案审核功能，审核后的项目需要修改时必须经过"审核人"反审核后才能进行。审核方法是在"核算项目"管理窗口中，选中要审核的记录，单击"审核"按钮即可。

核算项目未审核，在实际日常业务中仍然可以被使用。

4. 附件

附件是金蝶 K/3 的一个突出特点，当项目中的基本属性不能满足表达该项目的要求时，可以通过附件进行解释，如客户属性中没有"工厂照片"，我们可以通过附件形式将该照片文件附在该客户信息上，以供查看。它的功能类似 E-mail 中的"附件"功能。

其操作方法是在"核算项目"管理窗口，选中需要增加附件的客户，单击工具栏上的"附件"按钮，系统弹出"附件管理-编辑"窗口，单击"附件说明"，这时系统会自动增加一条项目，并且序号自动增加，在附件说明中录入描述，再单击"附件文件名"旁的"获取"按钮，系统弹出"请选择附件文件"窗口，选择附件的正确"存放位置"和"文件名"即可。附件文件设置完成，在"附件管理-编辑"窗口中选中要打开的附件记录，单击"打开"按钮，即可查看附件内容。若不需要设置，则选中后单击"删除"按钮，然后单击"确定"按钮保存设置。

管理为企业提供各种物料的供应商信息。供应商资料在以下情况需要设置。

（1）单独使用"总账"模块时，会计科目中的属性设置"核算项目"为"供应商"时，供应商资料需要设置。

（2）使用"应付款管理"模块时，需要设置供应商资料，在录入发票、其他应付单据时，需要调用供应商信息。

（3）使用"采购管理"模块时，需要设置供应商资料，在录入采购订单、采购合同等单据时需要调用供应商信息。

请读者录入表 3-6 中供应商资料。

表 3-6 供应商

代 码	名 称	代 码	名 称
01	深圳富友电子加工厂	03	深圳鸿安包装公司
02	深圳高显贸易公司	04	深圳双友货运公司

3.6.2 部门、职员

* 部门：指某核算单位下辖的具有分别进行财务核算或业务管理要求的单元体，用来设置企业各个职能部门的信息，不一定是实际中的部门机构（也就是指，如果该部门不进行财务核算，则没有必要在系统中设置该部门）；如果需要使用工资模块、固定资产模块、供应链模块等，则建议完整录入部门资料，以供录入各种单据时引入部门信息。

* 职员：用来设置企业各职能部门中需要对其进行核算和业务管理的职员信息，系统设置时，不需将公司所有职员的信息都设置进来，如生产部门就只需设置生产部负责人和各生产部人员即可，一般的生产人员在此没必要设置；若需要使用工资系统，建议完整录入职员资料，以供工资系统引入职员信息。

部门和职员的管理方法与客户资料类似，请读者将表 3-7 和表 3-8 中资料录入系统。

表 3-7 部门

代 码	名 称
01	总经办
02	财务部
03	销售部
04	采购部
05	仓库
06	生产部
07	品管部
08	行政部

表 3-8 职员

代 码	姓 名	部 门
01	陈 静	总经办
02	严秀兰	财务部
03	何 钰	财务部
04	陈 铮	销售部
05	杨玉琴	采购部
06	刘国燕	仓库
07	李力全	生产部
08	赵红波	生产部
09	王红英	生产部
10	李 莉	生产部
11	吴 宁	品管部
12	肖海波	行政部

部门档案新增完成如图 3-27 所示。

职员档案新增完成如图 3-28 所示。

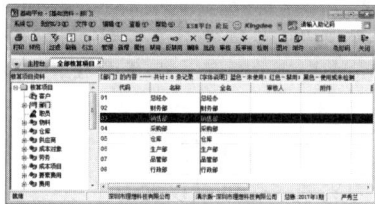

图 3-27

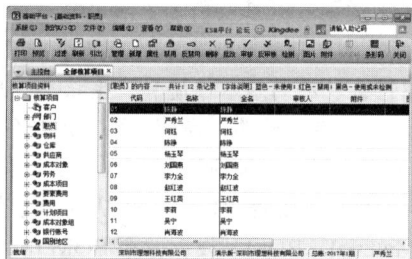

图 3-28

3.6.3 物料

物料是指设置企业中所涉及的所有物料档案，如原材料、半成品、产成品等。单独使用"总账"模块时，根据管理要求确定是否对物料档案进行设置；使用供应链系统时，必须设置物料档案，以供各种出、入库单据引用物料信息。

物料

物料管理具有增加、修改、删除、复制、自定义属性、查询、引入引出和打印等功能，可对企业所使用物料的资料进行集中管理。同其他核算项目一样，物料也可以分级设置，用户可以从第一级到最明细级逐级设置。

物料设置窗口含有 11 个选项卡——基本资料、物流资料、计划资料、设计资料、标准数据、质量资料、进出口资料、服务资料、图片、条形码和附件，如图 3-29 所示。每个选项卡同时包含不同的物料属性信息，不必对每一个属性进行设置，用户只要根据所使用到的模块情况，具体设置对应物料的属性。通常使用财务和进销存模块时，只需要对基本资料和物流资料中的部分属性进行设置即可。

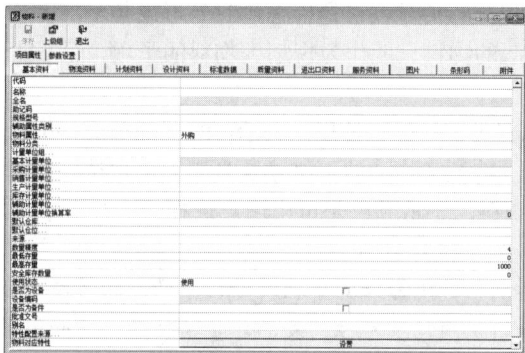

图 3-29

1. 基本资料

"基本资料"标签页主要是管理物料的一些基本信息，这些基本信息是各个系统都会使用的信息，如物料代码、名称、规格型号和计量单位等信息。

- **代码**：物料的编号，在系统中一个代码只能标识一个物料，可以是数字、字母，或者两者组合，建议中间不要带有特殊符号，如+、-、%等。在此录入该物料的长代码，如 1 是原材料，笔芯是原材料下的一种，则其代码为 "1.001"，代码的上下级以 ".（小数点）" 间隔；代码在物料资料中是必录项目。
- **名称和全名**：两者都是物料名称，前者是该物料的具体名称，由用户手工录入，后者是包括上级名称在内的物料名称，类似长代码，由系统自动给出；名称是一个必录项目。
- **助记码**：为了使物料方便记忆，可以为物料设置助记码；助记码为可选录项目。

- **规格型号**：录入物料的规格型号；规格型号为可选录项目。
- **辅助属性类别**：如果物料的需要特殊属性，如颜色、尺寸，则先在"辅助资料管理"中进行设置后，才能录入；辅助属性类别为可选录项目。
- **物料属性**：物料的基本性质和产生状态。用户需要从系统设定的 7 种属性中选择，包括规划类、配置类、特征类、外购、委外加工、虚拟件、自制。物料属性是必录项目；如果要使用"物料需求计划"系统，则属性必须设置正确，否则系统进行 MRP 计算时，计划出的单据是错误的。

① 自制，指物料是由企业自己生产制造出的产成品。在系统中，如果是自制件，可以进行物料清单（Bill of Material，BOM）设置。在 BOM 中，物料可以设置为父项，也可以设置为子项。

② 外购，指从供应商处取得的物料，可以作为原材料来生产产品，也可以直接用于销售。在 BOM 设置中，外购物料不可以作为父项存在。

③ 委外加工，指该物料是需要委托给其他单位进行生产加工的物料。

④ 虚拟件，指由一组具体物料（实件）组成的、以虚拟形式存在的成套件。例如，家具生产行业中，销售的产品为桌子，而实际发出的是拼装成桌子的桌面、桌腿、零件等实件，此时这个"桌子"实际上就是一种虚拟件。

以虚拟属性存在的物料不是一个具体物料，不进行成本核算。当记载有虚拟件的销售订单关联以生成销售出库单时，虚拟件在销售出库单上展开、以子项的形式出库。

⑤ 规划类，指针对一类产品定义的、为预测方便而设的、需要在预测时按类进行计划的一类物料。规划类的物料不是指具体的物料，而只是在产品预测时使用的物料虚拟类别。也就是说，对应的物料是产品类，不是具体的产品。

在 BOM 中，规划类的物料可以是父项，也可以是子项。但在 BOM 中，该类物料只能划在规划类物料下作为其他规划类物料的子项，而不能作为其他物料属性物料的子项进行定义。在产品预测单中可以录入对规划类物料的预测，在计算过程中会自动按比例分解到具体的物料中。

⑥ 配置类，指该物料存在可以配置的项，它是指客户对外形或某个部件有特殊要求的产品，其某部分结构由用户指定。"配置类"的物料只能作为规划类物料的子项，而不能作为其他物料属性物料的子项进行定义。

⑦ 特征类，特征类物料与配置类物料配合使用，表示可配置的项的特征，不是实际的物料，在 BOM 中只能是配置类物料的下级。特征类物料的下级才是真正由用户选择的物料，如汽车的颜色作为特征件，颜色本身不是实际的物料，表示颜色是可由用户选择的，其下级可能是黄色、黑色等，这才是实际的物料。

- **物料分类**：物料所属的类别，其内容来源于辅助资料中的"物料类别"；为可选录项目。
- **计量单位组**：选择该物料所采用计量单位所处的计量单位组，为必录项目。
- **基本计量单位**：每个单位组中作为该物料的标准计量单位，其他计量单位都以它作为计算依据。每个物料必须有一个基本计量单位。
- **采购计量单位**：设置后采购系统的单据默认使用该计量单位，为可选录项目。
- **销售计量单位**：设置后销售系统的单据默认使用该计量单位，为可选录项目。
- **生产计量单位**：设置后生产系统的单据默认使用该计量单位，为可选录项目。
- **库存计量单位**：设置后库存系统的单据默认使用该计量单位，为可选录项目。
- **辅助计量单位**：系统不会根据计量单位组自动携带浮动换算比例的计量单位，但是可以指定浮动换算比例的计量单位；为可选录项目。
- **辅助计量单位换算率**：系统根据辅助计量单位自动携带其浮动换算率，允许修改，在新增单据录入物料代码后系统自动携带此处的换算率内容计算辅助计量单位数量。
- **默认仓库**：表明当前物料默认存放的仓库；在进行库存类单据的录入时，系统自动携带仓库信息，并且系统会根据仓库系统提供的选项"录单时物料的仓库和默认仓库不一致时给予提示"，来判断是否对仓库的确定予以提示，避免用户出现仓库的选择错误；默认仓库为可选录项目。

- **默认仓位**：如果默认仓库是进行仓位管理的，该属性就表明当前物料默认存放仓库所属的最明细级仓位。它同默认仓库一样，都是为用户的方便而设置的，系统自动将默认仓库所属仓位组的默认仓位带出，供用户选择确认；如果不选择默认仓库就不能选择默认仓位；默认仓位为可选录项目。
- **来源**：如果是外购物料，则是该物料默认供应商；如果是自制物料，则是该物料默认生产部门。该项目是为用户处理业务单据的方便性而设的；来源为可选录项目。
- **数量精度**：确定物料在单据和报表中数量数据显示的小数位数长度，用户根据需要可随时设定。
- **最低存量、最高存量、安全库存数量**：设置物料的最低存量、最高存量、安全库存数量的相关预警参数。在录入各业务单据时，若该物料的现存量与所设置的最低存量、最高存量和安全库存数量有冲突，系统会弹出提示窗口，可以起到控制企业现存的存货价值目的；此项为可选录项目。
- **使用状态**：是指物料当前的状态，包括"逐步淘汰""将使用""历史资料""使用"；物料使用状态仅供报表统计时使用，并没有在单据中进行相应业务控制；使用状态可随时修改。
- **是否为设备**：对于某些外购类的物料，企业用于生产时就成为设备，需要进入设备管理模块进行维护；系统规定只有外购类的物料才能成为设备。
- **设备编码**：设备对应的编码。基础资料处的设备编码信息由设备档案系统反填，无须用户维护。
- **是否为备件**：系统规定外购类、委外加工和自制的物料都可以设置为备件。
- **批准文号**：物料首营的批准文号，只供参考查看。
- **别名**：物料的别名称呼，只供参考查看。

2. 物流资料

"物流资料"标签页是管理物料的一些物流信息，如保质期、是否采用业务批次管理和盘点期等设置。

- **采购负责人**：当前物料的主要采购责任人员，该属性主要应用于采购报表的汇总选项，为可选录项目。
- **毛利率（%）**：毛利占销售收入的百分比，该字段目前只是在销售订单预评估时做参考使用，为可选录项目。
- **采购单价**：采购时以基本计量单位计算的标准采购单价，单位为本位币货币，为可选录项目。
- **销售单价**：销售时以基本计量单位计算的标准销售单价，单位为本位币货币，为可选录项目。
- **是否进行保质期管理**：是否进行保质期管理是物料保质期管理的唯一确定依据，是食品、医药等行业的重要需求。
- **保质期（天）**：用于确定具体的保质期限，系统要根据该期限确定物料是否到期，并相应提供到期日计算功能；该属性是用来方便用户日常录入物料时自动带入单据相应字段的，用户也可以修改。
- **是否需要库龄管理**：选中该选项，用户可以根据入库日期进行库龄分析，根据库龄输出相关报表。
- **是否采用业务批次管理**：选中此项，则该物料在进行业务单据处理时，必须录入批号，方可保存。
- **是否需要进行订补货计划的运算**：选中该选项后，才可以对物料的订补货计划进行运算，否则该物料不能进行订补货计划。
- **失效提前期（天）**：物料保质期提前的期限，目前只供参考查看。

- **盘点周期单位、盘点周期、每周/月第几天**：设置物料盘点情况，为可选录项目。
- **上次盘点日期**：系统根据最近一次进行的盘点操作日期自动回填。
- **外购超收比例、外购欠收比例**：指外购入库时允许超过和低于计划数量的比例。
- **销售超交比例、销售欠交比例**：指销售出库时允许超过和低于计划数量的比例。
- **完工超收比例、完工欠收比例**：指完工入库时允许超过和低于计划数量的比例。
- **计价方法**：指存货出库结转存货成本所采用的计价方法，如先进先出法、后进先出法和加权平均法等，系统对日常收发，根据该物料所选定的计价方法，通过存货核算系统进行成本核算、生成凭证等管理，并统一将业务资料按规则自动形成财务信息，传入总账系统；计价方法为必选项目。
- **计划单价**：指采用计划成本法计价时，物料所规定的计划单价。
- **单价精度**：确定物料在单据和报表中单价数据所显示的小数位数长度，用户根据需要设定，可随时修改。
- **存货科目代码**：物料作为存货对应的最明细会计科目，是物料重要的核算属性；通过设置凭证模板，系统在自动生成记账凭证时可以将核算类单据的相关采购成本、结转生产等成本直接对应归入该科目账户，还可以明细到该科目下挂的具体核算项目下；特别应用于库存单据的凭证处理中；此项为必须录入数据的项目。
- **销售收入科目代码**：当前物料用于销售时所对应的最明细会计科目，是物料重要的核算属性。录入后，通过设置凭证模板，系统在自动生成记账凭证时可以将销售发票的相关销售收入金额直接对应归入该科目账户，还可以明细到该科目下挂的具体核算项目下；此项为必须录入数据的项目。
- **销售成本科目代码**：当前物料用于结转销售成本时所对应的最明细的会计科目，是物料重要的核算属性。录入后，通过设置凭证模板，系统在自动生成记账凭证时可以将销售出库单据的相关销售成本直接对应归入该科目账户，还可以明细到该科目下挂的具体核算项目下；此项为必须录入数据的项目。
- **成本差异科目代码**：当前物料采用计划成本法计算计划差价时所对应的最明细会计科目；此项为可选录入项目。
- **代管物资科目代码**：当前物料作为代管物资时所对应的最明细会计科目。
- **税目代码**：物料核算时所使用的税目代码，从辅助资料中获取。
- **税率（%）**：指当前物料的税率。
- **成本项目**：物料进行成本核算时，所隶属的成本项目。
- **是否进行序列号管理**：物料进行序列号管理的唯一确定依据，即当前物料是否实行序列号管理。

3. 计划资料

"计划资料"标签页用于管理生产和计划系统需要使用到的信息，如提前期、订货策略、最小定量和最大定量等信息。

4. 设计资料

"设计资料"标签页主要是保存物料的设计属性，如长度、宽度、高度等内容。这些内容根据实际情况录入。本标签页项目为可选录项目。

5. 标准数据

"标准数据"标签页主要是管理物料的标准项目信息，如标准成本、标准工时等。本标签页项目为可选录项目。

6. 质量资料

"质量资料"标签页主要是管理与"质量管理"系统有关的信息，如检验方式等。如果要使用"质量管理"模块，则本标签页信息为必录项目；反之，为可选录项目。

7. 进出口资料

"进出口资料"标签页主要管理该物料的进出口信息。当要使用"进口管理"和"出口管理"系统时，本标签页的项目需要设置；反之，为可选录项目。

8. 服务资料

"服务资料"标签页主要管理该物料的服务信息。

9. 图片

"图片"标签页是指将物料的图片引入系统，以供不熟悉本物料的人员查看。单击"图片"标签页，系统弹出"浏览图片"窗口；单击"引入"按钮，用户可以选择物料图片的存放位置和文件名；单击"引出"按钮，用户可以将图片另存在某个磁盘位置上；单击"删除"按钮，用户可以将图片信息删除。

10. 条形码

对物料的条形码信息进行管理，单击"条形码"标签页，系统弹出"条形码管理"窗口，在该窗口可以进行条形码的设置和删除。

11. 附件

对物料辅助资料以附件形式上传关联。

【例 3-9】录入表 3-9 中的物料资料。

表 3-9　　　　　　　　　　　　　　　　　物料

物料大类	1原材料						2半成品	3产成品	
代　　码	1.01	1.02	1.03	1.04	1.05	1.06		3.01	3.02
名　　称	主板	9寸外壳	9寸屏	适配器	包装盒	9寸外壳		9寸数码相框	9寸数码相框
规格型号		喷亮油				电镀木纹		喷亮油	电镀木纹
物料属性	外购	外购	外购	外购	外购	外购		自制	自制
计量单位组	数量组	数量组	数量组	数量组	数量组	数量组		数量组	数量组
基本计量单位	PCS	PCS	PCS	PCS	PCS	PCS		PCS	PCS
计价方法	加权平均法								
存货科目代码	1403	1403	1403	1403	1403	1403		1405	1405
销售收入科目代码	6001	6001	6001	6001	6001	6001		6001	6001
销售成本科目代码	6401	6401	6401	6401	6401	6401		6401	6401

> **注意**　在首次进行物料档案新增时，请先引入"会计科目"，否则在新增物料时，若存货科目未设置则不允许保存。

（1）在"核算项目"窗口，单击【核算项目】→【物料】，在右侧"内容"窗口任意位置单击鼠标，再单击工具栏上的"新增"按钮，弹出"物料-新增"窗口，如图 3-30 所示。

（2）先进行物料类别设置。单击"物料-新增"窗口工具栏上的"上级组"按钮，切换到"上级组"设置窗口，代码录入"1"，名称录入"原材料"，如图 3-31 所示。单击"保存"按钮保存设置。

用同样方法新增其他类别，单击"关闭"按钮，退出新增窗口返回"基础平台-[基础资料-物料]"窗口。类别新增完成的窗口如图 3-32 所示。

（3）增加物料明细资料。再单击工具栏上"新增"按钮，弹出"物料-新增"窗口，在"基本资料"选项卡窗口，代码录入"1.01"，名称录入"主板"，物料属性选择"外购"，计量单位组选择"数量组"，基本计量单位、采购计量单位、销售计量单位、生产计量单位和库存计量单位都选择"PCS"，其他项目保持默认值，如图 3-33 所示。

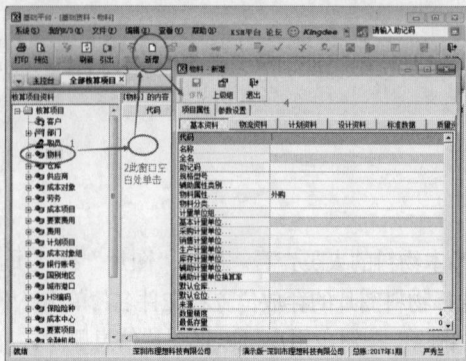

图 3-30

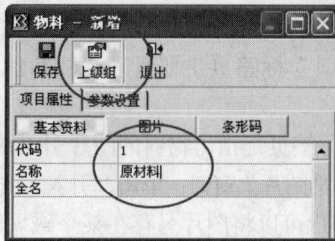

图 3-31

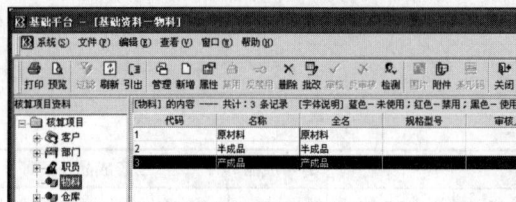

图 3-32

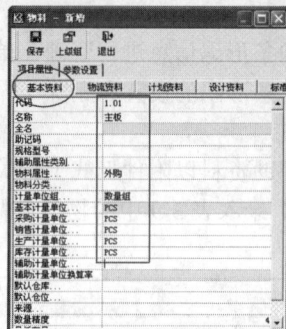

图 3-33

（4）切换到"物流资料"选项卡，计价方法选择"加权平均法"，存货科目代码选择"1403"，销售收入科目代码选择"6001"，销售成本科目代码选择"6401"，如图 3-34 所示。

（5）单击"保存"按钮，保存资料录入。其他物料资料请自行录入。录入完成的窗口如图 3-35 所示。

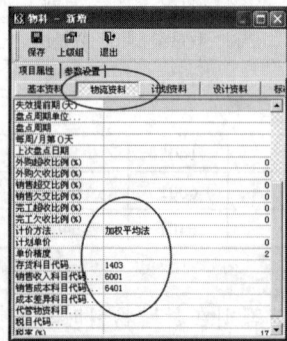

图 3-34

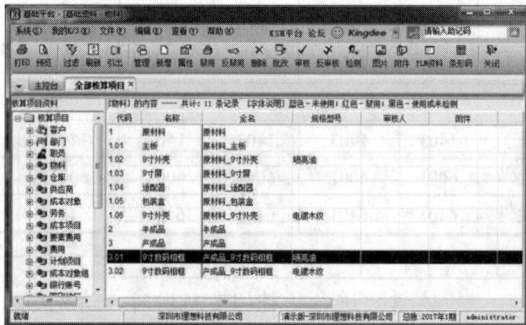

图 3-35

（1）明细资料与上级资料的代码联系以"."（小数点）"连接。

（2）其他项目，如最高、最低库存和默认仓库等项目是否需要设置，由企业管理要求而定。读者可以在熟练操作金蝶K/3系统后再学习其他项目的设置。

如果对物料的属性设置不满意，可以随时进行修改，方法是：在"核算项目"管理窗口，选中需要修改的物料并双击，或者单击工具栏上"属性"按钮，弹出"修改"窗口，将所需修改内容录入后单击"保存"按钮即可。

3.6.4 仓库

仓库档案是管理企业用来存放物料的地方。仓库档案一般使用"供应链"模块时才设置。仓库档案管理方法可以参照"客户"一节。新建立的账套默认仓库档案为空。

【例 3-10】新增表 3-10 中的仓库档案。

表 3-10   仓库档案

代　码	名　称
1	原材仓
2	半成品仓
3	成品仓

（1）首先选中"仓库"项目，再在右侧任意位置单击鼠标，然后单击工具栏上"新增"按钮，系统弹出"仓库-新增"窗口，如图 3-36 所示。

- **代码**：录入仓库代码，为必录项目。
- **名称、全名**：录入仓库名称，为必录项目。
- **仓库管理员、仓库地址、电话**：可以根据管理情况视要求录入。
- **仓库属性**：选择该存放良品、不良品和在检品中的哪一种。
- **仓库类型**：仓库的类型分为 4 种，即实仓、待检仓、代管仓和赠品仓；只有实仓才可以进行仓位管理和选择是否参与 MRP 计算；其他类型不具有仓位管理和是否参加 MRP 计算的功能。
- **是否 MPS/MRP 可用量**：选中此项，表明该仓库参与 MRP 计算，即系统进行 MRP 计算时，考虑该仓库的物料情况。反之，不参与 MRP 计算。
- **是否进行仓位管理**：即该仓库是否下设仓位管理或称之为仓库结构管理。
- **仓位组**：选中"是否进行仓位管理"项目时，则需要选择本项目。

（2）单击"仓库-新增"窗口工具栏上的"上级组"按钮，切换到"上级组"设置窗口，代码录入"1"，名称录入"原材仓"，如图 3-37 所示。

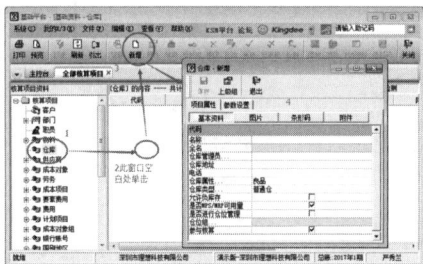

图 3-36

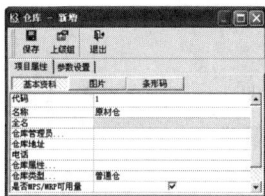

图 3-37

（3）其他项目保持默认值，单击"保存"按钮保存设置，继续新增其他仓库档案。

3.6.5 现金流量项目

现金流量项目是对现金流量资料进行维护和管理的，主要是处理项目的新增和修改操作。当使用"现金流量表"时可以进行设置。现金流量项目如图 3-38 所示。

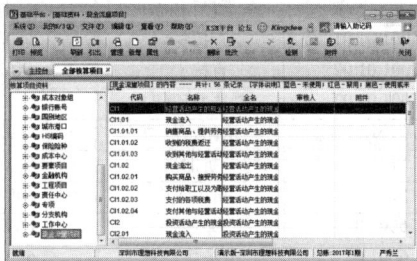

图 3-38

其他核算项目由于本书实例中不会涉及，在此暂不讲解，读者可以通过 F1 功能键，来获取帮助进行了解。

3.7 课后习题

（1）会计科目是操作什么工作的基础？

（2）科目属性中的"科目受控系统"是什么功能？

（3）一级科目与二级科目代码用什么符号连接？

（4）在什么情况下要选中会计科目属性窗口中的"期末调汇"项？

（5）币别管理中"记账汇率"的意义是什么？

（6）核算项目有什么特点？

（7）客户资料在怎样情况下需要设置？

（8）在使用什么功能系统下要进行物料的设置？

实验二
基础资料设置

【实验目的】

（1）掌握基础资料内容。

（2）掌握基础资料设置方法。

【实验内容】

（1）引入会计科目。

（2）新增、修改会计科目。

（3）币别管理。

（4）凭证字管理。

（5）计量单位管理。

（6）结算方式管理。

（7）客户资料管理。

（8）供应商资料管理。

【实验资料】

（1）币别：USD，美元，6.86。

（2）会计科目档案如表 3-11 所示。

表 3-11 会计科目档案

科目代码	科目名称	科目代码	科目名称	科目代码	科目名称
1001.01	人民币	5001.01.01	直接材料	6602.01	差旅费
1001.02	美元	5001.01.02	直接人工	6602.02	业务招待费
1002.01	招行 319 本币	5001.01.03	制造费用转入	6602.03	办公费
1002.02	建行 712 美元	5101.01	房租水电费	6602.04	管理员工资
1601.01	办公设备	5101.02	折旧费	6602.05	折旧费
1601.02	生产设备	5101.03	员工工资	6602.06	其他
1601.03	运输车辆	6601.01	差旅费	6602.07	坏账损失
4001.01	王齐龙	6601.02	业务招待费	6603.01	利息
4001.02	何小川	6601.03	折旧费	6603.02	银行手续费
5001.01	基本生产成本	6601.04	业务员工资	6603.03	调汇

（3）凭证字：记。

（4）计量单位档案如表 3-12 所示。

表 3-12 计量单位档案

组　别	代　码	名　称	系　数
数量组	11	支	1
	12	个	1
其他组	21	台	1
	22	辆	1

（5）结算方式：JF06 转账支票。

（6）客户档案如表 3-13 所示。

表 3-13 客户档案

代　码	名　称
01	上海常星礼品公司
02	广州鸿运文具店
03	广州明有文具店
04	深圳长友网络公司

（7）供应商档案如表 3-14 所示。

表 3-14 供应商档案

代　码	名　称
01	广州浩友塑胶制品厂
02	广州书名文具厂
03	广州唯安包装公司
04	广州顺利货运公司

（8）部门档案如表 3-15 所示。

表 3-15 部门档案

代　码	名　称
01	总经办
02	财务部
03	销售部
04	采购部
05	仓　库
06	生产部
07	品管部
08	行政部

（9）职员档案如表 3-16 所示。

表 3-16　　　　　　　　　　　　　　职员档案

代　码	姓　名	部　门
01	何小川	总经办
02	贺君兰	财务部
03	李　丽	财务部
04	王力保	销售部
05	叶小英	采购部
06	谭　艳	仓库
07	唐友利	生产部
08	王宝强	生产部
09	袁　有	生产部
10	李丰富	生产部
11	张　先	品管部
12	谢至星	行政部

【实验步骤】

（1）以"贺君兰"登录"100 宇纵科技有限公司"账套，引入"新会计准则科目"。

（2）新增币别：USD，美元，6.86。

（3）新增表 3-11 所列会计科目档案，注意"1001.02"与"1002.02"的"外币核算"与"期末调汇"的选择。

（4）修改"1122—应收账款"和"2203—预收账款"的科目属性中的"核算项目"为"客户"，修改"2202—应付账款"和"1123—预付账款"的科目属性中的"核算项目"为"供应商"。

（5）新增"记"凭证字。

（6）新增表 3-12 所列计量单位档案。

（7）新增结算方式：JF06 转账支票。

（8）新增表 3-13 所列客户档案。

（9）新增表 3-14 所列供应商档案。

（10）建立表 3-15 所列部门档案。

（11）建立表 3-16 所列职员档案。

总 账 系 统 第4章

【学习重点】

通过本章学习，了解总账系统的基本原理和操作方法，了解凭证的录入、修改、审核、过账和打印等操作，通过凭证处理后，掌握如何查询各种会计账簿和报表，以及总账的期末处理方法。

4.1 系 统 概 述

会计任务包括设置账户、填制凭证等，然后对其审核、记账，最后统计各种账表，这些都是金蝶ERP-K/3最基本的功能。总账系统就是用来完成这些基本功能的。

总账系统是会计信息系统的核心模块，它可以进行凭证填制、审核和记账等工作，同时接收来自各供应链系统传递过来的凭证（如固定资产新增凭证和计提折旧凭证等）。总账系统在月末会根据转账定义自动生成结转凭证、自动结转损益凭证等。

总账系统根据填制的凭证自动生成相应的会计账簿、报表，如总分类账、明细分类账和科目余额表等。

如果核算单位的账务非常简单，涉及往来款、库存等业务较少时，单独使用总账系统就可以实现财务核算的基本要求。

1. 使用总账管理系统需要设置的内容

● **公共资料**：本系统所涉及的最基础资料，会计科目、币别和凭证字为必设置项，其他项目视核算要求确定是否设置。

● **系统设置资料**：针对该模块的参数进行更详细化的设置。

2. 总账系统可执行查询的报表

总账系统可执行查询的报表包括总分类账、明细分类账、数量金额明细账、数量金额总账、多栏账、核算项目分类总账、核算项目明细账、科目余额表、试算平衡表、日报表查询、摘要汇总表、核算项目余额表、核算项目汇总表、核算项目组合表、核算项目与科目组合表、科目利息计算表、调汇历史信息表和现金流量表等。

3. 操作流程

新用户需从系统初始化开始。老用户则因已经完成初始设置，所以可直接处理日常业务。系统初始化结束以后，随着公司的业务开展，还有许多基础资料需要设置，如银行科目的新增、客户和供应商的新增等，可以随时在凭证录入时进行处理。新用户和老用户的操作流程如图4-1所示。

4. 总账系统与其他系统间的数据流程图

总账系统与其他系统的数据流程图反映总账系统与其他系统的数据传递关系，如图4-2所示。

总账系统是金蝶K/3财务核算的核心，与其他供应链系统通过凭证进行无缝连接，同时供应链系统的凭证也可自行在总账系统中处理，并且报表、现金流量表和财务分析都可以从总账系统中取数。

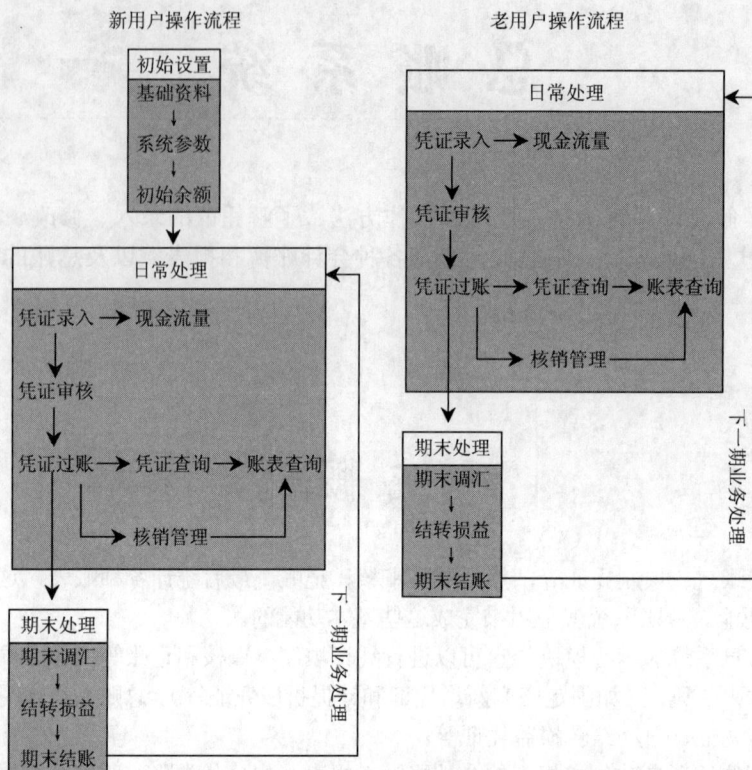

图 4-1

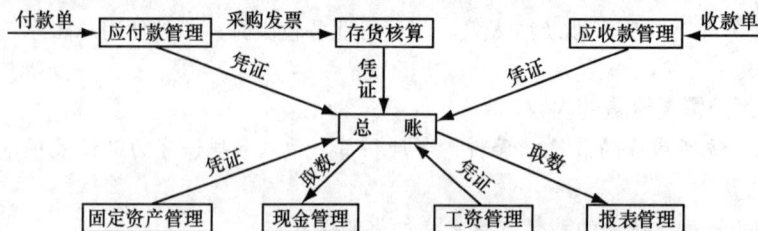

图 4-2

4.2

初 始 设 置

初始设置包括基础资料设置、系统参数设置和初始化数据录入，基础资料设置方法请参照第 3 章，本节重点讲解总账系统参数设置和初始化数据录入。

4.2.1　总账系统参数设置

总账系统参数设置包括系统凭证过账前是否要求凭证审核，出现赤字时是否要求提示等设置。

双击【系统设置】→【系统设置】→【总账】→【系统参数】，系统弹出"系统参数"设置窗口，如图4-3所示。

"系统参数"窗口有系统、总账和会计期间 3 个选项卡。"系统"选项卡用于管理当前账套的基本信息，有公司名称、地址和电话信息；"总账"选项卡用于设

总账系统参数

置整个"总账"系统的参数;"会计期间"选项卡提供查看当前账套采用的会计期间方法,以及业务已经处理到的会计期间。

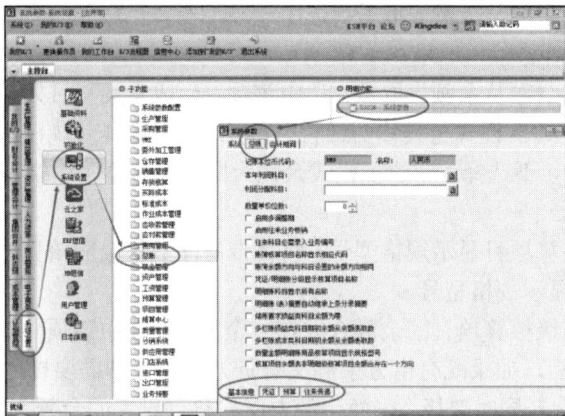

图4-3

1. 参数介绍

"总账"选项卡包含有基本信息、凭证、预算和往来传递 4 个选项卡,各选项卡释义如下。

(1)基本信息

① 本年利润科目、利润分配科目:如果要自动结转损益凭证,则必须设置这两项。当软件自动结转损益时会自动将"损益"类科目下的余额结转到"本年利润"科目。若不设置则结转损益凭证需以手工录入方式完成。单击" 🗐(获取)"按钮,系统弹出"会计科目"窗口,选择正确的"本年利润"科目,单击"确定"按钮即可。

② 数量单价位数:指涉及物料类凭证以"数量金额式"进行核算时,数量和单价的小数位数。

③ 启用多调整期:选中该项,则启用多调整期,否则调整期业务处理将不能使用。选中后显示"调整期间"的页签,在调整期间全部为关闭状态且没有使用的情况下,此勾选可以取消,一旦存在状态为已打开的调整期间或者存在已有调整期间录入凭证的情况,不可再取消此勾选(即变成不可编辑状态)。

④ 启用往来业务核销:设置往来会计科目是否进行往来业务核销。选中该项,则录入该科目凭证时需录入业务编号,核销时系统会根据同一业务编号的不同方向发生额进行核销处理。该选项适用于单独使用"总账"系统的用户。

⑤ 往来科目必须录入业务编号:设置往来业务核算的会计科目在凭证录入时必须录入业务编号。该选项适用于单独使用"总账"系统的用户。

⑥ 账簿核算项目名称显示相应代码:设置控制预览、打印账簿时,是否显示核算项目的名称及相应代码。

⑦ 账簿余额方向与科目设置的余额方向相同:选中该项,则在账簿显示时,账簿的余额方向始终与同科目余额的方向一致,如果不同,则以负数显示;反之,如果余额方向与科目设置的余额方向相反,则显示科目余额的方向,金额始终为正数。

⑧ 凭证/明细账分级显示核算项目名称:选中该项,查看凭证/明细账时会分级显示核算项目名称。

⑨ 明细账科目显示所有名称:选中该项,在预览、打印明细账时显示该明细科目的全部内容,反之只显示最明细科目。

⑩ 明细账(表)摘要自动继承上条分录摘要:选中该项,系统在生成明细分类账、数量金额明细账、核算项目明细账时,如果凭证中该条分录没有摘要,则明细账摘要自动继承上条有摘要分录的摘要。反之,则自动继承凭证中第一条分录的摘要,而不是上一条有分录的摘要。核算项目明细表在不选择该选项时,如果第一条分录科目下挂核算项目且有摘要,则自动继承第一条分录的摘要;如果第一条分录科目下不挂核算项目,则不继承摘要,核算项目明细表的摘要栏为空。

⑪ 结账要求损益类科目余额为零：选中该项，当总账结账时，如果损益科目下有余额，则不能结账。

⑫ 多栏账损益类科目期初余额从余额表取数：选中该项，若多栏账制作时涉及损益科目时，则期初余额从余额表中取数。

⑬ 多栏账成本类科目期初余额从余额表取数：选中该项，当成本类科目处于未结平的状态（余额不为零）且多栏账取数时，左边多栏式与具体明细栏目的期初余额取自初始余额录入的期初余额。成本类科目已结平（余额为零），不选择，左边多栏式余额为零，但具体明细栏目的期初余额取自初始余额录入的实际损益发生额。

⑭ 数量金额明细账商品核算项目显示规格型号：科目带商品数量金额核算时，选择该选项则在数量金额明细账商品核算项目显示规格型号。

⑮ 核算项目余额表非明细级核算项目的余额合并在一个方向：选中该项，核算项目余额表按照其明细级核算项目的余额汇总后，如果既有借方余额又有贷方余额，则需要以借贷方的差额填列，填列方向选取差额的正数方向。若同时选择"账簿余额方向与科目设置的余额方向相同"，则此选项的作用就会失效。

（2）凭证

单击"凭证"选项卡，窗口切换到图4-4所示的界面。

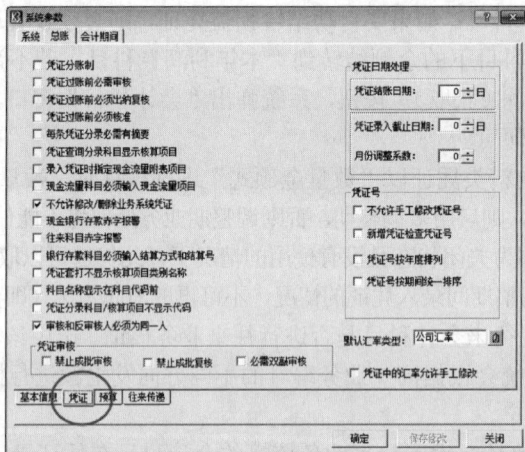

图4-4

① 凭证分账制：外币的处理有统账制和分账制两种。统账制下，每笔外币业务都必须折合为本位币进行记录；如果是分账制，则录入外币业务时，不需要进行外币折算，直接记录外币原币的金额即可。分账制一般应用于外币业务量较大的企业，对于外币业务量较小的单位，一般采用统账制进行外币业务的处理。

统账制和分账制处理的不同，具体体现在凭证录入中。如果是统账制，则一个凭证中不同的分录可以是不同的币别；如果是分账制，则不同的分录必须是相同的币别。

② 凭证过账前必须审核：为了保证凭证的正确性，凭证需要审核后才能过账，若不选择该项，则未审核的凭证也可以过账。建议勾选。

③ 凭证过账前必须出纳复核：凭证需要出纳复核后才能过账，若不选择该项，则未复核的凭证也可以过账。

④ 凭证过账前必须核准：凭证需要核准后才能过账，若不选择该项，则未核准的凭证也可以过账。

⑤ 每条凭证分录必须有摘要：录入凭证时，每条分录必须有摘要，否则系统不予保存。

⑥ 凭证查询分录科目显示核算项目：选中该项，在凭证分录序时簿的"科目名称"列中同时显

示科目下挂的核算项目。

⑦ 录入凭证时指定现金流量附表项目：选中该项，则在凭证录入时，系统会提示录入"现金流量附表项目"；反之，可以不录入附表项目。

⑧ 现金流量科目必须输入现金流量项目：选中该项，当录入凭证时的会计科目设置现金流量属性时，必须录入会计科目所属的现金流量项目。

⑨ 不允许修改/删除供应链系统凭证：选中该项，如果有非总账模块录入的凭证，则在总账模块中只能查看，不能修改。

⑩ 现金银行存款赤字报警：选中该项，在录入凭证时，如果现金或银行类科目出现负值，则系统会自动发出警告。

⑪ 往来科目赤字报警：选中该项，在录入凭证时，如果往来类科目出现负值，则系统会自动发出警告。

⑫ 银行存款科目必须输入结算方式和结算号：选中该项，在凭证录入时，如果是银行科目的业务，则必须录入该业务的结算方式和结算号。

⑬ 凭证套打不显示核算项目类别名称：使用套打功能打印凭证时，如果有设置核算项目的会计科目，则打印时不打印核算项目的类别名称。

⑭ 科目名称显示在科目代码前：凭证显示，一般是科目代码在前，名称在后。选中该选项则为名称在前，代码在后。

⑮ 凭证分录科目/核算项目不显示代码：选中该项，凭证编辑界面会计分录科目栏不显示对应的科目及核算项目的代码信息。

⑯ 审核和反审核人必须为同一人：选中该项，凭证反审核（包括成批反审核）时判断审核人和反审核人是否为同一人。如果为同一人，则可以反审核；如果不为同一人，则不可以反审核。

⑰ 禁止成批审核：选中该项，凭证审核时必须单张审核。

⑱ 必须双敲审核：选中该项，凭证审核时必须双敲才能审核。

⑲ 禁止成批复核：选中该项，凭证复核时必须单张复核。

⑳ 不允许手工修改凭证号：选中，新增凭证时，在凭证中该凭证号显示为灰，不允许用户修改。修改凭证时也不允许修改凭证号。

㉑ 新增凭证检查凭证号：选中该项，用户不需要使用系统自动分配的凭证号，自己录入凭证号即可；反之，新增的凭证号由系统自动分配。

㉒ 凭证号按年度排列：选中该项，凭证号按年度排列，否则，按每一会计期间排列。

㉓ 凭证号按期间统一排序：选中该项，凭证号将在同一会计期间统一排序。

（3）预算

单击"预算"标签，窗口切换到预算界面，如图 4-5 所示。

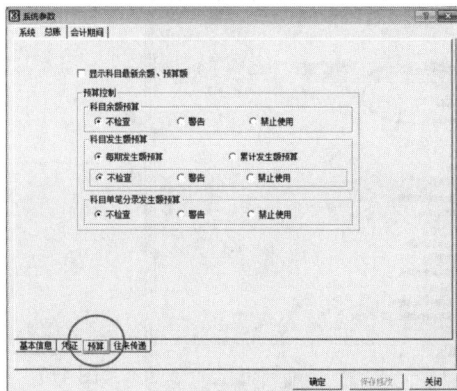

图 4-5

① 显示科目最新余额、预算额：选中该项，在凭证录入时，会在新增凭证窗口左上角显示该科目的最新余额和发生额。

② 科目余额预算：选中该项，则科目属性中有"预算"，且科目不符合预算（大于最高预算或小于最低预算）时，科目录入可以有 3 种选择——不检查、警告（可继续录入）和禁止使用。

（4）往来传递

单击"往来传递"标签，窗口切换到往来传递界面，如图 4-6 所示。

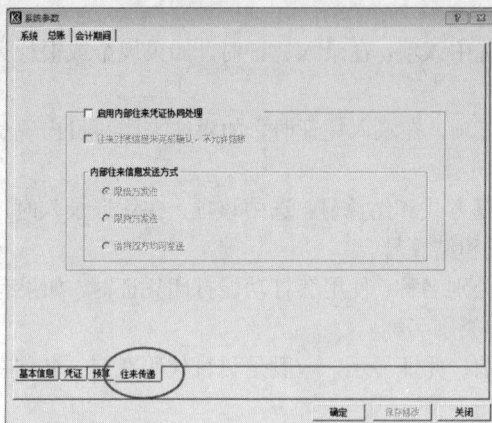

图 4-6

① 启用内部往来凭证协同处理：选中该项，主控台的"内部往来协同处理"及相应的子功能"我方内部往来"及"对方内部往来"才可以使用。只有选中此项时，参数"内部往来信息未完成确认，不允许结账"与"内部往来信息发送方式"才可以选择。

② 内部往来信息未完成确认，不允许结账：本期有内部往来信息未完成确认时，不允许结账，即本期还有我方或对方的内部往来信息处于"未确认""未完全确认"状态时，期末不允许结账。默认状态为不选中。

③ 内部往来信息发送方式，提供 3 种选择，3 选 1：

- 限借方发送（默认选中）；
- 限贷方发送；
- 借贷双方均可发送。

该参数在子公司账套中不能选择，由集团账套统一控制。

2. 总账参数设置

总账参数设置如下。

（1）在"基本信息"选项卡，本年利润科目按 F7 键获取"4103—本年利润"科目，利润分配科目获取"4104—利润分配"，勾选"结账要求损益类科目余额为零"，如图 4-7 所示。

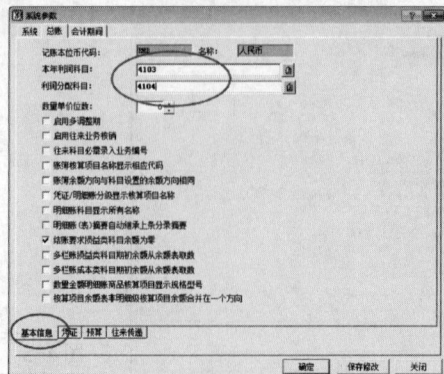

图 4-7

（2）在"凭证"选项卡，选中"凭证过账前必需审核""不允许修改/删除供应链系统凭证""现金银行存款赤字报警""往来科目赤字报警""银行存款科目必须输入结算方式和结算号""审核和反审核必须为同一人"和"凭证号按期间统一排序"，如图 4-8 所示。

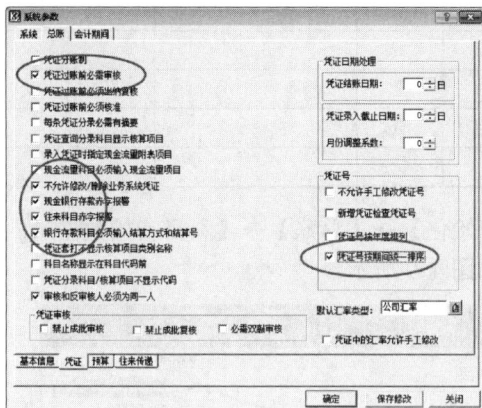

图 4-8

（3）在"预算"选项卡，选中"显示科目最新余额、预算额"，单击"确定"按钮保存设置。

4.2.2 初始数据录入

公共资料设置和系统设置完成后，用户就可以录入初始数据。当使用总账系统时，则需录入各会计科目的期初余额、本年累计借方发生额和本年累计贷方发生额。若是在年初启用账套，则只需录入年初余额。

总账初始数据的设置重点是录入各会计科目的本年累计借方发生额、本年累计贷方发生额和期初余额，涉及外币的要录入本位币、原币金额，涉及数量金额辅助核算的科目要录入数量、金额，涉及核算项目的科目要录入各明细核算项目的数据。

初始数据录入

【例 4-1】录入表 4-1～表 4-3 中的初始数据，试算平衡后结束初始化。

表 4-1　　　　　　　　　　　　　　　　客户初始数据　　　　　　　　　　　　　　　　单位：元

客　户	日　期	应收账款	预收账款	期初余额
北京宏码科技	2016-12-31	28 600.00		28 600.00
广州华商数码	2016-12-31	8 800.00		8 800.00
深圳易通贸易	2016-12-31	25 000.00		25 000.00

表 4-2　　　　　　　　　　　　　　　　供应商初始数据　　　　　　　　　　　　　　　单位：元

供应商	日　期	应付账款	预付账款	期初余额
深圳富友电子加工厂	2016-12-31	11 000.00		11 000.00
深圳高显贸易公司	2016-12-31	5 000.00		5 000.00

表 4-3　　　　　　　　　　　　　　　　科目初始数据　　　　　　　　　　　　　　　　单位：元

科目代码	科目名称	方　向	本年累计借方	本年累计贷方	期初余额
1001.01	人民币	借			5 000.00
1002.01	工行 567 本币	借			778 122.00
1122	应收账款	借			62 400.00
1403	原材料	借			3 970.00
1405	库存商品	借			3 000.00

续表

科目代码	科目名称	方　向	本年累计借方	本年累计贷方	期初余额
1601.01	办公设备	借			183 600.00
1601.02	机械设备	借			9 800.00
1602	累计折旧	贷			29 892.00
2202	应付账款	贷			16 000.00
4001.01	陈友生	贷			490 000.00
4001.02	陈　静	贷			510 000.00

（1）双击【系统设置】→【初始化】→【总账】→【科目初始数据录入】，系统进入"总账系统-[科目初始余额录入]"窗口，如图4-9所示。

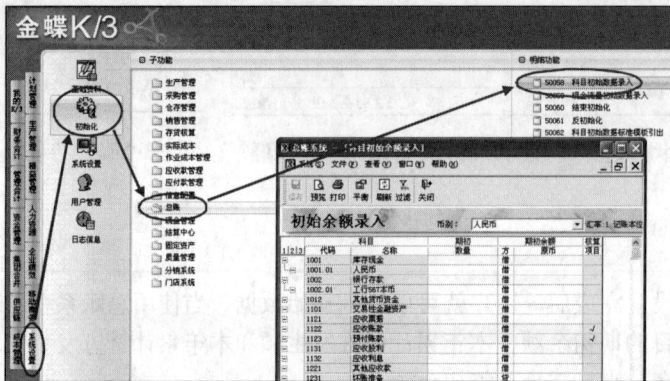

图4-9

> （1）录入数据时选择正确的"币别"，选择外币时系统会自动切换到外币录入窗口。
>
> （2）白色框表示可以录入数据，黄色框表示由明细数据汇总而得。
>
> （3）核算项目上有打勾的表示单击切换到"核算项目初始余额录入"窗口。
>
> （4）有数量金额辅助核算的科目，选中时系统会自动切换到数量、金额录入状态。
>
> （5）年初金额由以下计算公式得出：借方年初余额＝期初余额＋本年累计贷方发生额－本年累计借方发生额；贷方年初余额＝期初余额＋本年累计借方发生额－本年累计贷方发生额。

（2）先录入应收初始数据。单击图4-9中科目右边"核算项目"处打勾的位置，系统弹出"核算项目初始余额录入"窗口。双击"1122—应收账款"科目，系统弹出"核算科目初始余额录入（科目：1122应收账款）"窗口，光标移至客户项下，再单击 ，如图4-10所示。

（3）系统弹出"客户"档案窗口，在该窗口，用户可以进行客户档案的新增、修改和停用等操作。在此双击"01—北京宏码科技"客户，返回初始余额录入窗口，在该客户对应的"期初余额处"录入"28 600"，单击"插入"按钮插入一行，以同样方法获取"02—广州华商数码"客户后录入余额，同新方法将其他应收初始数据录入，录入完成的"核算项目初始余额录入"窗口，如图4-11所示。

（4）单击"保存"按钮保存录入，单击"关闭"按钮返回"科目初始余额录入"窗口，系统会将刚才录入的核算项目的余额汇总到"1122—应收账款"科目下。以同样方法在"2202—应付账款"下录入表4-2中供应商的初始余额。

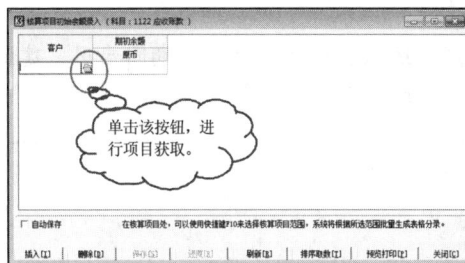

图 4-10

图 4-11

（5）录入会计科目的初始余额。光标移至"1001.01—人民币"科目的"期初余额"下，录入表4-3 中其他余额数据，并保存，录入完成窗口如图 4-12 所示。

（6）初始数据录入完成后需查看数据是否平衡，单击工具栏上"平衡"按钮，稍后系统会弹出"试算借贷平衡"窗口，如图 4-13 所示。若试算不平衡，则返回"科目初始余额录入"窗口检查数据，直到试算平衡为止。

图 4-12

图 4-13

外币科目有初始数据时，试算平衡一定要选择"综合本位币"状态。

若需要通过"总账"系统下的现金流量功能查询现金流量表，并且当账套中为年中启用时，需要对启用前的现金流量的数据进行录入，系统才能计算全年的现金流量表。

（7）当科目初始数据录入完成，并且只有试算平衡，同时现金流量初始数据录入完成时，才可以结束初始化，并启用账套。双击【系统设置】→【初始化】→【总账】→【结束初始化】，如图 4-14 所示。

图 4-14

结束初始化后要返回修改初始数据，必须反初始化后才能修改，方法是双击【系统设置】→【初始化】→【总账】→【反初始化】即可。

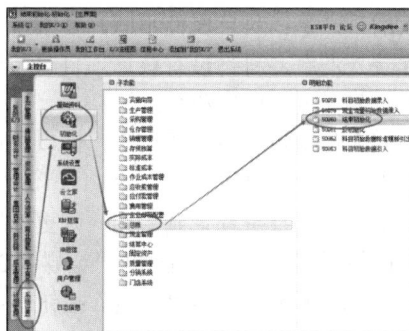

> **注意** 因本账套需与应收、应付及固定资产系统联合使用，并在同期间启用，建议在这些系统初始化结束后，再结束总账系统的初始化。

4.3
凭 证 处 理

会计的基础工作是凭证处理，在金蝶K/3中通过录入和处理凭证（审核、修改凭证等），可以快速完成记账、会计报表编制、证账表的查询和打印等任务。

凭证是会计核算系统中数据的主要来源，凭证的正确与否直接影响整个会计信息系统的真实性、可靠性，因此必须保证凭证录入的准确性。凭证处理工作包含凭证录入、查询、审核、修改、删除、打印和过账等操作。凭证处理时，会计科目可直接从科目表中获取并自动校验分录平衡关系，以保证录入数据的正确性。

下面以表4-4~表4-6为例，详细介绍"凭证处理"过程。

表4-4 　　　　　　　　　　　　2017-1-8 陈静报销出差费 　　　　　　　　　　　　单位：元

日　期	摘　要	会计科目	借　方	贷　方
2017-1-8	陈静报销费用	6601.01 差旅费	850	
	陈静报销费用	1001.01 人民币		850

表4-5 　　　　　　　　　　　　2017-1-8 收到陈友生港币投资款 　　　　　　　　　　　　单位：元

日　期	摘　要	会计科目	币　别	汇　率	原币金额	借　方	贷　方
2017-1-8	实收投资款	1002.02 中行239港币	HKD	0.88	100 000	88 000	
	实收投资款	4001.01 陈友生					88 000

表4-6 　　　　　　　　　　　　2017-1-8 收到北京宏码科技款 　　　　　　　　　　　　单位：元

日　期	摘　要	会计科目	辅助核算项目	借　方	贷　方
2017-1-8	收到货款	1002.01 工行567本币		1 000	
	收到货款	1122 应收账款	01—北京宏码科技		1 000

4.3.1　凭证录入

凭证录入的重点是：科目属性不同，要求录入的项目各有不同，如科目有外币属性时怎样录入汇率，科目设有核算项目时怎样录入核算项目，科目设有辅助数量金额核算时怎样录入单价和数量等。

为体现不同人员操作有不同的权限，请以"何钰"的身份登录"深圳市理想科技有限公司"账套进行操作。

凭证录入

若已用某个用户的身份登录到账套，则更改操作员。单击主界面窗口上的菜单【系统】→【更换操作员】，系统弹出"金蝶K/3系统登录"窗口，用户名输入"何钰"和密码（此时为空），如图4-15所示，单击"确定"按钮即可更换操作员。

若并没有启动金蝶K/3系统，则双击桌面上的"金蝶K/3WISE"图标，系统弹出"金蝶K/3系统登录"窗口，用户名直接录入"何钰"，如图4-15所示，单击"确定"按钮，即以"何钰"身份登录。

图 4-15

1. 一般凭证录入

一般凭证是指会计科目属性没有设置辅助核算和外币核算等特殊属性的凭证，是日常账务处理中最简单、也是最能体现会计信息系统中凭证录入过程的凭证。根据表 4-4 中数据进行一般凭证录入操作，步骤如下。

（1）在主界面窗口，双击【财务会计】→【总账】→【凭证处理】→【凭证录入】，系统弹出"总账系统-[记账凭证-新增]"窗口，如图 4-16 所示。

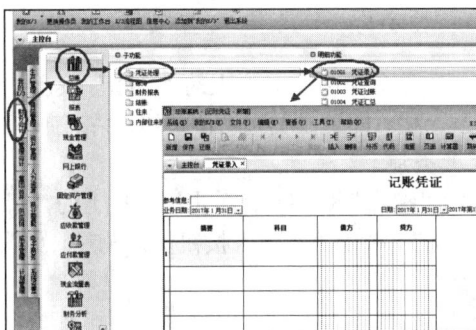

图 4-16

金蝶 K/3 系统为用户提供仿真凭证录入界面，使用户更容易掌握凭证录入方法。"总账系统-[记账凭证-新增]"窗口各项含义如表 4-7 所示。

表 4-7   "总账系统-[记账凭证-新增]"窗口项目

项　目	说　明
参考信息	凭证的辅助信息，可作为凭证查询的条件，可为空
业务日期	凭证录入日期，可修改
日期	凭证业务日期，可修改。日期只能是当前会计期间的日期或以后的日期，不能是以前的日期，如果当前会计期间是 2017 年 1 月 1 日，则日期可以是 2017-1-1 以后的任意日期
凭证字	选择要使用的凭证字，如记、收、付、转等凭证字
凭证号	所选择凭证字下的第几号凭证，系统采用递增方式自动填充
附件数	凭证的附件数，如有几张单据、发票等
序号	凭证的顺序号，系统自动生成
摘要	录入摘要内容
科目	录入会计科目代码或按 F7 功能键获取，一定是最明细科目。如在本账套中，收到 10 元人民币，录入时不能选择"1001—库存现金"，而一定要选择"1001.01—人民币"
借方	录入借方金额
贷方	录入贷方金额
合计	自动累加生成
结算方式	科目中录入的是银行科目时激活此项，包含支票、商业汇票等方式。若勾选"账务处理参数"中的"银行存款科目必须输入结算方式和结算号"选项，则必须录入结算方式，反之可以不录
结算号	与结算方式对应的号码
经办	该笔业务的经办人，可为空
往来业务	录入的会计科目属性中设有"往来业务核算"时，录入业务编号，以供查询和往来账核销处理时使用

（2）日期修改为"2017-1-8"。可以单击日期直接修改，也可以单击日期右侧的下拉按钮进行选择，如图4-17所示。

（3）凭证字采用默认的"记"字，凭证号自动生成，附件数录入"1"。

（4）摘要录入"陈静报销费用"。摘要录入有两种方法：一种是将光标移到摘要栏直接输入"陈静报销费用"；另一种是建立摘要库，也就是为经常使用的摘要（如销售产品、应收货款和报销费用等摘要）建立一个库，日后使用时可直接选取，以提高效率。在此介绍第2种方法的操作步骤。

① 将光标移到摘要栏，按F7键或单击工具栏上的"代码"按钮，系统弹出"凭证摘要库"窗口，单击"编辑"选项卡，如图4-18所示。

图 4-17

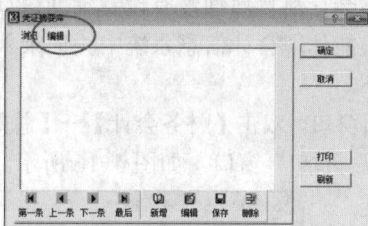

图 4-18

② 窗口切换到"编辑"窗口，单击窗口下方工具栏上的"新增"按钮，这时窗口处于可录入状态。新增摘要库时必须先建立"摘要类别"，即单击类别右侧按钮，系统弹出"摘要类别"管理窗口，如图4-19所示。在此可以新增和修改类别。

③ 切换到"摘要类别"窗口中的"编辑"标签页，单击工具栏上的"新增"按钮，这时窗口处于活动状态，在摘要名称下录入"总类"，单击"保存"按钮保存设置，如图4-20所示。

单击该按钮弹出类别窗口

图 4-19

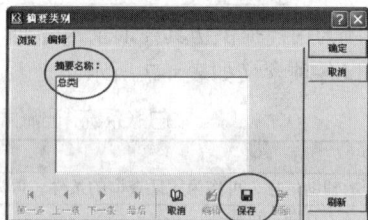

图 4-20

④ 单击"确定"按钮返回"凭证摘要库"窗口，单击类别项的下拉按钮，选择"总类"，录入代码"01"，名称"报销费用"，单击"保存"按钮保存设置，如图4-21所示。

⑤ 单击"浏览"选项卡，结果如图4-22所示。

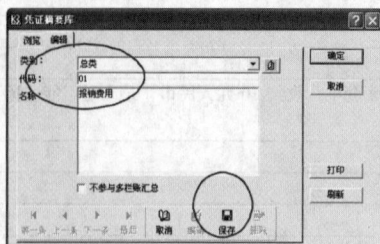

图 4-21

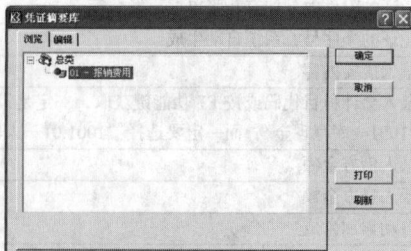

图 4-22

⑥ 选中总类下的"报销费用"，单击"确定"按钮或双击鼠标，系统将所选中的摘要引入凭证的摘要栏下。

所获取的摘要可以修改，如在报销费用前加入"陈静"字样。

（5）按Enter（回车）键或单击"科目"项，按F7键获取会计科目，系统弹出"会计科目"窗口，切换到"损益"类选项卡，在"会计科目"窗口可以进行科目的新增、修改和删除等操作，若所选科目前有"+"图标，则表示为非明细科目，单击"+"可以展开明细科目。选中"6601.01—差旅费"，如图 4-23 所示。

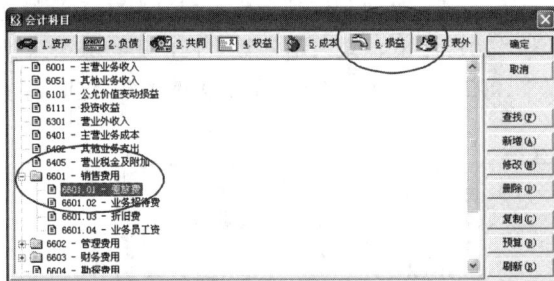

图 4-23

单击"确定"按钮，系统会将所选中的科目引入凭证的"科目"项中，如图 4-24 所示。

图 4-24

（6）按 Enter（回车）键，这时光标自动移动"借方"，录入"850"，按 Enter（回车）键，光标移动到第 2 条分录，摘要可按 F7 键获取"报销费用"，并加入"陈静"，在科目处按 F7 键获取"1001.01人民币"，录入贷方金额"850"，第 2 条分录录入完成后的窗口如图 4-25 所示。单击"保存"按钮保存凭证。

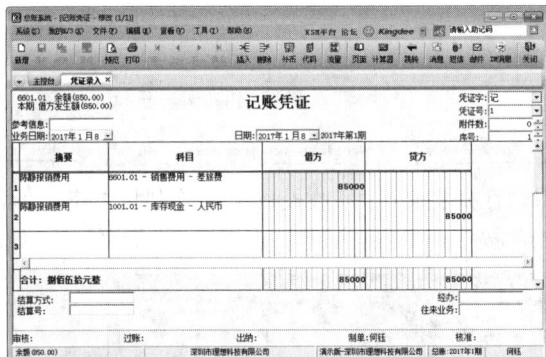

图 4-25

录入凭证时的快捷键有

F7 键：获取代码　　　　　　Ctrl+F7 组合键：自动借贷平衡

F4 键：新增凭证　　　　　　F12 键：保存当前凭证

=（等号键）：借贷平衡

".."（不是两个句号，是两个小数点，注意输入法全、半角的转换）：复制上一分录的摘要。

"//"：当前凭证有多条分录时，只复制第一条分录的摘要。

2. 外币凭证录入

外币凭证是指会计科目属性设置有"外币"核算功能的凭证，录入该类凭证时的重点是选择币别和设置汇率。下面以表4-5中数据为例进行外币凭证录入的练习，操作步骤如下。

（1）进入"记账凭证-新增"窗口，若已在"记账凭证"窗口则单击工具栏上的"新增"按钮弹出一个空白凭证窗口，日期修改为"2017-1-8"，录入附件数"1"，第一条分录摘要录入"实收投资款"，在科目处按F7功能键获取"1002.02-银行存款-中行239港币"，这时请注意"记账凭证"窗口格式的变化，如图4-26所示。

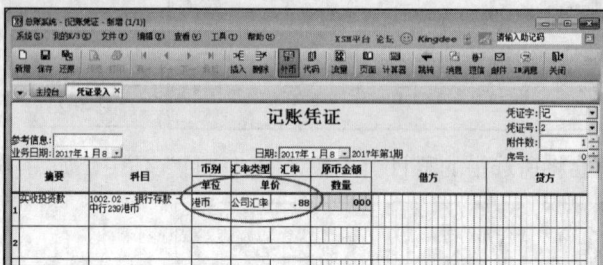

图4-26

这是因为在初始设置中，已将"1002.02-银行存款-中行239港币"会计科目的属性设置为外币核算中的"港币"，系统检测到科目属性有核算外币功能后自动转换录入格式。

（2）汇率保持不变，录入原币金额"100 000"，这时在借方金额栏会自动核算出本币金额，结算方式选择"电汇"，结算号为"2017001"，如图4-27所示。

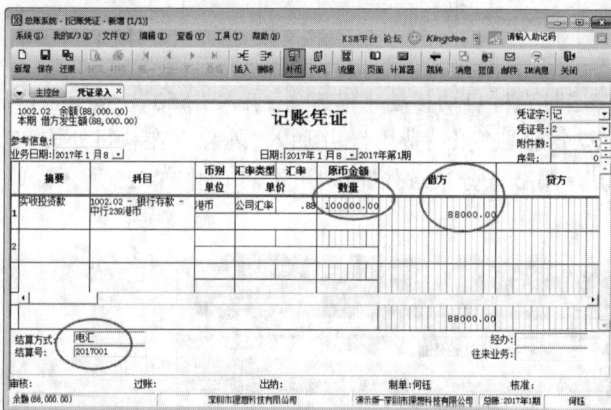

图4-27

（3）将光标移动到第2条分录，在摘要录入"实收投资款"，在科目中获取"4001.01-实收资本-陈友生"，光标移至"贷方金额"处，按Ctrl+F7组合键，使凭证"借贷平衡"，如图4-28所示。

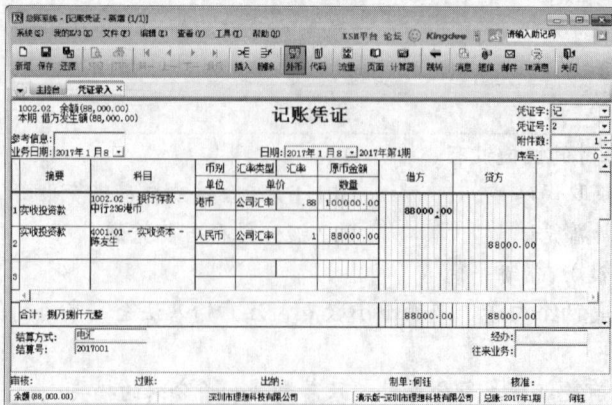

图4-28

（4）保存当前凭证。

3. 核算项目凭证录入

核算项目凭证是指会计科目属性设有项目辅助核算功能的凭证。录入时要正确选择"核算项目代码"。以表 4-6 凭证为例，介绍核算项目凭证的录入步骤。

（1）在"总账系统-[记账凭证-新增（2/2）]"窗口，修改凭证日期，摘要录入"收到货款"，科目处获取"1002.01-银行存款-工行 567 本币"，结算支式选择"支票"，结算号录入"2017002"，录入借方金额"1 000"。

（2）光标移至第 2 条分录，摘要录入"收到货款"，科目获取"1122—应收账款"，按 Enter（回车）键，这时光标会移到窗口下部的"客户"项处，这是因为系统检测到"1122—应收账款"科目设置有"核算项目-客户"辅助核算功能，所以自动引用设置，按 F7 功能键，系统弹出"核算项目-客户"档案管理窗口，如图 4-29 所示。

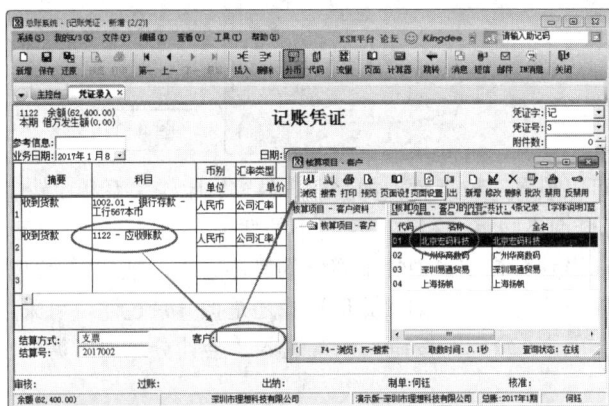

图 4-29

（3）双击"北京宏码科技"客户，并返回新增凭证窗口，贷方录入"1 000"，此时请注意第 2 条分录中的"会计科目"的显示状态，如图 4-30 所示。

（4）单击"保存"按钮保存当前凭证。

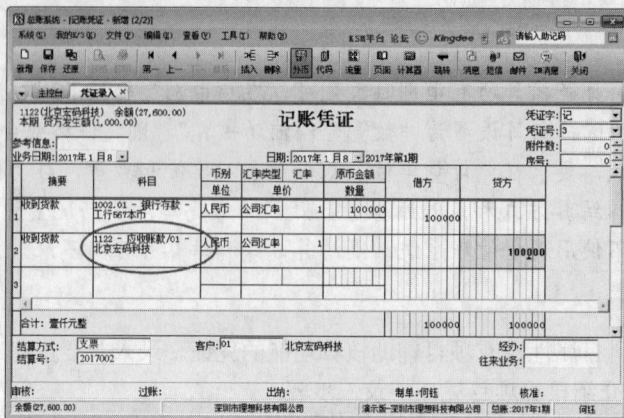

图 4-30

4.3.2 凭证查询

在凭证查询时，用户可以设置组合条件进行查询，如查询日期等于、大于或小于某个日期，查询客户在某个时间段的业务往来资料。查询时，用户还可以将经常使用的查询条件以方案形式保存下来，以备下次查询使用。

（1）双击【财务会计】→【总账】→【凭证处理】→【凭证查询】，系统弹出"会计分录序时簿过滤"窗口，如图 4-31 所示。

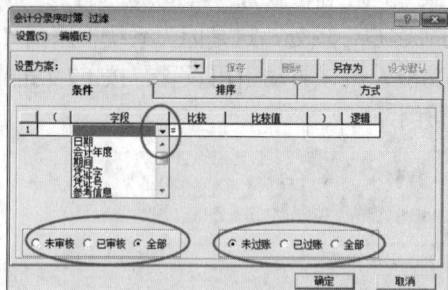

图 4-31

① 在条件选项卡窗口中可以设置查询条件，如字段、内容、比较关系和比较值等。在此选项卡中可同时设置多个条件，并可查询不同审核和过账情况下的凭证。

② 在排序选项卡窗口可以设置查询结果中凭证资料的排序方式，默认以时间先后次序排列。

③ 在方式选项卡窗口可以设置过滤方式如按凭证过滤还是按分录过滤，可采用默认值。

（2）在此先不设置条件，单击"确定"按钮，系统进入"会计分录序时簿"窗口，如图 4-32 所示。

图 4-32

在设置查询条件时一定要注意窗口的审核状态和过账状态的选择，尽量选择全部。

在"会计分录序时簿"窗口中可以对凭证进行查看、修改、删除或审核等操作。

4.3.3 凭证审核

记账凭证是登记账簿的依据，它的准确性是账务正确核算的基础。因此，凭证过账前必须经专人审核，检查凭证输入是否有错误。会计制度规定，凭证的审核人与制单人不能为同一操作员。

因本账套中的凭证制单人为"何钰"，此处以"严秀兰"身份登录账套进行审核。

凭证一旦进入审核，就不允许对其进行修改和删除，用户必须进行反审核操作后才能对凭证进行修改和删除。

金蝶 K/3 系统提供可以不经过审核就能过账的功能，设置方法是更改总账的系统参数。

在主界面窗口，双击【系统设置】→【系统设置】→【总账】→【系统参数】，系统弹出"系统参数"窗口，单击"总账"选项卡再单击下方的"凭证"选项卡。勾选"凭证过账前必需审核"，表示凭证必须经过审核后才能过账，反之，不审核的凭证也能过账，如图 4-33 所示。

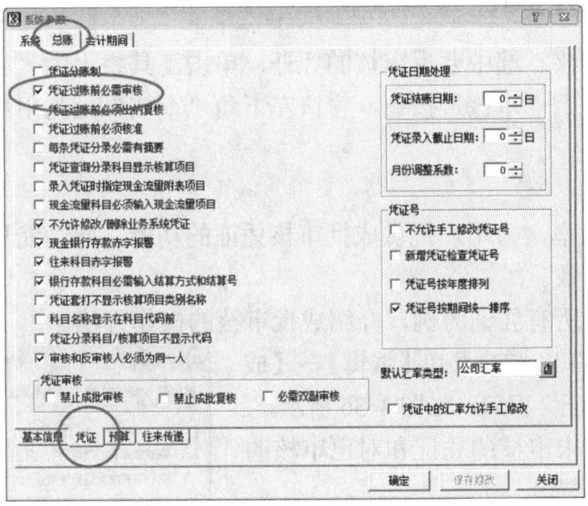

图 4-33

> **注意**
>
> 只有系统管理员才能修改参数，以"严秀兰"或"administrator"身份登录，他们都是系统管理员身份。

凭证审核方式有单张审核、成批审核和双敲审核 3 种。在此重点讲述前两种方法。

1. 单张审核

单张审核方式是对所审核的每一张凭证再次仔细检查其是否正确，确认无误即可审核。下面以审核第 1 号凭证为例，介绍单张的审核方法。

（1）以"严秀兰"身份登录本账套，查询凭证进入"会计分录序时簿"窗口，不设置条件，将所有凭证显示出来。

（2）在"会计分录序时簿"窗口，选中"记-1"号凭证，单击工具栏上的"审核"按钮，系统进入"总账系统-[记账凭证-审核（1/3）]"窗口，单击工具栏上的"审核"按钮，如果窗口左下角的"审核"项显示审核人的名字，表示审核成功，如图 4-34 所示。

关闭"审核"窗口，在"会计分录序时簿"窗口，查看凭证是否已经审核的方法是按下键盘上的"→（向右移方向键）"，选择审核项，若审核项有用户名，就表示该凭证是该用户审核的，如图 4-35 所示。

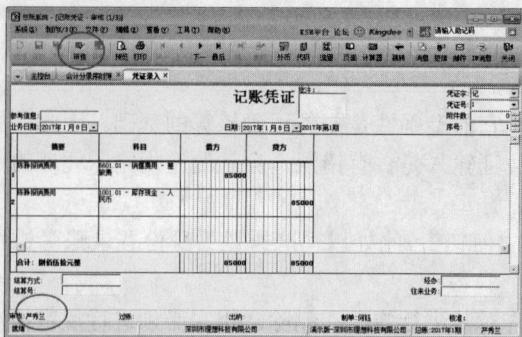

图 4-34

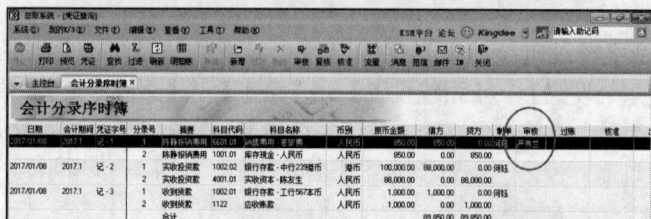

图 4-35

反审核（取消审核）类似审核。选中要反审核的凭证，单击工具栏上的"审核"按钮，系统弹出"审核"窗口，再单击工具栏上"审核"按钮，窗口左下角"审核"处无用户名显示就表示反审核成功。

2. 成批审核

金蝶 K/3 系统为提高工作效率，为用户提供成批审核凭证的功能。此功能只对未过账凭证并且制单人不是当前操作员的凭证有效。

下面以成批审核素材账套中所有凭证为例，介绍成批审核的操作方法。

（1）在"会计分录序时簿"窗口，单击菜单【编辑】→【成批审核】，系统弹出"成批审核凭证"窗口，如图 4-36 所示。

窗口中有两个选项——审核未审核的凭证和对已审核的凭证取消审核，两个选项只能选择其一。

（2）在窗口中选择"审核未审核的凭证"，单击"确定"按

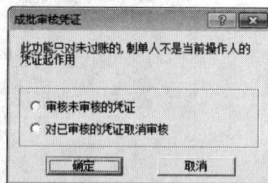

图 4-36

钮，稍后系统弹出提示，单击"确定"按钮。成批审核成功后的"会计分录序时簿"窗口如图 4-37 所示。

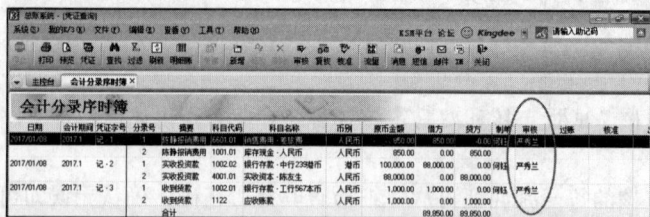

图 4-37

（1）已经提示审核成功的凭证，如果在"会计分录序时簿"中的"审核"项中未显示"审核人"的名字，则单击工具栏上的"刷新"按钮即可。

（2）成批反审核（取消审核）的方法是在"成批审核凭证"窗口，选中"对已审核的凭证取消审核"选项，单击"确定"按钮。

4.3.4 凭证修改、删除

要修改或删除的凭证只能是未过账和未审核的凭证。如果凭证已经审核，删除和修改功能按钮

处于灰色，不能使用，凭证一定要经过反审核后才能修改或删除。

修改时，在"会计分录序时簿"窗口选中需要修改的凭证，单击工具栏上"修改"按钮，系统弹出该张凭证的"记账凭证-修改"窗口，在窗口中直接修改即可，然后单击"保存"按钮。

删除时，在"会计分录序时簿"窗口选中需要删除的凭证，单击工具栏上"删除"按钮，系统会提示是否进行删除操作，用户根据实际情况而定。

如果对"作废"凭证重新启用，则单击"编辑"菜单下"恢复已删除凭证"命令，或者单击工具栏中"恢复"功能即可。

4.3.5 凭证打印

凭证正确处理后，可以将凭证打印输出，并装订成册妥善保管。将凭证打印在会计信息系统中也是财务业务资料的另一种备份形式。

凭证打印

金蝶 K/3 系统为用户提供两种凭证打印方式：一种是普通打印，另一种是套打打印，在此重点讲述普通打印的使用方法。

普通打印是指不"使用套打"功能进行格式设定的打印，具体步骤如下。

（1）先预览格式情况。在"会计分录序时簿"窗口，单击菜单【文件】→【打印凭证】→【打印预览】，系统弹出"打印预览—凭证"窗口，如图 4-38 所示。

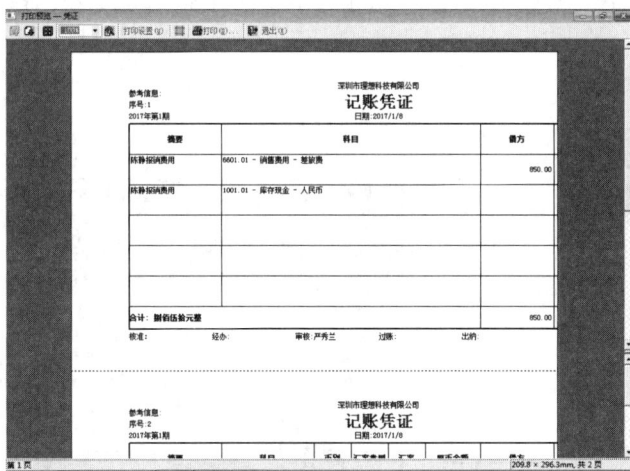

图 4-38

通过预览，用户可发现有以下几个问题。

① 纸张方向不对或纸张过大，怎么办？

② 若涉及外币和数量式的凭证怎样打印？

③ 如果参考信息等项目不想打印怎么办？

（2）设置打印纸张大小。假设使用 24cm×14cm 的打印纸，设置步骤如下。

① 确认打印机是否具有自定义纸张功能。

② 单击"控制面板"下的"查看设备和打印机"，如图 4-39 所示。

③ 系统进入"打印机"管理窗口，选中使用的打印机名称，单击工具栏上"打印服务器属性"命令，如图 4-40 所示。

图 4-39

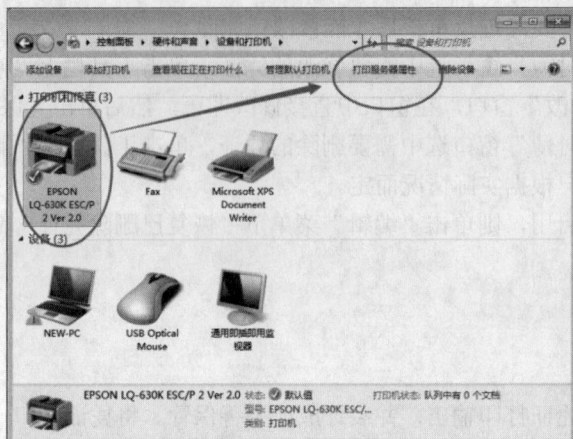

图 4-40

④ 系统弹出"打印服务器 属性"窗口，选中"创建新表单"项，将"宽度"修改为"24cm"，"高度"修改为"14cm"（此数值由用户实际所使用的打印纸张大小设定），表格名录入"凭证纸"，如图 4-41 所示。

⑤ 单击"保存表单"按钮保存所设置的格式，单击"关闭"按钮退出窗口。

（3）切换到金蝶 K/3 的"打印预览"窗口，单击窗口上部的"打印设置"按钮，系统弹出"打印设置"窗口，在窗口中可以选定打印机的名称、纸张大小和方向等，纸张大小选择刚才设置的"凭证纸"，如图 4-42 所示。

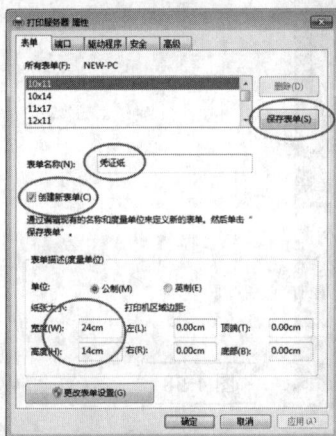

图 4-41

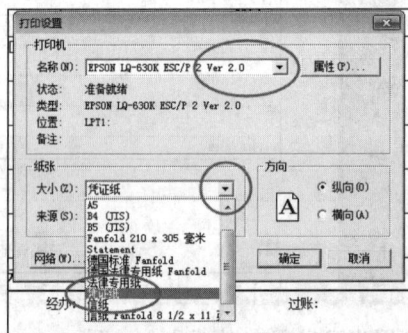

图 4-42

（4）单击"确定"按钮返回"打印预览-凭证"窗口，这时请注意打印格式的变换，如图 4-43 所示。

我们在预览窗口如果发现纸张高度太小，那么可以更改纸张大小（通常不采用，因纸张大小是固定数据）或调整分录的高度，在此采用第 2 种方法。

（5）单击"退出"返回"会计分录序时簿"窗口，单击菜单【文件】→【打印凭证】→【页面设置】，系统弹出"凭证页面设置"窗口，单击"尺寸"选项卡，切换到尺寸修改窗口。注意在窗口中右下角的"单位"选择，选择单位"厘米"，修改摘要栏和科目栏宽度为"3.50"厘米，如图 4-44 所示。

（6）单击"确定"按钮，返回"会计分录序时簿"窗口，再单击【文件】→【打印凭证】→【打印预览】，系统弹出"打印预览-凭证"窗口，如图 4-45 所示。

（7）设置凭证为外币/数量时的打印格式。在"凭证页面设置"窗口中切换到"选项"窗口，如图 4-46 所示。

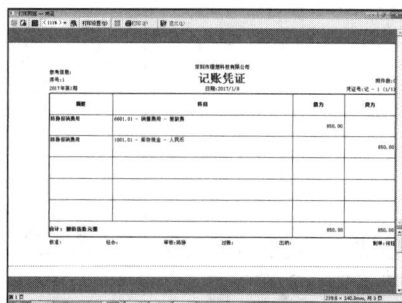

图 4-43

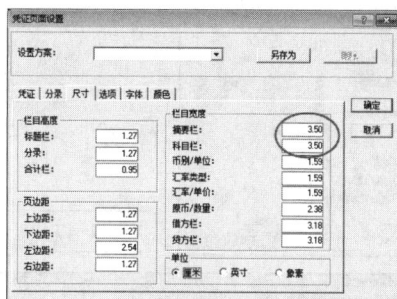

图 4-44

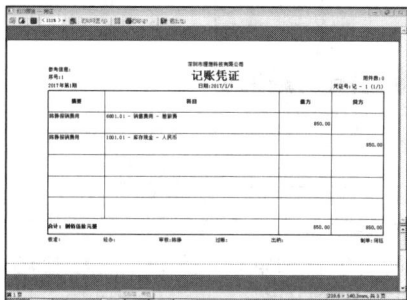

图 4-45

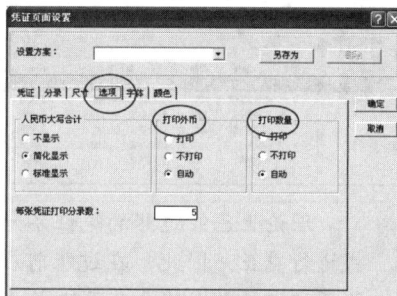

图 4-46

在窗口中有人民币大写合计、打印外币、打印数量和每张凭证打印分录数 4 个选项,打印外币和打印数量建议选中"自动",这样系统在打印凭证时,检测到外币或数量时,会将外币和数量打印出来,如果没有选中"自动"则不打印外币或数量。"每张凭证打印分录数"是指打印时一张凭证上打印几条分录。

(8)打印格式调整后符合要求,即可单击菜单【文件】→【打印凭证】→【打印】进行凭证的打印输出。

在"凭证页面设置"时,请多次切换到"打印预览-凭证"窗口,查看设置所起的效果。

4.3.6 凭证过账

凭证过账是指系统根据已录入的凭证的会计科目将其登记到相关的明细账簿。只有本期的凭证过账后才能进行期末结账。过账操作步骤如下。

(1)在主界面窗口,双击【财务会计】→【总账】→【凭证处理】→【凭证过账】,系统弹出"凭证过账"窗口,在窗口中用户根据需要设置相应选项,在此采用默认值。单击"开始过账"按钮,如图 4-47 所示。

(2)稍后系统弹出过账情况信息,如图 4-48 所示。

凭证过账

(3)单击"关闭"按钮,以凭证查询的方式进入"会计分录序时簿"窗口查看是否过账完成,过账成功的凭证会在过账项目下显示过账人的用户名,如图 4-49 所示。

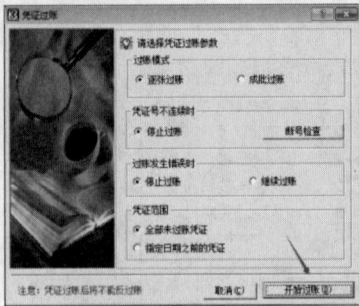

图 4-47

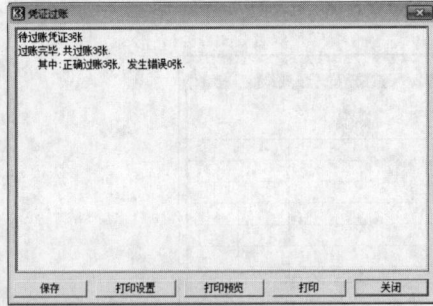

图 4-48

图 4-49

理论上已经过账的凭证不允许修改，只能采取补充凭证或红字冲销凭证的方式进行更正。因此，在过账前应该对记账凭证的内容仔细审核，系统只能检验记账凭证中的数据关系是否错误，而无法检查其业务逻辑关系。

在金蝶 K/3 WISE V14.0 中已经没有反过账功能，需要自行安装相关插件才能使用反过账功能。

4.3.7 凭证练习

以"何钰"身份录入表 4-8 中的凭证，以备后面操作时使用，并以"严秀兰"身份审核和过账所有凭证。

表 4-8 　　　　　　　　　　　　　凭证练习　　　　　　　　　　　　　单位：元

日　期	摘　要	会计科目	辅助核算项目或结算方式	借　方	贷　方
2017-1-12	提备用金	1001.01　人民币		5 000	
		1002.01　工行 567 本币	支票 2017003		5 000
2017-1-12	行政部报销费用	5101.01　房租水电费		1 000	
		6602.02　业务招待费		1 200	
		1001.01　人民币			2 200
2017-1-16	生产使用材料	5001.01.01　直接材料		2 729	
		1403　原材料			2 729
2017-1-17	销售北京宏码科技产品	1122　应收账款	客户—01 北京宏码科技	23 500	
		6001　主营业务收入			23 500

4.4 账　簿

金蝶 K/3 为用户提供详细的账簿查询功能，账簿有总分类账、明细分类账、多栏账、核算项目分类总账和核算项目明细账等。

4.4.1　总分类账

"总分类账"用于查询科目总账数据，查询科目的本期借方发生额、本期贷方发生额和期末余额等项目数据。其操作步骤如下。

（1）在主界面窗口，选择【财务会计】→【总账】→【账簿】→【总分类账】，双击该功能，系统弹出"过滤条件"窗口，如图 4-50 所示。

- **会计期间**：设置要查询数据的期间范围。
- **科目级别**：选择要求显示的科目级次。

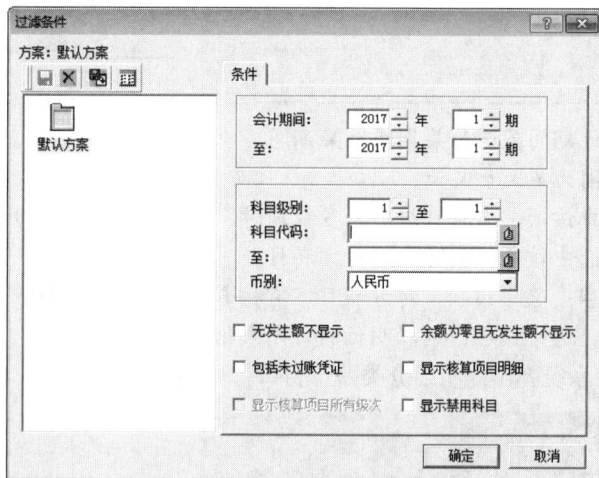

账簿报表

图 4-50

- **科目代码**：设置查询的科目范围，按 F7 功能键获取会计科目。
- **无发生额不显示**：选中该项，不显示在期间范围内没有发生业务的科目。
- **包括未过账凭证**：选中该项，科目的汇总数据含有未过账凭证，反之，汇总数据只有已过账凭证。
- **余额为零且无发生额不显示**：选中该项，不显示科目余额为零且在期间范围内无发生额的总账。
- **显示核算项目明细**：选中该项，科目下有核算项目的显示核算项目明细数据，反之不显示。
- **显示核算项目所有级次**：选中上一项，再选中该项，当核算项目有分级时，核算项目显示到最明细，反之，只显示核算项目的第一级数据。
- **显示禁用科目**：选中该项，若禁用科目下有数据也显示出来，反之不显示。

（2）过滤条件保持默认值，单击"确定"按钮，系统进入"总分类账"窗口，如图 4-51 所示。

单击"查看"和"文件"菜单，可以查看明细账、设置页面属性、套打或按科目分页打印等。

图 4-51

4.4.2　明细分类账

"明细分类账"用于查询各科目下的明细账数据。

（1）在主界面窗口，选择【财务会计】→【总账】→【账簿】→【明细分类账】，双击该功能，系统弹出"过滤条件"窗口，科目级别设置为1至3级，选中"只显示明细科目"，如图4-52所示。

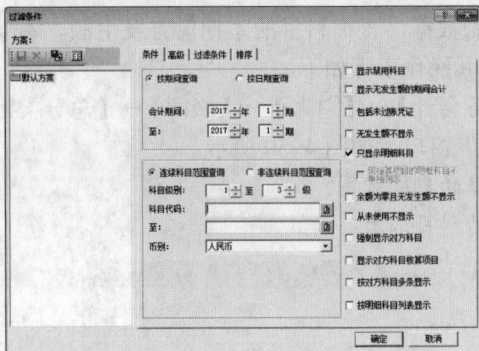

图 4-52

- **按期间查询**：查询会计期间范围为某期间至某期间。
- **按日期查询**：查询范围为某天至某天。
- **只显示明细科目**：选中该项，当科目级别为多级别时，明细账只显示最明细科目的数据。
- **强制显示对方科目**：选中该项，同时显示对方科目。
- **显示对方科目核算项目**：选中该项，对方科目下有核算项目的同时显示。
- **按明细科目列表显示**：选中该项，则以明细科目列表格式显示。

（2）单击"确定"按钮，系统弹出"明细分类账"窗口，如图4-53所示。

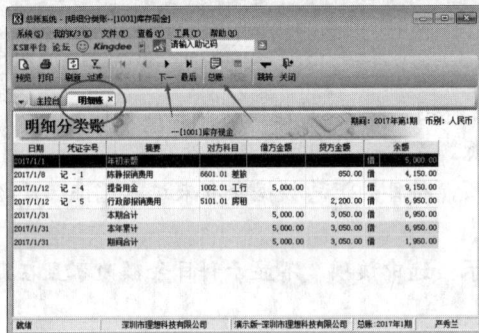

图 4-53

单击"第一""上一""下一""最后"按钮查询不同科目的明细账，单击"总账"查看该科目的总账数据。

4.4.3　多栏账

不同企业的科目设置情况不同，因此，多栏式明细账需要用户自行设定。下面以查询"营业费用"的多栏账为例，介绍多栏账的设置方法。

（1）在主界面窗口，选择【财务会计】→【总账】→【账簿】→【多栏账】，双击该功能，系统弹出"多栏式明细分类账"窗口，如图4-54所示。

- **多栏账名称**：选择已设计好的多栏账。
- **会计期间**：查询期间范围。
- **设计**：进行多栏账的设计管理，如新增、修改或删除等。

（2）设计"管理费用多栏账"。单击"设计"按钮，系统弹出"多栏式明细账定义"窗口，并切换到"编辑"选项卡，在编辑窗口，单击"新增"按钮，如图4-55所示。

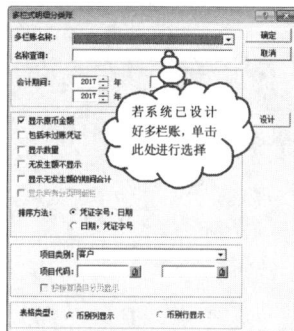

图 4-54

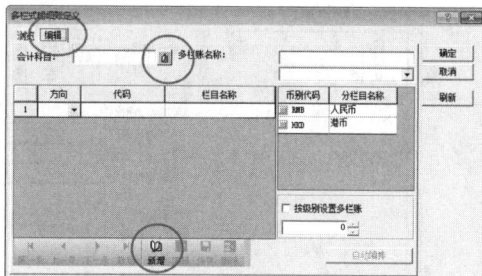

图 4-55

- **浏览：** 浏览已有的多栏账。
- **编辑：** 新增、修改或删除多栏账。

（3）在会计科目处按 F7 键获取"6602—管理费用"科目，再单击窗口右下角的"自动编排"按钮，系统会自动将该科目下的明细科目排列出来，如图 4-56 所示。

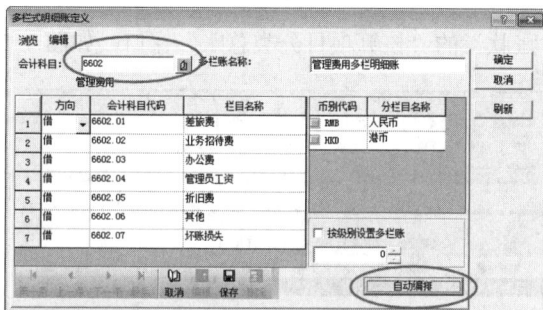

图 4-56

（4）币别代码选择"人民币"，多栏账名称保持默认值，单击"保存"按钮保存当前设置。若要编辑、删除已设计好的多栏账，则切换到"浏览"窗口选中多栏账后，再返回"编辑"窗口进行编辑和删除操作。

（5）在"浏览"窗口选中"管理费用多栏明细账"，单击"确定"按钮，返回"多栏式明细分类账"窗口。

（6）多栏账名称选择刚才所设计的"管理费用多栏明细账"，单击"确定"按钮，系统弹出"多栏式明细账"窗口，如图 4-57 所示。

图 4-57

4.4.4　核算项目分类总账

核算项目分类总账用于查看带有核算项目设置的科目总账。

（1）在主界面窗口，选择【财务会计】→【总账】→【账簿】→【核算项目分类总账】，双击该功能，系统弹出"过滤条件"窗口。查询时，重点是"项目类别"的选择，是客户、供应商或者是部门等项目，其他过滤条件设置方法基本同前面的总分类账设置一样。选择项目类别"供应商"，单击"确定"按钮，如图 4-58 所示。

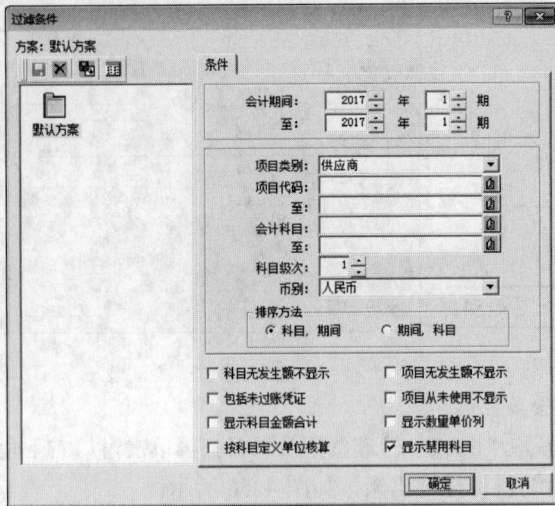

图 4-58

（2）系统进入"2202—应付账款"的"核算项目分类总账"窗口，如图 4-59 所示。

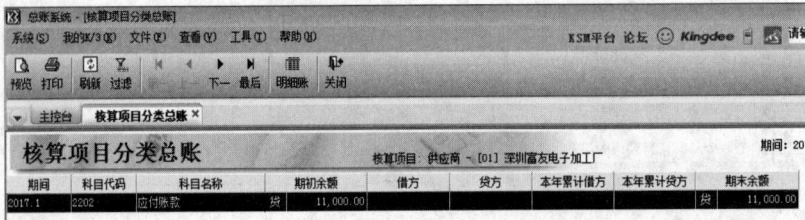

图 4-59

单击"第一""上一""下一""最后"按钮，可以查看不同核算项目的数据。

4.4.5 核算项目明细账

核算项目明细账用于查看核算项目的明细账。

（1）在主界面窗口，选择【财务会计】→【总账】→【账簿】→【核算项目明细账】，双击该功能，系统弹出"过滤条件"窗口，项目类别选择"客户"，单击"确定"按钮，如图 4-60 所示。

（2）系统进入"核算项目明细账"窗口，如图 4-61 所示。

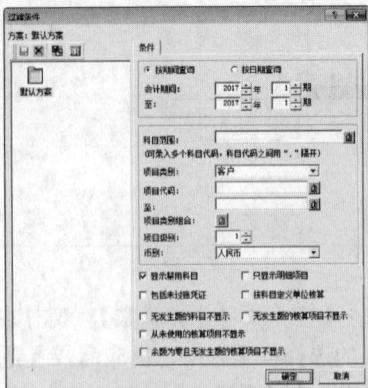

图 4-60

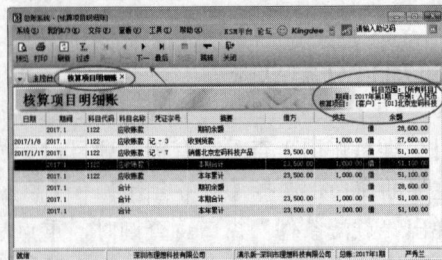

图 4-61

单击"第一""上一""下一""最后"按钮，可以查看不同核算项目的数据。

4.5

财　务　报　表

金蝶 K/3 系统为用户提供详细的财务报表查询功能，报表有科目余额表、试算平衡表、日报表查询、核算项目余额表、核算项目明细表、核算项目汇总表、核算项目组合表、科目利息计算表和调汇历史信息表等。

本节以查询"科目余额表"为例，介绍报表的查询方法，其他报表的查询方法可以参照"科目余额表"的查询方法。科目余额表可查询账套中所有会计科目的余额情况。用户可设置查询期间范围和查询级次等。

（1）在主界面窗口，双击【财务会计】→【总账】→【财务报表】→【科目余额表】，系统弹出"过滤条件"窗口，在窗口中可以设置查询条件，单击"高级"按钮可以进行更复杂的条件设置。科目级别设为"2"，单击"确定"按钮，如图 4-62 所示。

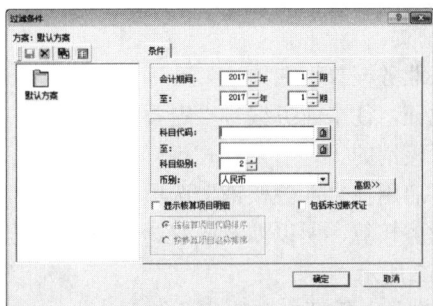

图 4-62

（2）系统进入"科目余额表"窗口，如图 4-63 所示。

图 4-63

> 工具栏上的"明细账"按钮非常有用，通过该按钮用户可以查看该科目的明细账，再通过明细账窗口查看总账或凭证。

4.6

往　　来

往来管理提供核销管理、往来对账单和账龄分析表等功能。应用这些功能的前提是科目的属性必须设置为"往来业务核算"。修改"1122—应收账款"和"2202—应付账款"的属性，选中"往来业务核算"选项，同时不受控。已设置"往来业务核算"的科目在录入凭证时，系统会提示录入"往来业务编号"，如图4-64所示。

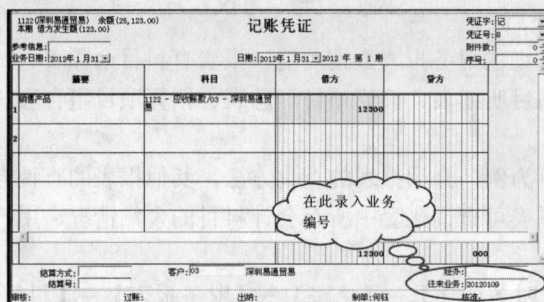

图4-64

4.6.1 核销管理

"核销管理"功能的使用有几大前提。

（1）会计科目属性应包含"往来业务核算"选项。

（2）涉及往来业务核算科目的凭证，往来业务编号一定要录入（或F7获取），因为核销的原理是根据同一业务编号、不同方向进行核销的。

（3）一定要选中总账参数中的"启用往来业务核销"选项。

因本书账套初始没有设置往来业务核算，所以涉及应收、应付的凭证暂没有录入业务编号。因而，在此只讲原理不讲操作，如例4-2所示。

【例4-2】10月1日销售A公司产品，凭证中会计分录如下。

借：应收账款—A公司—123（业务编号）　　　　　　　　5 000
　　贷：主营业务收入　　　　　　　　　　　　　　　　　　　5 000

10月2日销售A公司产品，凭证中会计分录如下。

借：应收账款—A公司—131（业务编号）　　　　　　　　　680
　　贷：主营业务收入　　　　　　　　　　　　　　　　　　　680

10月3日销售A公司产品，凭证中会计分录如下。

借：应收账款—A公司—133（业务编号）　　　　　　　　1 000
　　贷：主营业务收入　　　　　　　　　　　　　　　　　　1 000

假设10月5日收到A公司货款5 500元，凭证中会计分录如下。

借：银行存款　　　　　　　　　　　　　　　　　　　　5 500
　　贷：应收账款—A公司—123　　　　　　　　　　　　　5 000
　　贷：应收账款—A公司—131　　　　　　　　　　　　　　500

通过该张收款凭证可以知道，所收款项为123号单据的5 000元和131号单据的500元，并且131号还欠180元。

核销管理功能就是对上述凭证的同一会计科目、同一核算项目或同一业务编号，但是不同方向的金额进行核销处理，以便了解每张单据的款项已付、未付和欠款等情况。

核销管理是为了详细知道每个业务编号的核销情况。若公司管理要求只需知道客户的本期借方发生额、本期贷方发生额，则两项相减即可知道客户的期末余额（欠款数），而不用业务编号核销管理。

该功能适合"总账"系统单独使用，用户要求知道详细的往来业务的情况。如果使用应收、应付系统，在这两个系统中能详细了解客户往来情况，那么在"总账"系统中就不必再进行重复管理。

4.6.2 往来对账单

往来对账单可用于查询会计科目设有"往来业务核算"属性的科目借方额、贷方额和余额。

在主界面窗口，双击【财务会计】→【总账】→【往来】→【往来对账单】，系统弹出"过滤条件"窗口，如图 4-65 所示。会计科目按 F7 键获取有设置"往来业务核算"的科目，单击"确定"按钮，系统会进入"往来对账单"窗口，如图 4-66 所示。

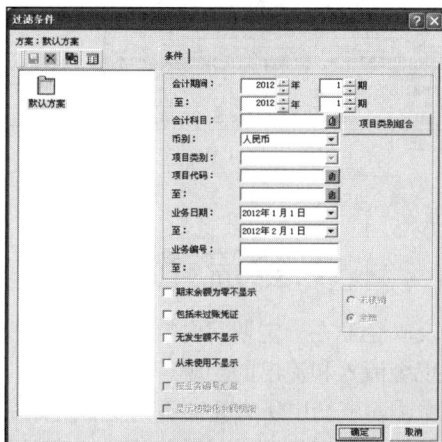

图 4-65

图 4-66

若要查看其他客户的对账单，单击工具栏上的"上一""下一"按钮进行查询。

4.6.3 账龄分析表

账龄分析表可用于对设有往来核算科目的往来款项余额的时间分布进行分析。

（1）在主界面窗口，双击【财务会计】→【总账】→【往来】→【账龄分析表】，系统弹出"过滤条件"窗口，项目类别选择"客户"，"币别"选择"人民币"，设置截止日期后单击"确定"按钮，如图 4-67 所示。

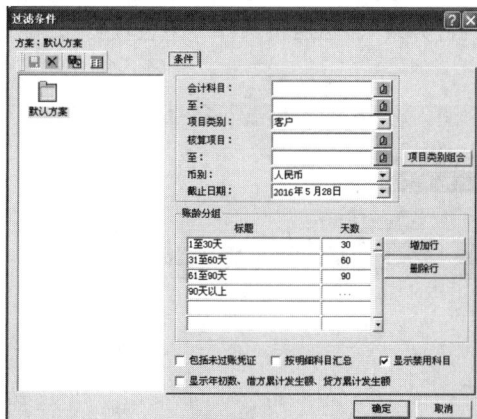

图 4-67

- **会计科目**：选择要查询的会计科目；为空时，系统会自动将设有往来业务核算的科目显示出来。
- **项目类别**：必选项。
- **账龄分组**：录入天数后，标题会自动更改，可增加或删除行。

（2）系统进入"账龄分析表"窗口，如图4-68所示。

图 4-68

4.7 现金流量表

现金流量表以现金的流入和流出反映企业在一定期间内的经营活动、投资活动和筹资活动的动态变化，反映企业现金流入和流出的全貌。

现金流量表可以处理所有期间的数据，账套中所有凭证不论是否过账、是否审核，也不论会计期间是否结账，系统均可以对凭证进行拆分处理，编制报表。现金流量表可在任意时间编制，如每年、每月或每天。

现金流量表提取的是账务处理系统凭证分录中有"现金类科目"和"现金等价物类科目"的数据，系统再根据指定现金流量项目生成现金流量表。

现金流量表

4.7.1 现金流量项目指定

现金流量项目指定有两种方式：一种方式是在"凭证录入"时，单击工具栏上的"流量"按钮，系统弹出"现金流量项目指定"窗口，在窗口中指定"对方科目分录"项，获取报表项目以及现金流量的金额；另一种方式是当凭证业务处理好之后，在"凭证查询"窗口中指定。

若系统参数中选中"现金流量科目必须输入现金流量项目"，则在录入凭证时，系统会自动弹出"现金流量项目指定"窗口。

双击【财务会计】→【总账】→【凭证处理】→【凭证查询】，查询出所有凭证，选中涉及"现金流量"业务的凭证。例如，选中"记—1"凭证，单击工具栏上"流量"按钮，系统进入"现金流量项目指定"窗口，首先选择"对方科目分录"，然后再选择"主表项目"，能选择"附表项目"时同时选择，如图4-69所示。

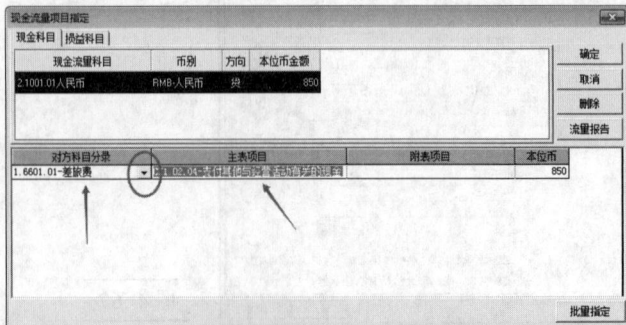

图 4-69

单击"确定"按钮保存指定。请继续对其他凭证进行指定。

4.7.2　现金流量表查询

现金流量项目指定完成后，可以查询现金流量表情况。双击【财务会计】→【现金流量表】→【现金流量表】→【现金流量表】，系统弹出"过滤条件"窗口，如图 4-70 所示。

保持默认值，单击"确定"按钮，系统进入"现金流量表"窗口，如图 4-71 所示。窗口中圆圈处即由刚才所指定的凭证而得。

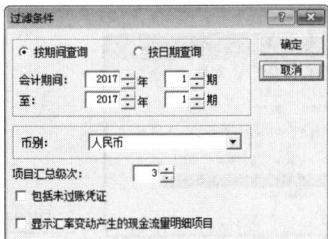

图 4-70

图 4-71

4.7.3　T形账户

双击【财务会计】→【现金流量表】→【现金流量表】→【T形账户】，系统弹出"过滤"窗口，保持默认条件，单击"确定"按钮进入"T形账户"窗口，在窗口中选中相应记录后，单击鼠标右键，系统弹出快捷菜单，可以选择展开方式。如选中"非现金类"项后单击鼠标右键，在弹出的菜单中选择"按下级科目展开"方式，展开后的结果如图 4-72 所示。

当报表中的数据发生错误时，可以选中要修改的记录，单击鼠标右键，在弹出的菜单中选择"选择现金项目"，系统会进入"现金流量项目"窗口，在窗口中选中正确的项目名称即

图 4-72

可。双击鼠标左键，表示"确定"选中该项目，系统后台处理后返回"T形账户"窗口。要查看"现金流量项目"指定是否成功，可返回"现金流量表"查看窗口进行查看。

附表是指定现金流量项目后的附表数据，操作方法同查看"现金流量表"的操作方法。

4.8

结　账

本期凭证业务处理完成后可以进行期末处理，即期末调汇、自动转账、结转损益和期末结账操作。

> （1）若用户单独使用"总账"系统，则可以进行期末处理。若用户是将总账系统与固定资产、应收和应付等系统连接使用的，则建议供应链系统先结账后再进行期末处理工作。
> （2）建议先出完资产负债表、损益表后，再进行期末结账。

4.8.1 期末调汇

期末调汇

期末调汇指在期末自动对有外币核算和设有“期末调汇”的会计科目进行汇兑损益计算，生成汇兑损益转账凭证及期末汇率调整表。

（1）双击【财务会计】→【总账】→【结账】→【期末调汇】，系统弹出“期末调汇”窗口，假设调整汇率为“0.89”。建立调整汇率，单击窗口上部“汇率类型”旁的“（获取）”按钮，如图 4-73 所示。

（2）系统进入“汇率类型”窗口，单击工具栏上“汇率体系”按钮，如图 4-74 所示。

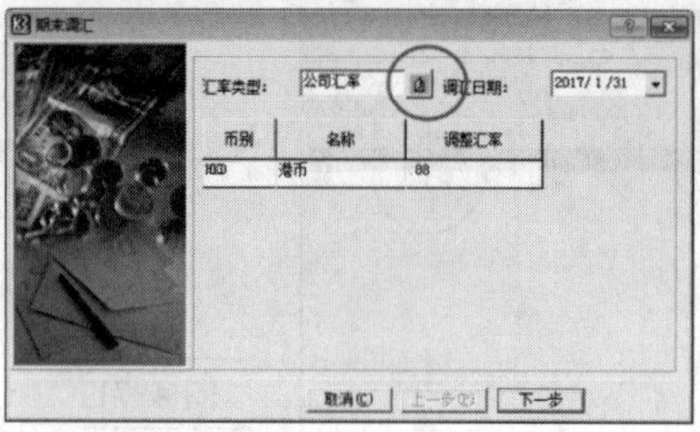

图 4-73

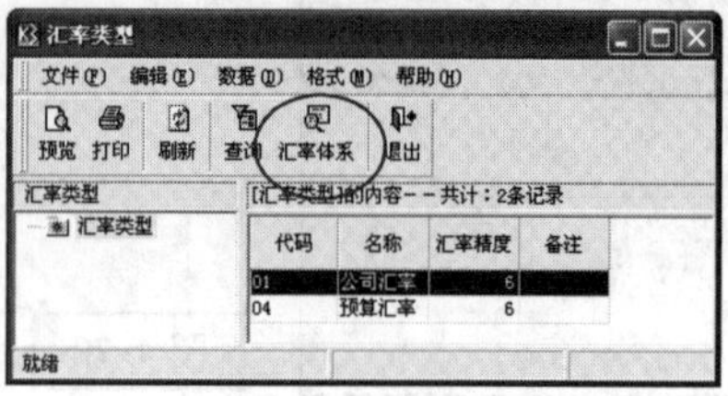

图 4-74

（3）系统弹出“汇率体系”窗口，选择左侧的“公司汇率”项，则右侧显示“港币”的汇率情况，如图 4-75 所示。

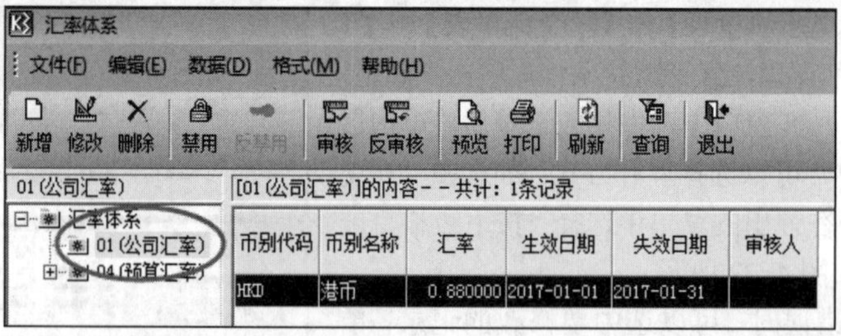

图 4-75

（4）选中右侧的汇率记录，单击“修改”按钮，系统弹出“汇率-修改”窗口，失效日期修改为“2017-01-30”，并保存，保存成功后如图 4-76 所示。

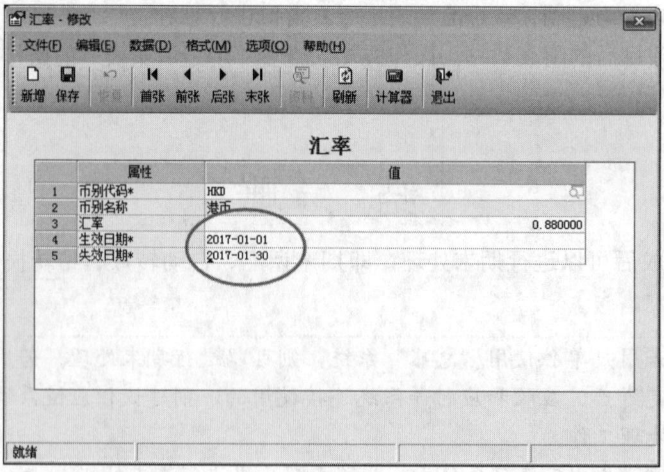

图 4-76

此处将日期修改为 2017-01-30 的目的是为建立 2017-01-31 的调整汇率挪出空间。

（5）单击"新增"按钮，系统弹出"汇率-新增"窗口，币别代码选择"HKD"，汇率录入"0.89"，生效日期设置为 2017-01-31，失效日期设置为 2017-02-28，如图 4-77 所示。

（6）单击"保存"按钮保存当前设置，单击"退出"按钮退出汇率新增窗口，返回汇率体系窗口，再单击"退出"按钮返回汇率类型窗口，再单击"退出"按钮返回期末调汇窗口。

（7）为了获取新的汇率数据，单击"取消"按钮退出期末调汇窗口。再次双击"期末调汇"功能，系统进入"期末调汇"窗口，请注意此时的调整汇率已变更为"0.89"，如图 4-78 所示。

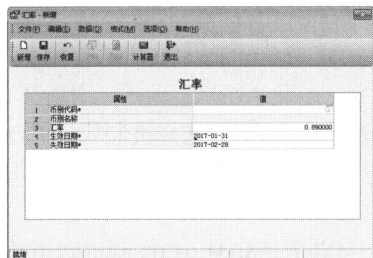

图 4-77

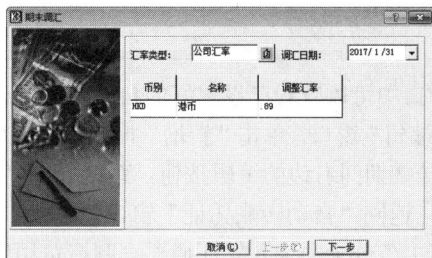

图 4-78

（8）单击"下一步"按钮，进入设置窗口，"汇兑损益科目"处按 F7 键获取"6603.03"（调汇）科目，选择正确的凭证字，录入正确的摘要，科目获取成功，勾选生成"汇兑损益"选项，单击"完成"按钮，如图 4-79 所示。

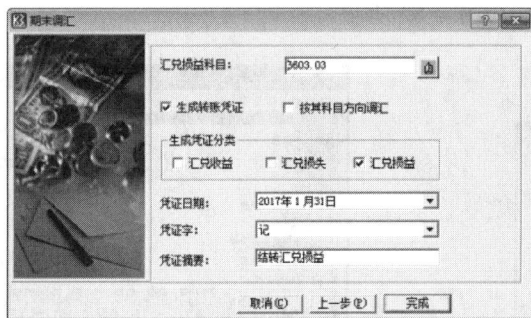

图 4-79

（9）稍后系统弹出提示："已经生成一张调汇转账凭证，凭证字号为：记—××"。

查看生成的凭证。双击【财务会计】→【总账】→【凭证处理】→【凭证查询】，在"会计分录序时簿"中可以查询到生成的凭证。

4.8.2 自动转账

期末转账凭证用于将相关科目下的余额转入到另一相关科目下。例如，将制造费转入生产成本科目，可以直接录入，即查看相关科目下的余额，用"凭证录入"功能将余额转出；也可以使用自动转账功能，定义好转账公式，在期末只要选中要转账的项目，生成凭证即可，这样既简单又能提高效率。

自动转账

下面以定义"制造费用转生产成本"的自动转账凭证为例，介绍自动转账的使用方法。

（1）在主界面窗口，双击【财务会计】→【总账】→【结账】→【自动转账】，系统弹出"自动转账凭证"窗口，如图 4-80 所示。

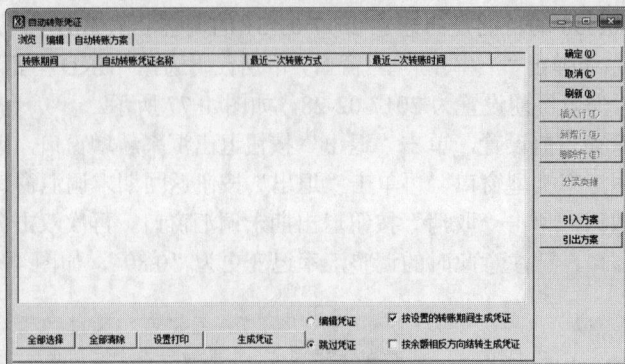

图 4-80

在浏览窗口中可以查看已设置好的自动转账凭证。

（2）在"编辑"窗口，单击"新增"按钮，录入名称"制造费用转生产成本"，选择机制凭证"自动转账"，按转账期间右边的编辑按钮，系统弹出"转账期间"设定窗口，单击"全选"按钮，单击"确定"按钮，返回"自动转账凭证"窗口。

（3）在第 1 条分录中录入凭证摘要"制造费用转生产成本"，科目获取"5001.01.03 制造费用转入"，选择方向"自动断定"，选择转账方式"转入"。

（4）在第 2 条分录中录入摘要"制造费用转生产成本"，科目获取"5101.01 房租水电费"，方向"自动断定"，转账方式为"按公式转出"，公式方法为"公式取数"，公式定义单击"下设"按钮，系统弹出"公式定义"窗口，单击窗口右侧的"公式向导"按钮，如图 4-81 所示。

系统弹出"报表函数"窗口，如图 4-82 所示。

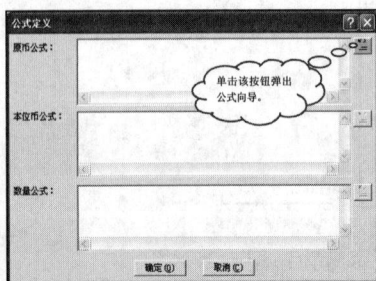

图 4-81

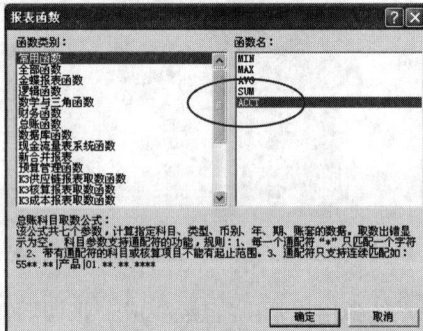

图 4-82

选中常用函数下的"ACCT"函数，单击"确定"按钮，系统进入"函数表达式"设置窗口，科目获取"5101.01"（伙食费），取数类型获取"Y"（期末余额），如图 4-83 所示。

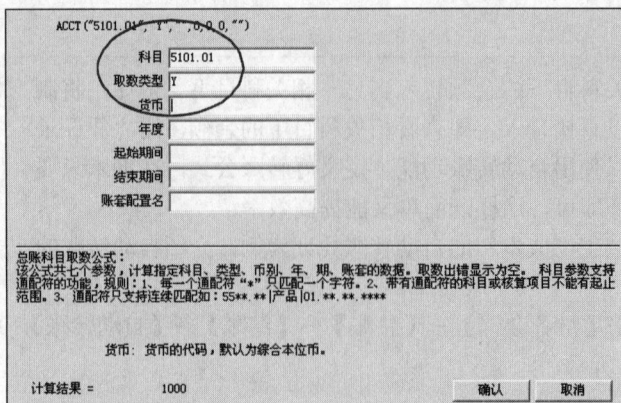

图 4-83

单击"确认"按钮，返回"公式定义"窗口，单击"确定"按钮，返回"自动转账凭证"窗口。

（5）按步骤（4）录入剩余的科目，结果如图4-84所示。

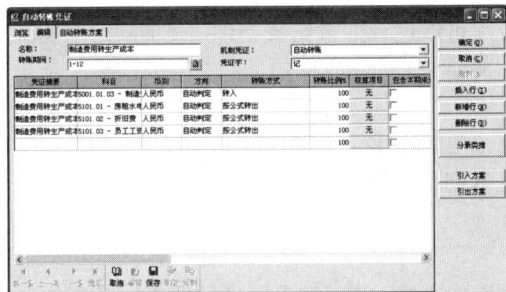

图 4-84

（6）单击"保存"按钮，并切换到"浏览"窗口，选中刚才所建立的转账凭证，如图4-85所示。

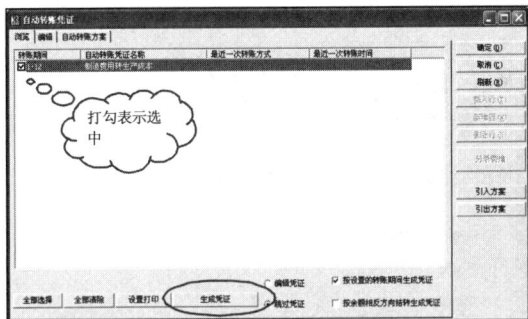

图 4-85

（7）单击"生成凭证"按钮，稍后系统弹出提示窗口，单击"关闭"按钮。双击【财务会计】→【总账】→【凭证处理】→【凭证查询】，设定过滤条件后进入"会计分录序时簿"窗口中可以查询到刚才生成的凭证。

结转损益

4.8.3 结转损益

结转损益将损益类科目下的所有余额结转到"本年利润"科目下，并生成一张结转损益的凭证。

> **注意**　在结转损益前，一定要将本期的凭证都过账，包括自动转账生成的凭证。

（1）在主界面窗口，双击【财务会计】→【总账】→【结账】→【结转损益】，系统弹出"结转损益"向导窗口，单击"下一步"按钮，系统弹出"结转损益"设置窗口，在该窗口可以设置结转时损益类科目对应本年利润科目，如图4-86所示。

（2）单击"下一步"按钮，进入设置窗口，如图4-87所示。

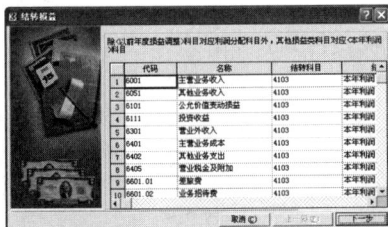

图 4-86

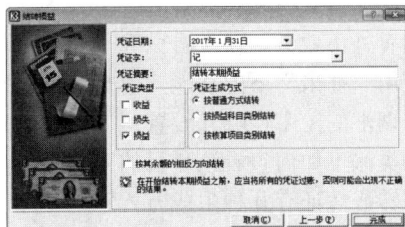

图 4-87

（3）根据实际情况设置后，单击"完成"按钮。稍后系统弹出已经生成的一张某字某号的凭证。

4.8.4 期末结账

期末结账

本期会计业务全部处理完毕后，可以进行期末结账处理，本期期末结账后，系统才能进入下一期间进行业务处理。

注意

期末结账的前提是本期所有凭证已过账完毕。

（1）在主界面窗口，双击【财务会计】→【总账】→【结账】→【期末结账】，系统弹出"期末结账"窗口，选中"结账"项，勾选"结账时检查凭证断号"，则凭证中有断号时会弹出提示，提示用户是否结账，如图4-88所示。

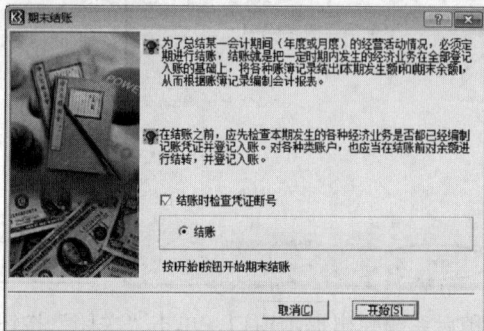

图4-88

（2）项目设置完成后，单击"开始"按钮即可结账。

注意

当总账系统与固定资产、应收和应付等系统连用时，一定要在固定资产、应收和应付等系统结账后才能进行总账模块的结账。

4.9 | 课 后 习 题

（1）审核凭证时对审核人有什么要求？

（2）在会计分录序时簿中选中要修改、删除的凭证，但是修改、删除功能是灰色，怎样处理后，这两个功能才能使用？

（3）凭证打印方式有几种？

（4）本期有外币业务，在查看试算平衡表时不平衡，原因可能是什么？

（5）要应用"往来"下的功能，前提是什么？

（6）期末调汇的汇率在哪儿设置？

（7）总分类账下如何查看该科目的明细账？

（8）期末转账凭证有几种生成方式？

（9）总账模块期末结账的前提是什么？

实验三

总 账 系 统

【实验目的】

（1）掌握总账系统参数设置和期初数据录入方法。

（2）掌握总账凭证处理操作。

（3）掌握转账凭证自定义、期末调汇、结转损益方法。

（4）掌握账簿查询方法。

【实验内容】

（1）总账系统参数设置。

（2）期初数据录入。

（3）凭证录入、审核、过账。

（4）转账凭证自定义。

（5）期末调汇方法。

（6）结转损益方法。

（7）查询总账、明细账、多栏账查询方法。

【实验资料】

（1）"1122—应收账款"期初数据，如表 4-9 所示。

表 4-9　　　　　　　　　　　　　　　　应收账款期初数据　　　　　　　　　　　　　　　单位：元

客 户	日 期	应收账款	预收账款	期初余额
上海常星礼品公司	2016-12-31	12 000.00		12 000.00
广州鸿运文具店	2016-12-31	3 600.00		3 600.00
深圳长友网络公司	2016-12-31	6 500.00		6 500.00

（2）"2202—应付账款"期初数据，如表 4-10 所示。

表 4-10　　　　　　　　　　　　　　　　应付账款期初数据　　　　　　　　　　　　　　　单位：元

供应商	日 期	应付账款	预付账款	期初余额
广州浩友塑胶制品厂	2016-12-31	8 300.00		8 300.00
广州书名文具厂	2016-12-31	2 600.00		2 600.00

（3）会计科目期初数据，如表 4-11 所示。

表 4-11　　　　　　　　　　　　　　　　会计科目期初数据　　　　　　　　　　　　　　　单位：元

科目代码	科目名称	方 向	本年累计借方	本年累计贷方	期初余额
1001.01	人民币	借			3 357.00
1002.01	招行 319 本币	借			415 473.00
1403	原材料	借			5 800.00
1405	库存商品	借			3 200.00
1601.01	办公设备	借			18 000.00
1601.02	生产设备	借			49 000.00
1602	累计折旧	贷			6 030.00
4001.01	王齐龙	贷			300 000.00
4001.02	何小川	贷			200 000.00

（4）2017年1月凭证数据，如表4-12所示。

表4-12   2017年1月凭证   单位：元

日 期	凭证号	摘 要	科目代码	币 别	原币金额	借 方	贷 方	方 式	结算号
2017-1-8	记—1	提备用金	1001.01	人民币	12 000	12 000			
			1002.01	人民币	12 000		12 000	支票	201701001
2017-1-8	记—2	王力保报销客户招待费	6601.02	人民币	165	165			
			1001.01	人民币	165		165		
2017-1-10	记—3	谢至星报销购买办公用品费用	6602.03	人民币	1 623	1 623			
			1001.01	人民币	1 623		1 623		
2017-1-11	记—4	李丽购买账簿费用	6602.03	人民币	185	185			
			1001.01	人民币	185		185		
2017-1-11	记—5	何小川追加投资—美元	1002.02	美元	100 000	630 000		电汇	201701002
			4001.02	人民币	630 000		630 000		
2017-1-13	记—6	何总招待相关单位餐费	6602.02	人民币	968	968			
			1001.01	人民币	968		968		
2017-1-16	记—7	何总报销差旅费	6602.02	人民币	2 130	2 130			
			1001.01	人民币	2 130		2 130		
2017-1-19	记—8	购买黄页	6602.03	人民币	380	380			
			1001.01	人民币	380		380		
2017-1-20	记—9	购买SL123专利	1701	人民币	200 000	200 000			
			1002.01	人民币	200 000		200 000	支票	201701003
2017-1-23	记—10	支付1月物业清洁费	6602.06	人民币	1 200	1 200			
			1002.01	人民币	1 200		1 200	支票	201701004
2017-1-24	记—11	支付房租水电费	5101.01	人民币	13 520	13 520			
			6602.03	人民币	5 860	5 860			
			1002.01	人民币	19 380		19 380	支票	201701005

【实验步骤】

（1）以"贺君兰"登录"100宇纵科技有限公司"账套，总账系统参数设置本年利润科目"4103—本年利润"科目，利润分配科目"4104"。

（2）录入表1所列"1122—应收账款"期初数据。

（3）录入表2所列"2202—应付账款"期初数据。

（4）录入表3所列会计科目期初数据。

（5）结束总账初始化。

（6）以"李丽"身份登录"100宇纵科技有限公司"账套，录入表4所列凭证数据。

（7）以"贺君兰"身份登录"100宇纵科技有限公司"账套，审核并过账以上凭证。

（8）以"李丽"身份登录进行"期末调汇"，美元期末汇率为6.29。

（9）以"贺君兰"身份登录审核并过账调汇凭证。

（10）以"李丽"身份登录，设置自动转账方案，并生成相应凭证。请注意审核和过账的先后次序。

（11）以"贺君兰"身份登录审核并过账自动转账凭证。

（12）以"李丽"身份登录，结转损益。

（13）以"贺君兰"身份登录审核并过账结转损益凭证。

（14）查询总账。

（15）查询明细账。

（16）查询科目余额表。

（17）制作"管理费用"多栏账簿并查询。

【学习重点】

通过本章学习，重点了解资产负债表和利润表的查看方法，报表格式、报表公式和报表打印的操作方法，以及如何进行自定义报表和财务报表分析。

5.1 系统概述

金蝶 K/3 报表系统主要处理资产负债表、利润表等常用的财务报表，并可以根据管理需要自定义报表。报表系统还可以和合并报表系统连用，制作各种上报报表。

报表系统与总账系统连用时，可以通过函数 ACCT、ACCTCASH、ACCTGROUP 等取数，函数从总账系统的科目中取数；和工资系统连用时，可以通过函数 FOG-PA 从工资系统中取数；和固定资产系统连用时，可以通过函数 FOG-PA 从固定资产系统中取数；和工业供需链连用时，可以通过 K3 供应链报表取数函数从工业供需链模块中取数。

报表的界面显示为一个表格，操作与 Excel 类似。

报表系统没有初始设置和期末结账，主要用于查询报表、修改格式和公式，然后输出。

报表系统与其他系统的关系如图 5-1 所示。

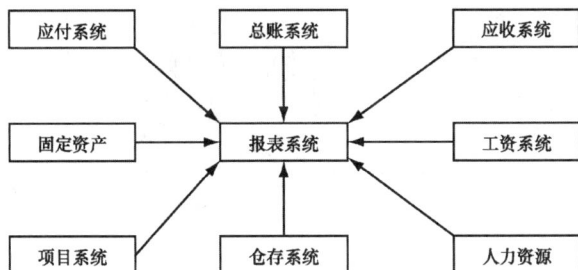

图 5-1

5.2 报表处理

报表系统为用户预设了部分行业的报表模板，如资产负债表、利润表和利润分配表等。用户可以利用公式向导更改取数公式，通过页面设置更改输出格式。下面以处理资产负债表为例，介绍报表的处理方法。

5.2.1 查看报表

（1）以"严秀兰"身份登录账套。在主界面窗口，选择【财务会计】→【报表】→【新企业会计准则】→【新会计准则资产负债表】，双击该功能，系统进

报表查看与打印

入"报表系统-[新会计准则资产负债表]"窗口，如图 5-2 所示。

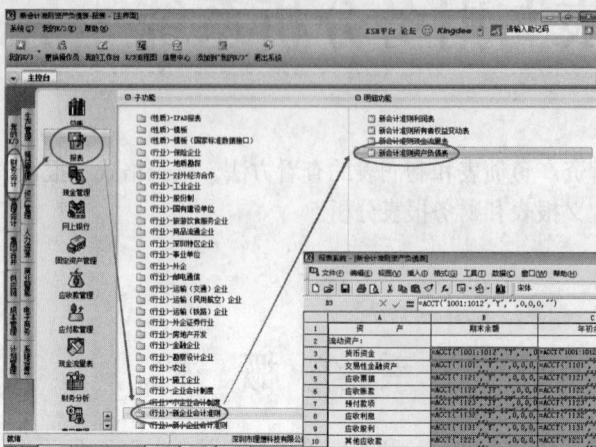

图 5-2

（2）单击菜单【视图】→【显示数据】，再单击菜单【数据】→【报表重算】，系统会以设置好的公式计算出报表结果，如图 5-3 所示。

图 5-3

5.2.2 打印

为求报表输出美观，用户随时要对报表格式进行设置，如列宽、行高、字体和页眉页脚等内容。下面以输出"资产负债表"为例，介绍格式设置步骤。

（1）修改列宽。方法有两种：一种是用鼠标拖动修改列宽，如修改 C 列的宽度，将光标移到 C、D 列之间的竖线位置，当光标变成"↔"箭头时按住左键拖动，将列宽拖动至适当位置即可；另一种是选定要修改的列，单击菜单【格式】→【列属性】，系统弹出"列属性"窗口，修改列宽为 350，如图 5-4 所示。

（2）修改对齐方式。检查发现数值列的有些单元格对齐方式不统一，选中要修改的数值

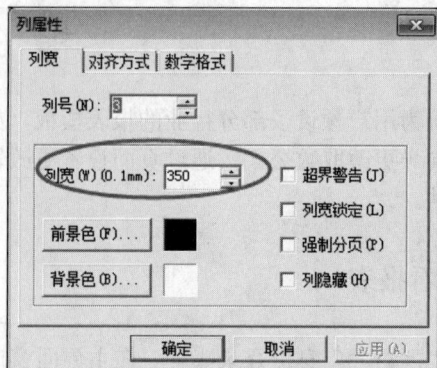

图 5-4

列或单元格,单击工具栏上的"(对齐方式)"按钮,有左对齐、居中对齐和右对齐等方式选择。在此选择"居中对齐"方式。

(3)设置打印时使用的纸张大小和方向。单击工具栏上的"打印预览"按钮,系统进入"打印预览"窗口,发现该报表分两页输出,高度刚好打印完,宽度还不够打印右侧的"负债和股东权益"。单击窗口上的"打印设置"按钮,系统弹出"打印设置"窗口,将方向改为"横向",单击"确定"返回"预览"窗口,发现宽度满足要求,而高度不够。在这情况下,有两种选择方式:一种是在"打印设置"窗口,选择纸张大小为"A3";另一种是更改文字大小、单元格高度、宽度等设置,以使其能在一张 A4 纸上打印出来,打印设置如图 5-5 所示。

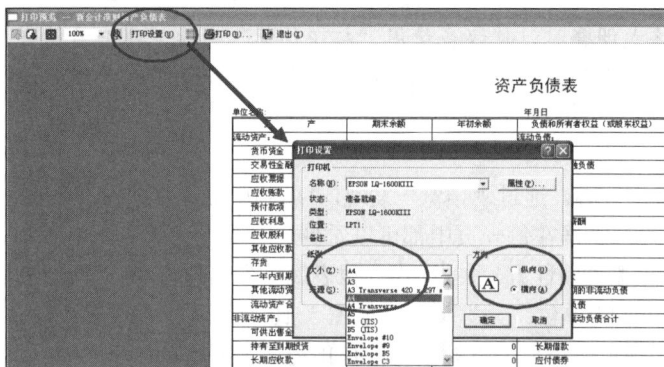

图 5-5

本练习采用第 2 种方式,纸张大小选择 A4,方向为"横向"打印。

(4)更改字体大小。单击"退出"按钮,返回报表窗口。选定整个表格内容,如图 5-6 所示。

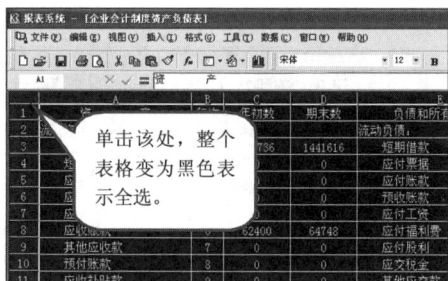

图 5-6

再单击菜单【格式】→【单元属性】,系统弹出"A1:H41 单元属性"窗口,单击窗口上的"字体"按钮,如图 5-7 所示。

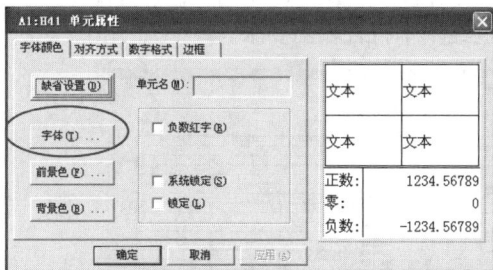

图 5-7

系统弹出"字体"设置窗口,字体选择"宋体",字形选择"常规",大小选择"小五",颜色选择"黑色",如图 5-8 所示。单击"确定"按钮,返回"单元属性"窗口,再单击"确定"按钮返回报表。

(5)压缩行高。全选整个表格,单击菜单【格式】→【行属性】,系统弹出"行属性[1-41]"窗口,如图 5-9 所示。取消选中"缺省行高",将行高修改为"45",单击"确定"按钮,返回报表窗口。

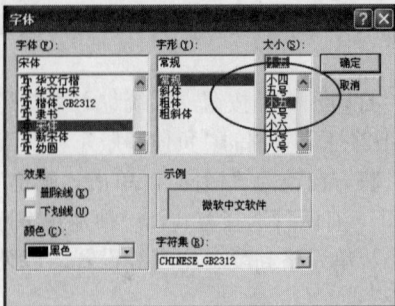

图 5-8

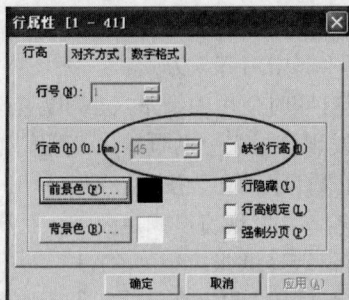

图 5-9

在做格式调整时，建议多使用"打印预览"功能，以查看格式。若字体、行高、列宽已经设到最小，还是不能满足要求，建议使用大的纸张进行打印或者分页打印。

（6）修改表头项目和页眉页脚。通过"预览"发现，"编制单位"后面没有数据，没有报表"日期"。下面在页眉页脚中修改，这样在每一页中都可以看到。

① 单击菜单【格式】→【表属性】，系统弹出"报表属性"窗口，单击"页眉页脚"选项卡，选中第3行"单位名称：|年月日|单位：元"页眉，如图5-10所示。

选中后，也可以单击"预定义类型"下拉按钮选择预定义类型。

② 单击"编辑页眉页脚"按钮，系统弹出"自定义页眉页脚"窗口，在"单位名称"冒号后录入"深圳市理想科技有限公司"，将"年月日"修改为"2017年1月31日"，如图5-11所示。

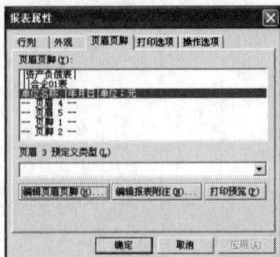

图 5-10

图 5-11

单击"确定"按钮，保存页眉修改，并返回"报表属性"窗口，单击"确定"按钮，保存所有页眉页脚的修改。

（7）单击工具栏上"打印预览"按钮，系统进入"打印预览-新会计准则资产负债表"窗口，如图5-12所示。预览发现当前修改已经基本符合输出要求。

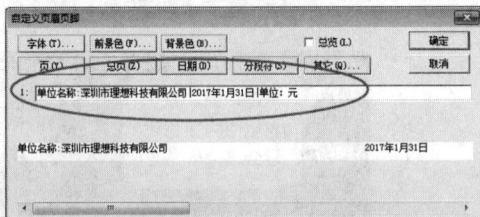

图 5-12

该报表的日期由于已预设到页眉中，当输出 2 月报表时，返回页眉进行编辑即可。

注意

请读者用同样的方法将"新会计准则利润表"进后业务处理后，再进行格式调整。

5.2.3 自定义报表

报表是多种多样的，不同企业有不同的要求，不同领导也需要不同的报表。报表系统提供了"自定义报表"功能，用户可以根据需要随意编制报表。

下面以图 5-13 所示"应收账表"为例，介绍如何"自定义报表"。

图 5-13

自定义报表

（1）在主界面窗口，选择【财务会计】→【报表】→【新建报表】→【新建报表文件】，双击该功能，系统进入"报表系统"窗口。

（2）选择菜单【视图】→【显示公式】功能，录入文字项目。选定 A1 单元格录入"客户名称"，以同样方法录入其他单元格内容，如图 5-14 所示。

图 5-14

注意

若要修改单元格内容，修改后单击"√"表示确定，不单击表示取消，此操作不能省略。修改报表内容、公式或自定义报表时，建议在"显示公式"状态下进行。

（3）在报表 B2 单元格取"应收账款"下"北京宏码科技"客户的本期期初数。选定 B2 单元格，单击工具栏上的"fx（函数）"按钮，系统弹出"报表函数"窗口，选择"常用函数"下的"ACCT"（总账科目取数公式）项，如图 5-15 所示。

（4）单击"确定"按钮，系统进入"公式"设置窗口，如图 5-16 所示。

（5）在"科目"处按 F7 键，系统弹出"取数科目向导"窗口，获取科目代码"1122"，选择核算类别"客户"，获取代码"01"，设置完成后单击"填入公式"按钮，将设置显示在"科目参数"栏中，如图 5-17 所示。

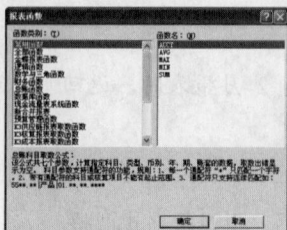

图 5-15

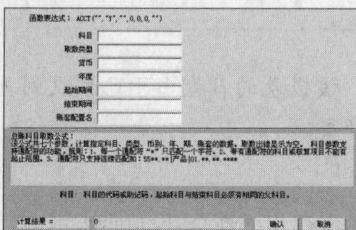

图 5-16

（6）单击"确定"按钮，保存取数设置，并返回"公式"设置窗口，请注意窗口的变化。光标移到"取数类型"处，按 F7 功能键，系统弹出"类型"窗口，选择"期初余额"类型，单击"确认"按钮保存该公式，如图 5-18 所示。

（7）以同样的方法录入其他单元格的公式。注意不同列的"取数类型"选择，公式录入完成后，选择【视图】→【显示数据】，系统根据所设置的公式自动计算出数据，如图 5-19 所示。

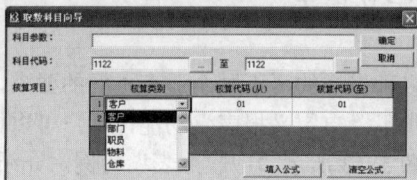

图 5-17

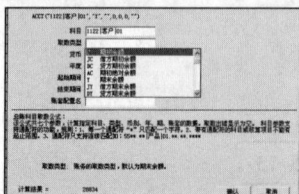

图 5-18

图 5-19

（8）隐藏多余的行和列。单击菜单【格式】→【表属性】，系统弹出"报表属性"窗口，如图 5-20 所示。

报表属性窗口主要管理报表的行列、外观、页眉页脚等。

① 行列选项卡，包含总行数、总列数、冻结行数、冻结列数和缺省行高。

② 外观选项卡，包含前景色、背景色、网格色、缺省字体、是否显示网格以及公式或变量底色。

③ 页眉页脚选项卡，包含页眉页脚内容、编辑页眉页脚、编辑附注和打印预览。

④ 打印选项卡，包含标题行数、标题列数、是否彩打、是否显示页眉页脚以及表格页脚是否延伸。勾选页脚延伸，表示页脚定位于页面底部，反之页脚显示在表格后。

⑤ 操作选项卡，包含自动重算和人工重算。人工重算时，按 F9 功能键或单击菜单【数据】→【报表重算】时才会重算。当编辑大量单元公式并且计算较慢时，该选项较为适用。

在行列选项卡中，将"总行数"修改为"5"，"总列数"修改为"5"，设置完成单击"确定"按钮，返回"报表"窗口，若部分项目没有显示或列宽过大，可以调整列宽。

（9）选中 A 列，选择【格式】→【单元属性】，前景色改为"白色"，背景色改为"黑色"，单击"确定"按钮返回"报表"窗口。选择【格式】→【表属性】，弹出"报表属性"窗口，单击"页眉页脚"选项卡，选中"报表名称"页眉，单击"编辑页眉页脚"按钮，弹出"自定义页眉页脚"窗口，在录入框中将"报表名称"改为"应收账表"，如图 5-21 所示。

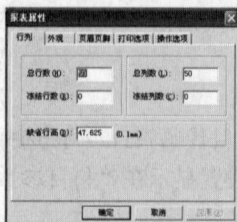

图 5-20

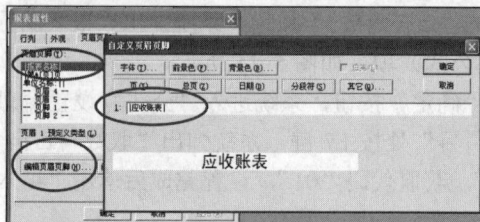

图 5-21

（10）单击"确定"按钮，返回"报表属性"窗口，以同样的方法在"单位名称"页眉后增加"深圳市理想科技有限公司"，单击"确定"按钮保存设置，单击工具栏上的"预览"按钮，系统进入"打印预览"窗口，如图 5-22 所示。

图 5-22

（11）单击"关闭"按钮，返回"报表"窗口，选择【文件】→【保存】，将当前自定义报表保存起来，以供后期随时调用。

至此整个报表的定义工作结束。

5.2.4 常用菜单

1. 图表

金蝶报表系统为用户提供了图表分析功能，在需要的报表中，选中要建立的图表区域，可以建立柱形图、线段图和台阶图形等图形。

例如，用图 5-13 中的"应收账表"进行图表练习。

（1）首先打开刚才所报存的自定义报表，选中整个表格，单击菜单【插入】→【图表】，系统弹出"图表向导"窗口。在"图表类型"窗口选择要生成的图表形状，如平面柱形图、立体线段图和平面区域图等。选择"平面柱形图"，单击"下一步"按钮，如图 5-23 所示。

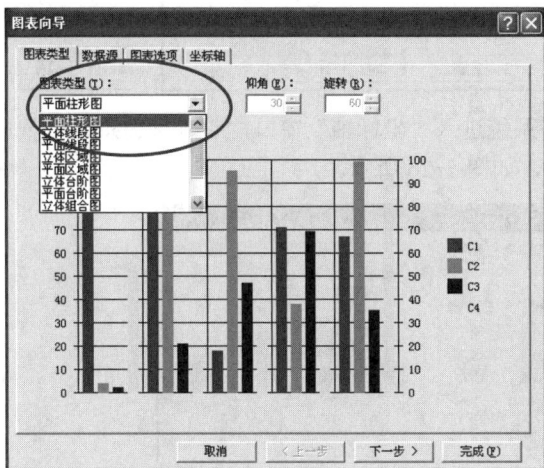

图 5-23

（2）切换到"数据源"窗口，如图 5-24 所示。

- **添入数据**：在显示数据状态下，单击"添入数据"选项，可以添入数据源；方法是：单击想添入数据的单元格，再单击"添入数据"按钮。数据来源有两种：一种是报表中被选中的单元格或区域；另一种是直接手工录入的数据。

- **显示数据**：填入单元格中的坐标变为报表中相应单元格的值，同时按钮变为"显示定义"；显示定义下，"添入数据"变为"刷新数据"，可以对数据进行刷新，此时不能添入数据，必须切换为"显示数据"才可添入数据。

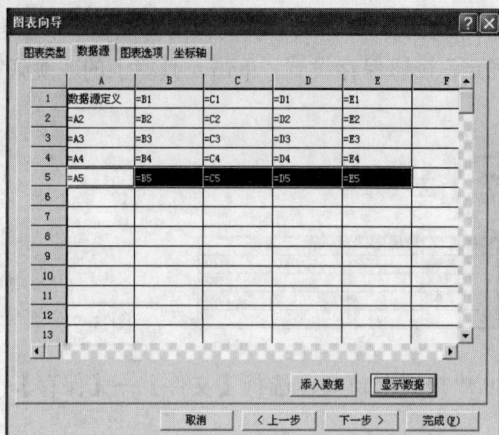

图 5-24

（3）单击"下一步"按钮，系统进入"图表选项"窗口，图表标题录入"应收账款表"，数据系列定义选中"定义于行"，如图 5-25 所示。

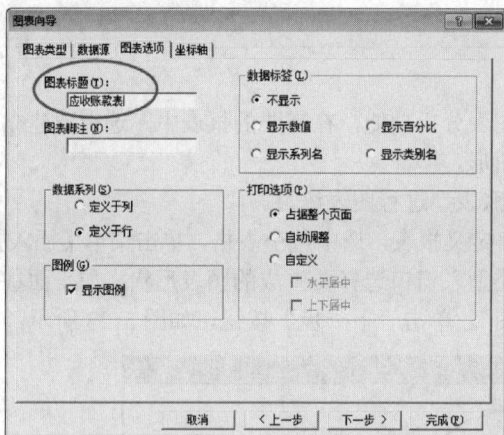

图 5-25

（4）单击"下一步"按钮，系统进入"坐标轴"窗口，X 轴标题录入"款项类型"并选中"显示刻度"，Y 轴标题录入"金额"，如图 5-26 所示。

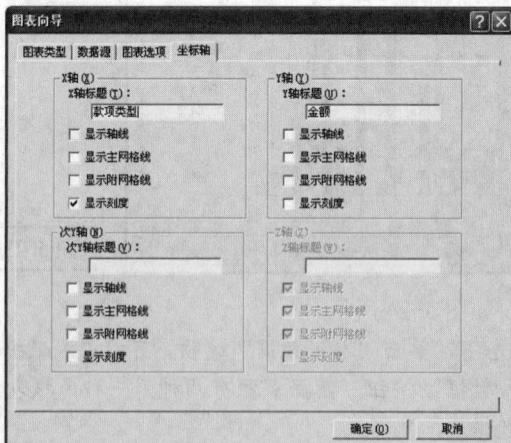

图 5-26

（5）单击"完成"按钮，系统根据图表向导中所设置的内容生成图表，如图 5-27 所示。

若对图表不满意，可以单击菜单"图表属性"下的相应子菜单，然后再进行设置即可。单击"保存"按钮可以保存当前图表。

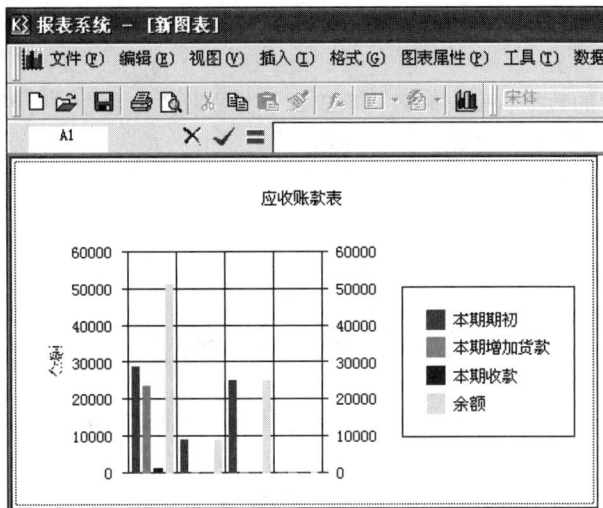

图 5-27

2. 单元融合

单元融合即对选中的两个或两个以上的单元格合并一个单元格，选中的单元格必须是连接在一起的。该功能位于菜单"格式"下。

若取消单元合并，则单击菜单"格式"下的"解除融合"命令即可。

3. 公式取数参数

有些时候，当账套已经完成好几期的业务处理工作，如现在是 2017 年 5 期，报表也正处于当前期间，而实际情况是需要返回查询一下"2017 年 2 期"的报表数据，那就可以通过"公式取数参数"功能设置后再查询。单击菜单"工具"下"公式取数参数"命令，系统弹出"设置公式取数参数"窗口，如图 5-28 所示。

图 5-28

- **缺省年度**：默认当前期间；可以手工录入。
- **开始期间、结束期间**：默认当前期间；可以手工录入所需要的期间。
- **开始日期、结束日期**：针对按日取数的函数。
- **核算项目**：在公式取数参数中提供核算项目选择，减少定义报表取数公式的工作量；公式中定义了具体的核算项目的单元格，报表重算时，以具体的核算项目为准取数；公式中没有定义具体的核算项目的单元格，报表重算时，以在公式取数参数中选择的核算项目为准取数。
- **ACCT 公式取数时包括总账当前期间未过账凭证**：选中该项，在 ACCT 函数进行取数计算时，会包括账套当前期间的未过账凭证。
- **报表打开时自动重算**：选中该项，在每次打开报表时都会自动对报表进行计算；不选择该项，打开报表时将显示最后一次计算后的结果。

- **数值转换**：在数值转换功能中，可以对报表的数据进行乘或是除的转换。

4. 报表重算

报表重算是对当前报表中的数据有疑义时，再次确认"公式取数参数"是否正确，然后单击该功能，系统根据公式重新计算出正确的数据，以供使用。

报表重算功能位于菜单"数据"下。

5.3 财 务 分 析

财务分析可以通过分析企业的经营活动报表形成分析报表，为企业决策、计划和控制提供有效的帮助。

财务分析系统运用电算化手段对财务报表数据进行分析，对企业过去的财务状况和经营成果及未来前景进行评估，进而对企业的财务决策、发展方向等提供帮助。随着企业管理要求的提升，财务人员可以通过财务分析，即时、准确地为管理工作提供决策支持。

金蝶K/3财务分析系统提供报表分析、指标分析、因素分析和预算管理分析功能，用户可以随意地选择分析方法，对自己的财务状况进行一个比较全面的分析。

1. 系统结构

财务分析系统与总账系统的关系如图5-29所示。

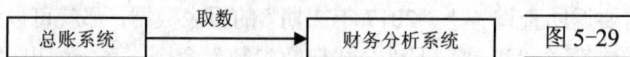

图5-29

财务分析利用公式提取总账系统中的科目数据。

2. 系统功能

（1）自定义报表分析。财务分析系统提供了对资产负债表、损益表和利润报表的分析。对每一报表系统提供了结构分析、比较分析和趋势分析3种分析方法。

① 结构分析是指对某一指标的各组成部分占总体的比重进行分析，如应收账款中，各客户余额的百分比、产品销售收入中各个产品占总收入的比重等。

② 比较分析是指对同口径的财务指标在两个或一个会计期间与它的预算数进行比较，揭示其增减金额及增减幅度。系统提供了月、季、年和预算数4个选项。

③ 趋势分析是指对事物在不同时间段上的变化趋势的分析，能够揭示企业财务指标或损益指标的变动规律，借以对企业未来的经济活动进行预测和规划。趋势分析又分为绝对数趋势分析和相对数趋势分析两种。

- 绝对数趋势分析是指将某一指标在本年各月、各季以及各年之间并行排列，借以观察其发展的动态趋势和规律。

- 相对数趋势分析是指某期与一个基期相比的变化趋势。由于基础的不同，相对数趋势分析又可以分为定基分析（各期与指定基期相比，变动额、变动幅度的趋势）和环比分析（各个会计期间指标分别与上期相比的发展趋势）。

（2）指标分析是指通过计算各种财务指标来了解企业的经营和收益情况。例如，通过计算应收账款周转率可以了解企业资金回笼的速度；通过资产负债率可以了解企业的负债总额占总资产的比重，以确定企业的融资和投资方案等。

（3）因素分析是指选定某一个因素进行分析，可以是收入、利润，也可以是某一个产品的成本构成，因素的设定由用户自己确定。在确定了因素和因素分析的方法之后，可以对该因素进行各种分析。

5.3.1 报表分析

下面以查看"资产负债表"的分析情况为例,介绍报表分析的使用方法。

1. 查看分析

在主界面窗口,双击【财务会计】→【财务分析】→【自定义报表分析】→【(报表分析)资产负债表】,系统进入资产负债表的"结构分析"查询窗口,如图 5-30 所示。

2. 报表项目设置

报表项目设置主要用于管理报表的项目名称、定义项目取数公式以及数字格式。

报表窗口中没有数据,这是因为第一次使用该功能时某些项目没有设置正确,无法从系统中取数。"资产负债表"报表项目设置步骤如下。

(1)单击工具栏上"退出"按钮,关闭报表分析窗口,选中左侧的"资产负债表",单击鼠标右键,系统弹出快捷菜单,选择菜单中的"报表项目"项,如图 5-31 所示。

图 5-30

图 5-31

只有"退出"报表分析状态,单击鼠标右键快捷菜单才能激活。

(2)系统进入"报表设置"状态窗口,如图 5-32 所示。

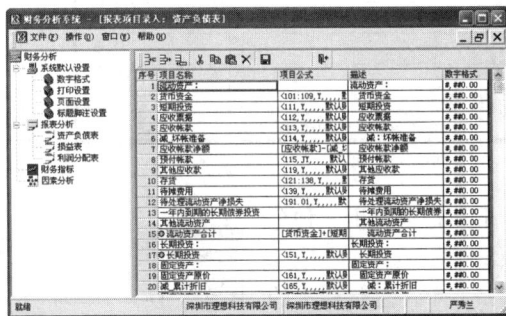

图 5-32

窗口中可以对行进行插入、删除、追加操作,对文字进行剪切、复制、粘贴操作,设置完成后,单击"保存"按钮,保存当前设置。

(3)在"报表项目"设置窗口中发现项目公式中的科目代码发生错误。报表中使用的是 3 位代码科目,而本账套引入的是"新会计准则"科目,它属于 4 位代码,所以要修改项目公式。选中第 2 行的项目公式,双击鼠标左键,系统弹出"财务分析—公式定义向导"窗口,录入正确公式。在"账上取数"选项卡上单击"清除公式"按钮,删除错误公式,如图 5-33 所示。

①"账上取数"选项卡,是指利用公式向导在默认账套上提取总账科目数据,选择账套、科目等即可。

②"表间取数"选项卡，是指利用公式向导在已存在的报表中提取某个项目的数据，可以从本账套已有的账务分析报表中取数，选中窗口左侧的报表类型，再选中窗口右侧的项目，单击"填入公式"按钮即可。

③"表内取数"选项卡，是指利用公式在当前报表中提取某个项目的值。

（4）获取科目代码"1001 至 1012"，选择取数类型"Y 期末余额"，其他保持默认值，单击"填入公式"按钮，将所设置的公式定义填写入录入框，如图 5-34 所示。

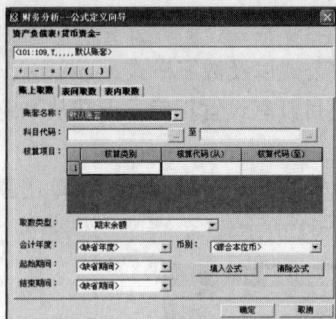

图 5-33

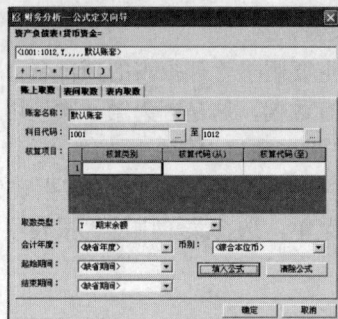

图 5-34

（5）单击"确定"按钮，保存设置，并返回"报表项目"设置窗口，以同样方法修改其他项目公式，修改完成后，单击工具栏上"保存"按钮，以保存当前项目设置工作，单击工具栏上的"退出"按钮，退出"报表项目"设置窗口。

（6）双击窗口左侧"报表分析"下的"资产负债表"，系统经过计算后弹出"资产负债表"的"结构分析"窗口，如图 5-35 所示。

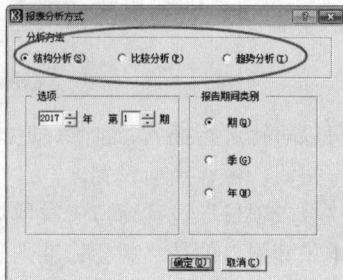

图 5-35

3. 分析方式

报表分析有结构分析、比较分析和趋势分析 3 种分析方法，不同方法下有不同的选项。

在"资产负债表"分析报表窗口，单击工具栏上的"分析方式"按钮，系统弹出"报表分析方式"窗口，如图 5-36 所示。

在窗口中选中结构分析，再设置其下的选项，设置完成后，单击"确定"按钮，系统会自动计算出数据。

在"资产负债表"分析窗口，单击工具栏上的"图表分析"按钮，系统会根据当前的分析结果自动生成"图表"，如图 5-37 所示。

以同样方法对"损益表"和"利润分配表"进行查看、修改。

图 5-36

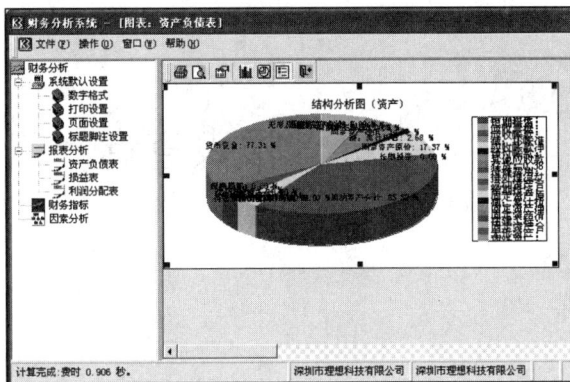

图 5-37

5.3.2 财务指标

在"财务分析"窗口，选中"财务指标"，单击鼠标右键，系统弹出快捷菜单，选择"指标分析"功能，系统进入"指标分析"窗口，如图 5-38 所示。

若要修改指标项目内容，需退出"指标分析"窗口，选中"财务指标"，单击鼠标右键，系统弹出快捷菜单，选择"指标定义"，系统进入"报表项目"设置窗口，如图 5-39 所示。

> 根据指标公式可知，指标分析的数据来源是"报表分析"下的"损益表"数据，所以只有"损益表"数据正确，指标分析出的数据才能正确。

根据"损益表"数据，修改正确的公式项目，再进行指标分析。

图 5-38

图 5-39

5.4 课后习题

（1）如何确定修改单元格的内容？

（2）自定义报表应在什么状态下编辑？

（3）自定义"应付账款"的报表。

（4）财务分析系统提供了几种分析功能？

（5）报表项目功能在什么情况下被激活？

实验四

会计报表查询

【实验目的】

（1）掌握会计报表查询方法。

（2）掌握会计报表格式设置。

【实验内容】

（1）查询资产负债表。

（2）查询利润表。

（3）自定义报表。

【实验资料】

"每月管理费用情况表"自定义报表，如表 5-1 所示。

表 5-1　　　　　　　　　　　"每月管理费用情况表"自定义报表

项　目	1月	2月	3月	4月	5月	6月	7月	8月	9月	10月	11月	12月
差旅费												
业务招待费												
办公费												
管理员工资												
折旧费												
其他												
坏账损失												

【实验步骤】

（1）以"李丽"身份登录"100 宇纵科技有限公司"账套，查询资产负债表，并调整以 A4 纸张输出的最佳格式。

（2）查询利润表，并调整以 A4 纸张输出的最佳格式。

（3）建立"每月管理费用情况表"自定义报表，并进行报表数据获取。

应收款、应付款管理系统 | 第6章

【学习重点】

通过本章学习，了解应收款、应付款往来业务中的发票和收付款处理。本章将会对从发票处理、收款、往来业务核销到凭证处理和报表查询的操作方法，一一进行讲述。

6.1 系 统 概 述

应收款、应付款管理系统可以处理发票、其他应收单、应付单、收款单及付款单等单据，对企业的往来账款进行综合管理，及时、准确地提供客户往来账款资料，并提供各种分析报表，如账龄、周转、欠款、坏账、回款和合同收款情况等分析报表。通过分析各种报表，企业可以合理地进行资金调配，提高资金利用率。

金蝶 K/3 系统还提供各种预警和控制功能，如显示到期债权列表和合同到期款项列表等，可以帮助企业及时对到期账款进行催收，以防止产生坏账。信用额度的控制有助于企业随时了解客户的信用情况，以防止产生呆坏账。此外，系统还提供应收票据的跟踪管理，随时对应收票据的背书、贴现、转出、贴现及作废等操作进行监控。

应付款、应收款管理系统既可以单独使用，又可与采购管理、销售管理、存货核算集成使用，为企业管理提供完整全面的业务和财务流程处理。

1. 使用应付款与应收款管理系统需要设置的内容

- **公共资料**：公共资料是本系统所涉及的最基础资料，其中，客户和供应商必须设置，否则在进行单据处理时会受到相应的限制。
- **应付款管理基础资料**：金蝶 K/3 系统为用户提供"公共资料"的同时，又针对单独模块提供了设置该模块"基础资料"的功能；采购管理基础资料有付款条件、类型维护、凭证模板和采购价格管理；基础资料可以视管理要求进行设置。
- **应收款管理基础资料**：收款条件、类型维护、凭证模板、信用管理、价格资料和折扣资料。
- **初始化**：系统进行初始化时，需要设置以下内容：系统参数设置、初始数据录入和结束初始化。
- **系统设置资料**：系统设置即针对该模块的参数进行详细化的设置，包含有系统设置、编码规则和多级审核管理设置。

公共资料和初始化是必须设置的。基础资料和系统设置资料可以根据管理要求确定是否需要设置，或者在以后的使用过程中返回再进行修改。

2. 应付款、应收款管理系统可执行的查询与生成的报表

应付款可以查询的报表和分析包括应付明细表、应付款汇总表、往来对账表、到期债务列表、应付款计息表、调汇记录表、应付款趋势分析表、账龄分析、付款分析和付款预测等。

应收款可以查询的报表和分析包括应收明细表、应收款汇总表、往来对账表、到期债务列表、应收款计息表、调汇记录表、应收款趋势分析表、账龄分析、周转分析、欠款分析、款账分析、回款分析、收款预测、销售分析、信用余额分析、信用期限分析和信用数量分析等。

3. 应收款管理系统每期操作流程

应收款管理系统每期操作流程如图 6-1 所示。

应付款管理系统的操作流程可以参照应收款管理流程。

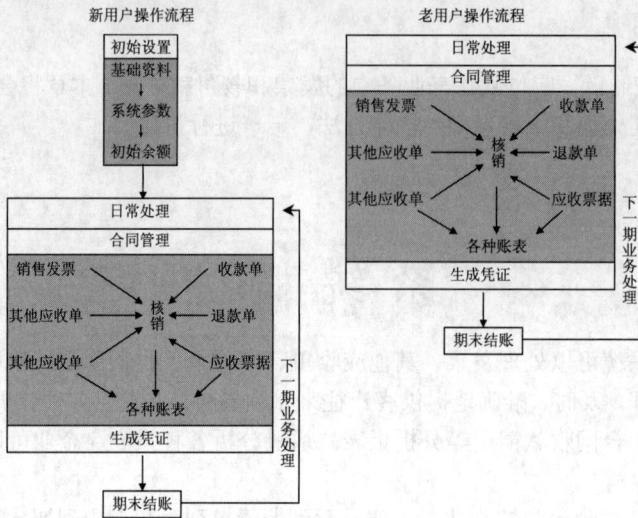

图 6-1

4. 应收款管理系统与其他系统的数据流向

应收款管理系统与其他系统间的数据流向如图 6-2 所示。

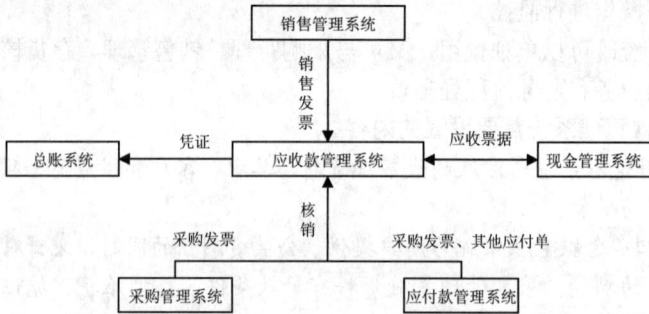

图 6-2

- **销售系统**：应收款管理系统与销售管理系统连用时，销售管理系统录入的销售发票和销售费用发票传入应收款管理系统进行应收账款的核算；不连用时，销售发票数据要在应收款管理系统手工录入。

- **总账系统**：应收款管理系统与总账系统连用时，应收款管理系统生成的往来款凭证传递到总账系统；不连用时，往来业务凭证要在总账系统中手工录入。

- **现金管理系统**：应收款管理系统与现金管理系统连用时，应收款管理系统的应收票据与现金管理中的票据可以互相传递，前提是应收款系统的系统参数选中"应收票据与现金系统同步"选项。

- **采购管理系统、应付款系统**：应收款管理系统与采购管理系统、应付款管理系统连用时，采购管理系统、应付款系统录入的采购发票、其他应付单与应收款管理系统进行应收冲应付核算。

5. 应付款管理系统与其他系统间的数据流向

应付款管理系统与其他系统间的数据流向如图 6-3 所示。

- **采购系统**：应付款管理系统与采购系统连用时，采购系统录入的采购发票和采购费用发票传入应付款管理系统进行应付账款的核算；不连用时，采购发票要在应付款管理系统手工录入。

- **总账系统**：应付款管理系统与总账系统连用时，应付款管理系统生成的往来款凭证传递到总账系统；不连用时，往来业务凭证要在总账系统中手工录入。

- **现金管理系统**：应付款管理系统与现金管理系统连用时，应付款管理系统的应付票据与现金管理系统中的票据可以互相传递，前提是应付款系统的系统参数选中"应付票据与现金系统同步"选项。
- **销售管理系统、应收款系统**：应付款管理系统与销售系统、应收款管理系统连用时，销售管理系统、应收款系统录入的销售发票、其他应收单与应付款管理系统进行应付冲应收核算。

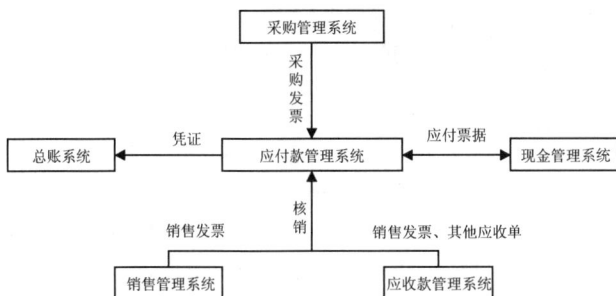

图 6-3

本章重点讲述应收款管理系统的应用，应付款管理系统的操作可参照应收款管理系统。

6.2　初 始 设 置

初始设置包括系统参数、基础资料、初始化数据录入和公共资料设置，其中，公共资料设置方法请参照第 3 章。

6.2.1　应收款管理系统参数设置

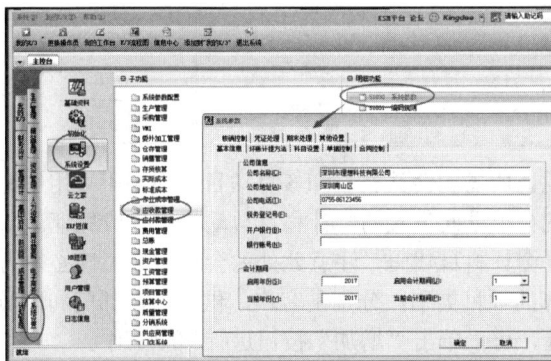

应收款管理系统参数设置是指针对应收款管理系统模块的系统启用会计期间和会计科目等的设置。

双击【系统设置】→【系统设置】→【应收款管理】→【系统参数】选项，系统弹出"系统参数"设置窗口，如图 6-4 所示。

应收款管理系统
参数

图 6-4

1. 基本信息
- **公司信息**：录入公司的基本信息，可采用默认值，也可以完整录入。
- **会计期间**：本模块的启用年份和启用会计期间，当前年份、当前会计期间是随着结账时间而自动更新的。

2. 坏账计提方法

单击"坏账计提方法"选项卡，窗口切换到"坏账计提方法"界面，如图6-5所示。

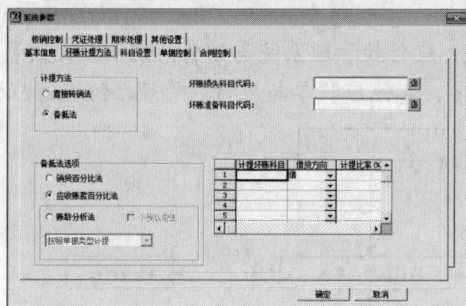

图6-5

设置计提坏账准备的方法，系统会自动根据设置的方法计提坏账准备，并生成相关凭证。

（1）直接转销法：设置坏账损失科目代码即可，其他选项不用设置。

（2）备抵法：系统提供3种方法。

① 销货百分比法：选中该项，系统提示录入"销售收入"科目代码、坏账损失百分比（%）。计提坏账时，系统按计提时的已过账"销售收入"科目余额和坏账损失百分比（%）计算坏账准备。

② 应收账款百分比法：选中该项，系统提示录入"计提坏账"科目、科目的借贷方向和计提比率（%）。科目方向可选择"借"或"贷"。如果不选，则取"计提坏账"科目的余额数；如果选择"借"，则表示取该科目所有余额方向为借方的明细汇总数；如果选择"贷"，则表示取该科目所有余额方向为贷方的明细汇总数。如果"计提坏账"科目存在明细科目，并且存在借方余额和贷方余额时，系统会将存在的贷方余额的明细科目排除，只对借方余额的明细科目计提坏账。

③ 账龄分析法：选中该项，系统提示输入相应的账龄分组，不用输入计提比例，在计提坏账准备时，再录入相应的计提比例以计算坏账准备。

3. 科目设置

单击"科目设置"选项卡，切换到"科目设置"界面，如图6-6所示。

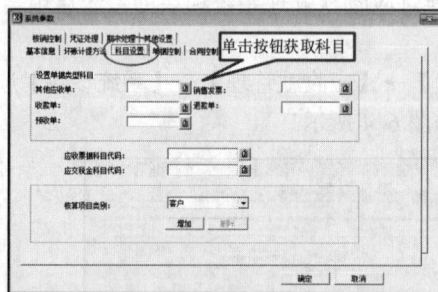

图6-6

该窗口主要用于设置生成凭证所需的会计科目和核算项目，如果不采用凭证模板的方式生成凭证，则在进行凭证处理时，系统会根据此设置的会计科目自动填充生成凭证。

单击"获取"按钮即可选择会计科目代码，注意此处的会计科目属性必须为受控科目。

系统预设4种进行往来核算的项目类别，分别是客户、供应商、部门和职员，如果还要对其他核算项目类别进行往来业务核算，可以单击"增加"按钮进行相应操作。

4. 单据控制

单击"单据控制"选项卡，窗口切换到"单据控制"窗口，如图6-7所示。

- **录入发票过程进行最大交易额控制**：选中该项，当客户档案中设有最大交易额时，如果录入发票额超过"最大交易额"，系统不允许保存。

- **发票关联合同携带收款计划**：选中该项，新增发票和其他应收单关联合同时，不管是否整体关联，均将合同上的收款计划明细表全部携带到发票和其他应收单相应的内容上，并且允许用户手工修改收款计划的内容；反之，新增时不携带合同的收款计划到发票和其他应收单的收款计划上。

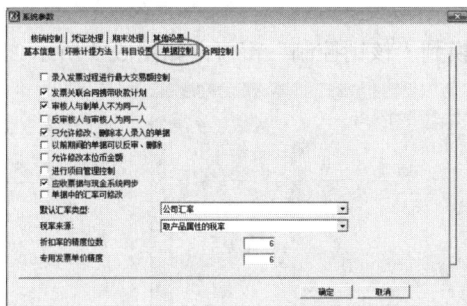

图 6-7

- **审核人与制单人不为同一人**：制单人不能审核自己录入的单据。
- **反审核人与审核人为同一人**：反审核人与原审核人必须为同一人，也就是只有单据的审核人才可以执行反审核操作。
- **只允许修改、删除本人录入的单据**：选中该项，则只能修改和删除本操作员所录入的单据，不能修改和删除其他操作员所录入的单据。
- **以前期间的单据可以反审、删除**：选中该项，对于应收款管理系统当前账套以前期间的单据（指财务日期所在期间<当前账套期间的单据）、已经审核但未生成凭证、未核销的单据可以反审；未审核的可以删除；反之，系统提示"不能反审、删除以前期间的单据"。
- **允许修改本位币金额**：选中该项，涉及外币核算的单据上的本位币金额可以修改。
- **税率来源**：系统提供两种方式。
  ① 取产品属性的税率：系统默认值，表示所录入的单据上的税率自动带出该物料档案中所设置的税率。
  ② 取核算项目属性的税率：录入单据上的税率自动带出核算项目档案中所设置的税率。
- **进行项目管理控制**：项目管理控制只对收款单和应收退款单有效，并且是在关联对应销售发票或者其他应收单时才有效，在保存收款单和应收退款单时进行检验。
- **应付票据与现金系统同步**：初始化结束后，应付款管理系统的应付票据与现金系统的应付票据可以互相传递、同步更新；反之，两系统的应付票据不互相传递。
- **折扣率的精度位数、专用发票单价精度**：设置小数点的位数，系统默认为 6 位小数。

5. 合同控制

单击"合同控制"选项卡，切换到"合同控制"窗口，如图 6-8 所示。

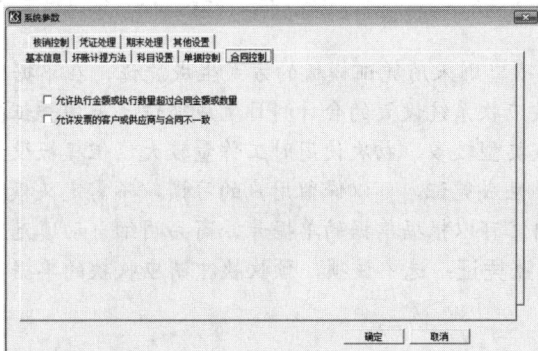

图 6-8

- **允许执行金额或执行数量超过合同金额或数量**：选中该项，则系统录入单据关联合同时，所录入的金额或数量都可以超过合同资料本身的金额或数量；反之，不能超过。

• **允许发票的客户或供应商与合同不一致**：选中该项，按照合同生成发票时，可以允许发票上的客户或供应商与合同上的客户与供应商不同；反之，必须相同。

6. 核销控制

单击"核销控制"选项卡，切换到"核销控制"窗口，如图6-9所示。

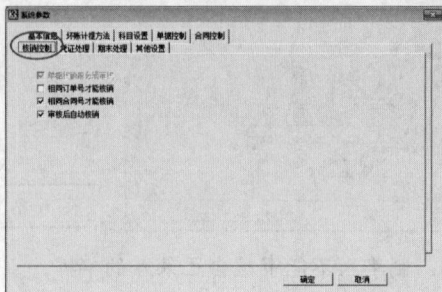

图 6-9

• **单据核销前必须审核**：核销时，只显示所有已审核的单据，没有审核的单据不能进行核销。建议选中该项。

• **相同合同号才能核销**：选中该项，则在核销处理时只有相同合同号的单据才能进行核销处理；反之，不能核销。

• **相同订单号才能核销**：选中该项，则在核销处理时只有相同订单号的单据才能进行核销处理；反之，不能核销。

• **审核后自动核销**：选中该项，则单据一经审核后就自动核销。

7. 凭证处理

单击"凭证处理"选项卡，切换到"凭证处理"窗口，如图6-10所示。

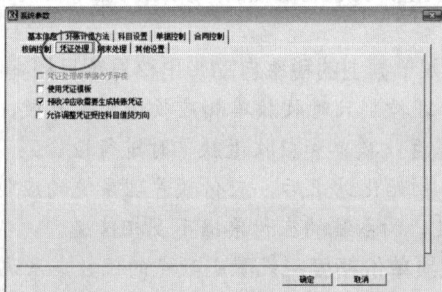

图 6-10

• **凭证处理前单据必须审核**：为了防止随意更改单据上的金额造成与已生成的凭证金额不统一，选中该项，则单据生成凭证时必须审核，这样能保证单据上的金额与凭证上的金额统一；反之，未审核的单据也可以生成凭证。

• **使用凭证模板**：选中该项，则采用凭证模板的方式生成凭证，在单据序时簿和单据上生成凭证也采用凭证模板；反之，按应收系统设置的会计科目生成凭证。采用凭证模板方式生成凭证，需首先定义凭证模板，由于模板类型较多，初次使用时工作量较大，但模板设置好后生成凭证很方便；按应收系统设置的会计科目生成凭证，可以保留用户的习惯，不需定义模板，在生成凭证时可以灵活处理，同时凭证摘要的内容可以根据单据的单据号、商品明细自动填充。

• **预收冲应收需要生成转账凭证**：选中该项，预收款冲销应收款的单据也需要生成凭证；反之，可以不生成。

8. 期末处理

单击"期末处理"选项卡，切换到"期末处理"窗口，如图6-11所示。

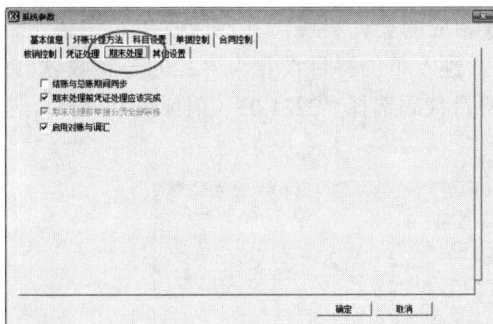

图 6-11

- **结账与总账期间同步**：与总账系统连用时，选中该项，则应付款管理系统必须先结账，之后总账系统才能结账，这样能保证应付款管理系统的数据资料及时准确地传入总账系统。

- **期末处理前凭证处理应该完成**：在期末处理之前，当前会计期间的所有单据必须已生成记账凭证，否则不予结账，建议选择此选项，否则总账数据与应付款数据可能不一致。

- **期末处理前单据必须全部审核**：结账前，当前会计期间的所有单据必须已经审核，否则不予结账。

- **启用对账与调汇**：选中该项，可以使用对账和调汇功能；反之，不能使用。

9. 其他设置

单击"其他设置"选项卡，切换到"其他设置"窗口，如图 6-12 所示。

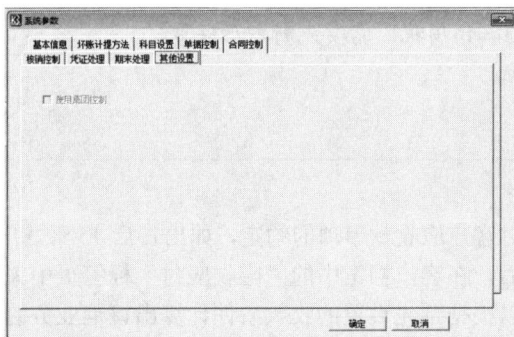

图 6-12

- **使用集团控制**：该选项在账套是集团总部账套的情况下才有效，在分支机构的账套中只是显示是否使用集团控制的状态。

10. 应收系统参数设置

（1）将启用会计年份、会计期间设置为 2017 年 1 月。

（2）在"坏账计提方法"窗口，计提方法设置为"直接转销法"，费用科目代码选择"6602.07-坏账损失"科目，如图 6-13 所示。

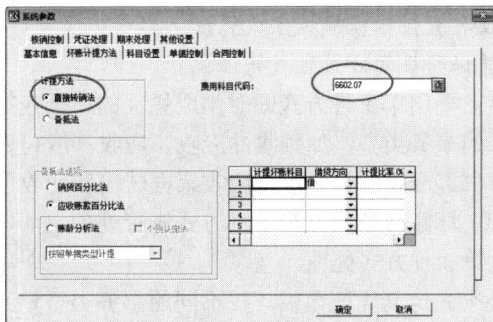

图 6-13

（3）在"科目设置"窗口获取相应的会计科目，其他应收单、销售发票、收款单和退款单的科目都设置为"1122—应收账款"，预收单的科目设置为"2203—预收款"，应收票据科目代码选择"1121—应收票据"，应交税金科目代码选择"2221.03（销项税）"科目，核算项目类别选择"客户"，如图6-14所示。

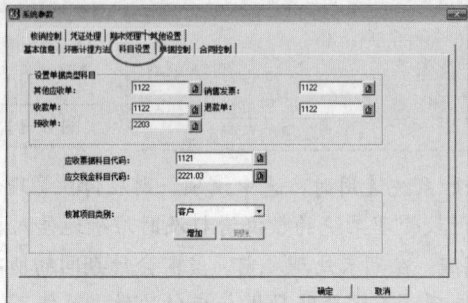

图 6-14

（4）勾选"期末处理"选项卡中的"结账与总账期间同步"和"凭证处理"选项卡中的"使用凭证模板"，其他采用系统默认值，单击"确定"按钮保存设置。

> **注意**
> （1）在保存时，若系统提示某会计科目不为受控时，则需要到"会计科目"管理窗口修改该科目为受控后，再进行设置。会计科目属性的修改可参照第 3 章中的"科目"一节。
> （2）"2221.03—销项税"需要先新增后获取。

6.2.2　基础资料

1．收款条件

收款条件是进行销售业务时对客户应收款事项的约定，如出货后15天、出货后30天、月结15天等收款条件。当收款条件设置后，在客户档案中的"应收应付"标签页中关联收款条件，这样在录入销售出库和销售发票时，可以根据预先设置的收款条件计算出该笔业务的应收款日期，从而方便应收款提醒或财务人员进行账龄分析。

2．类型维护

类型维护主要对应收款系统中的单据类型进行设置，如合同类型有销售合同类和采购合同类等。

3．凭证模板维护

应收款管理系统提供3种生成凭证的方式。

- 新增单据时，在单据序时簿或单据新增界面即时生成凭证。
- 采用凭证模板，在凭证处理时直接根据模板生成凭证。
- 采用凭证处理时随机定义凭证科目的方式生成凭证。

第2种与第3种方式不能并存。采用第1种方式即时生成凭证的单据包括销售发票、其他应收单、收款单和预收单等。一些特殊的事务类型，如预收冲应收、应收冲应付、应收款转销、预收款转销、收到应收票据、应收票据背书、应收票据贴现、应收票据转出和应收票据收款等则必须通过第2种或第3种方式进行凭证处理。坏账必须通过第1种方式进行处理，如坏账损失、坏账收回和坏账计提。应收票据退票必须通过第3种方式处理。

当系统采用第2种方式时，必须先定义凭证模板。按不同的事务类型定义好凭证模板之后，凭证处理时系统可以根据不同的事务类型自动套用相应的凭证模板生成凭证。

凭证模板维护

系统提供 19 个事务类型的模板，包括销售普通发票、销售增值税发票、其他应收单、收款、退款、预收款、预收冲应收、应收冲应付、应收款转销、收到票据、应收票据背书、应收票据贴现、应收票据转出、应收票据收款、预收款转销、预收款冲预付款、收款冲付款、应收票据退票和期初应收票据退票。

生成凭证的前提是凭证模板的科目资料和凭证字资料已录入完毕。

【例 6-1】新增"销售普通发票"模板，介绍凭证模板的维护方法。

（1）以"何钰"身份登录账套，双击【系统设置】→【基础资料】→【应收款管理】→【凭证模板】，系统进入"凭证模板设置"窗口，选中左侧"销售普通发票"类型，单击工具栏上"新增"按钮，如图 6-15 所示。

左侧是事务类型
右侧是类型下已有
的模板

图 6-15

（2）系统弹出"凭证模板"窗口，如图 6-16 所示。

（3）录入模板编号"999"（随意值，只要不与系统内已有编号重复即可），模板名称"销售普通发票 2"，选择凭证字"记"。

（4）单击科目来源的下拉按钮，系统弹出来源方式。选择"单据上单位的应收（付）账款科目"，借贷方向选择"借"方，如图 6-17 所示。

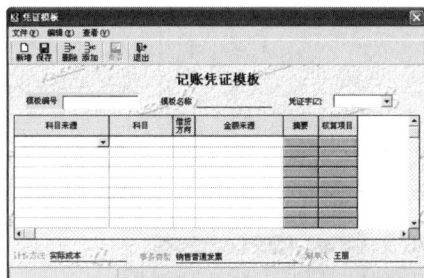

图 6-16

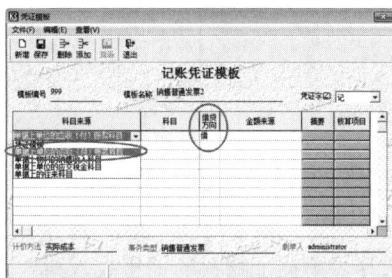

图 6-17

- **凭证模板**：模板上设置的科目。选该项时，在科目处获取正确的科目代码。
- **单据上单位的应收（付）账款科目**：指核算项目客户或供应商基础资料中设置的应收（付）账款科目。
- **单据上物料的销售收入科目**：商品（物料）属性中设置的销售收入科目。
- **单据上单位的应交税金科目**：指核算项目客户或供应商基础资料中设置的应交税金科目。
  其他单据凭证模板上的会计科目来源包括如下内容。
- **单据上结算方式对应的会计科目**：主要针对收款单、预收单和应收退款单，是基础资料设置中结算方式所对应的会计科目。
- **背书时的对应科目**：用于票据背书时指定的对应科目。
- **冲销单位的应收（付）账款科目**：指进行预收冲应收时应收单或者发票上客户或者供应商属性中设置的应收（付）账款科目。
- **冲销单位的预收（付）账款科目**：指进行预收冲预付、预收冲应收时预收单上客户或者供应商属性中设置的预收（付）账款科目。

（5）单击"金额来源"选择"应收金额"。

- **销售普通发票**：分为不含税金额、税额和应收金额，应收金额=不含税金额+税额。
- **收款单**：收款金额指收到的现金或银行存款的金额；折扣金额指现金折扣的金额，应收金额指核销的应收款金额，在不涉及多币别换算时，应收金额=收款金额+折扣金额，如果涉及多币别换算时，应收金额指要核销的应收款金额，与收款金额币别不一致。
- **票据背书**：票面金额指应收票据的票面金额；利息费用指票据背书的利息及费用，等于背书时的利息减去费用；背书金额一般在凭证的借方，指背书转其他时借方科目的金额；背书冲应付金额指背书冲应付时应付账款核销的金额；背书冲应收金额指背书冲应收款时应收账款核销的金额。背书转其他、背书冲应付、背书冲应收两两不能同时存在，故背书金额、背书冲应付金额或背书冲应收金额一方有数时，另一方必为0，设置凭证模板时可以同时包括此3种情况；另外，背书金额=票面金额+利息费用。
- **票据贴现**：贴现额指应收票据的贴现净额，贴息指票据贴现时应付的利息，票面金额指应收票据的票面金额，票面利息指带息票据的利息，贴现额=票面金额+票面利息。

（6）单击"摘要"定义按钮，系统弹出"摘要定义"窗口，在摘要公式处直接录入"销售产品"，如图6-18所示。摘要公式可以从摘要单元中取出或自行定义。

（7）单击"确定"按钮，返回"凭证模板"窗口，再单击"核算项目"按钮，系统弹出"核算项目取数"窗口，在"客户"处的"对应单据上项目"选择"核算项目"，如图6-19所示。

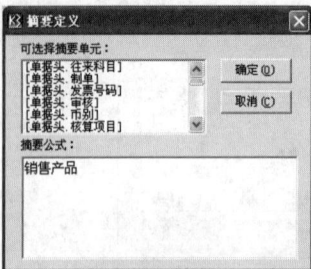

图6-18

图6-19

（8）单击"确定"按钮返回，第2条分录科目来源选择"单据上物料的销售收入科目"，借贷方向选择"贷"方，金额来源为"应收金额"，摘要同样设为"销售产品"，设置完成的模板，如图6-20所示。

（9）单击工具栏上的"保存"按钮保存当前的凭证模板。单击"退出"按钮，返回"凭证模板设置"窗口，可以看到新增进来的模板，如图6-21所示。

在"凭证模板设置"窗口，如果要对模板进行修改或删除，可以选中模板后单击工具栏上的相应按钮。

（10）调整默认凭证模板。系统自动将系统模板作为默认模板，可将自定义的凭证模板调整为默认模板。系统会根据默认模板生

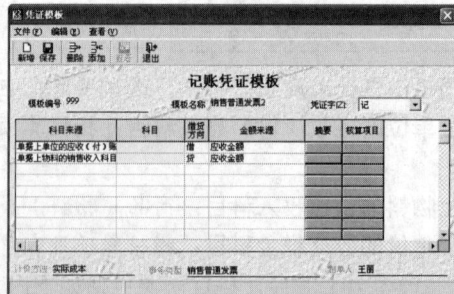

图6-20

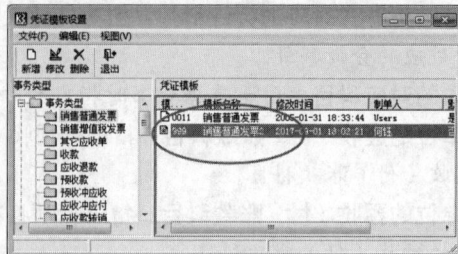

图6-21

成凭证。例如,将"销售普通发票 2"设为"默认模板",则选中该项目,单击菜单【编辑】→【设为默认模板】即可。

(11)读者可自行修改其他单据类型的凭证模板。注意:使用的模板要设定"凭证字",每条分录的科目来源、方向和金额来源要正确。

> 若在生成凭证时发生错误,则可进入"凭证模板"中对相关类型的模板进行修改。若凭证生成后发现科目不对,则建议删除凭证,重新修改模板,然后再生成凭证。

6.2.3 应收初始数据录入

应收初始数据主要有以下几项。

- **应收款期初数据**:包括货款核算应收账款科目的期初余额、本年借方累计发生数和本年贷方累计发生数。
- **预收款期初数据**:包括货款核算预收账款科目的期初贷方余额、本年贷方累计发生数;如果预收账款的期初余额为借方余额,建议进行调账处理,把预收账款调入应收账款科目中。
- **应收票据期初数据**:包括还没有进行票据处理的应收票据,不包括已经背书、贴现、转出或已收款的应收票据。
- **期初坏账数据**:指以后有可能收回的坏账。

在主界面窗口,单击【系统设置】→【初始化】→【应收账款管理】,可以查看到需要录入的期初数据,如图 6-22 所示,在录入期初数据时选择相应选项。

图 6-22

1. 期初数据录入

进行期初数据录入时,在初始化数据窗口,双击选择要录入的"明细功能"即可。

【例 6-2】录入表 6-1 中的"初始销售增值税发票数据"。

表 6-1　　　　　　　　　　　　　　　初始销售增值税发票数据　　　　　　　　　　　　　　单位:元

初始类型	日　期	客　户	往来科目	发生额
初始销售增值税发票	2016-12-31	北京宏码科技	1122	28 600.00
初始销售增值税发票	2016-12-31	广州华商数码	1122	8 800.00
初始销售增值税发票	2016-12-31	深圳易通贸易	1122	25 000.00

(1)双击【系统设置】→【初始化】→【应收账款管理】→【初始销售增税发票—新增】,系统进入"初始化_销售增值税发票"录入窗口,如图 6-23 所示。

- **单据日期**：指单据的开票日期，对于初始化汇总的发票可以自由设定；系统可以根据此日期计算账龄分析表（单据日期）、应收计息表。
- **财务日期**：指单据的录入日期，系统默认与单据日期一致，允许修改，但是必须控制大于等于单据日期并且小于账套日期；系统可以据此计算账龄分析表（记账日期）；系统根据财务日期确定单据的会计期间。
- **单据号码**：具有双重含义，它既可是具体某张发票的发票号，也可是用户自行设置的一张汇总单据的单据号。

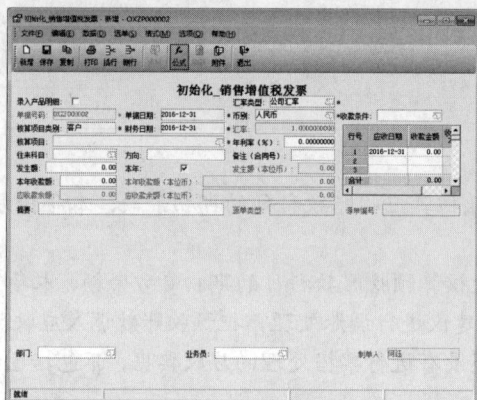

图 6-23

- **核算项目类别**：选择该单据是涉及客户还是供应商的类别。
- **核算项目**：指定该单据属于某个客户或供应商。
- **币别、汇率**：选择该张发票的原币和汇率。
- **往来科目**：不需要将初始化数据传入总账时，此处不用录入，否则必须录入对应的往来会计科目，如"应收款"，必须是最明细科目，如果该科目下有核算项目，则不用录入相应核算项目代码，系统会根据该发票的核算项目名称、部门、职员等自动填充；通过该科目，系统把相应的应收款初始资料传递至总账系统，避免总账系统初始化往来资料的重复录入。
- **方向**：往来科目的方向。
- **发生额**：指单据的发生数，即应收款金额。可以按客户汇总金额输入所有销售发票。例如，该客户有3张销售增值税发票，分别是1 000元、2 000元和3 000元的发票，汇总时则直接录入一张6 000元的发票即可；也可以按单据进行明细录入，按上例则是要分别录入1 000元、2 000元和3 000元3张发票。如果是本年发生额，则选择"本年"项。如果同一个单位的往来款既有去年金额又有今年发生额，则汇总录入时去年与今年的数据应分开录入。一般反映的是"应收账款"科目的借方发生数。
- **本年收款额**：录入当前会计年度的收款金额，以前会计年度收款的金额不包括在内。一般反映的是"应收账款"科目的本年累计贷方发生数。
- **应收款余额**：扣除收款额后的实际应收数，由右侧窗口的明细框汇总得出；一般反映的是"应收账款"科目的期初余额；由于初始化数据的特殊性，允许明细列表框中同时存在正负数金额。
- **源单类型**：系统根据选单类型回填，不允许修改。
- **源单单号**：系统根据选单时选中的单据号回填，不允许修改。
- **部门**：该单据是何部门操作，可在查询账表时按部门进行统计，如查询某个部门的销售收入是多少、已收回多少货款等。
- **业务员**：该单据是由何职员操作，可在查询账表时按业务员进行统计，如查询某个业务员的赊销收入是多少、已收回多少货款等，从而对业务员进行业绩考核。

选择"录入产品明细"项，在发票窗口下部弹出存货录入窗口，在此可以录入本张销售增值税发票所涉及的存货物料。如果按存货来进行往来账款的核销，则此处必须录入存货资料，否则，按商品明细输出往来核对账单时，单据余额可能不正确。

（2）在"核算项目"处获取"北京宏码科技"客户，往来科目录入"应收账款"，发生额录入"28 600"，取消"本年"的选中，在右边应收款余额窗口中的"收款金额"中录入"28 600"，如图 6-24 所示。

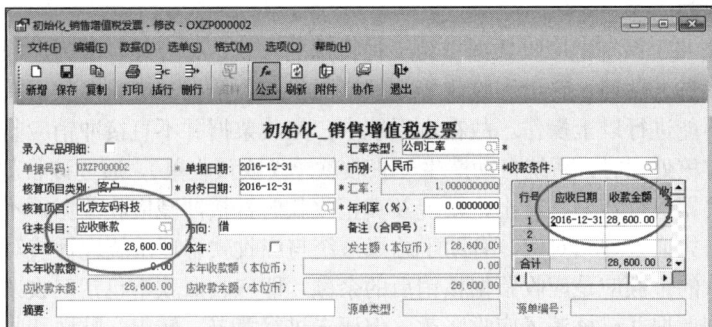

图 6-24

（3）获取部门"销售部"，业务员选择"陈铮"，其他保持默认值，单击"保存"按钮保存当前发票。

表 6-1 中其他客户的期初数据请读者自行录入。

2. 修改/删除

当期初单据录入错误时，需要修改或删除，方法是：双击【系统设置】→【初始化】→【应收账款管理】→【初始应收单据-维护】，系统弹出"过滤"窗口，如图 6-25 所示。

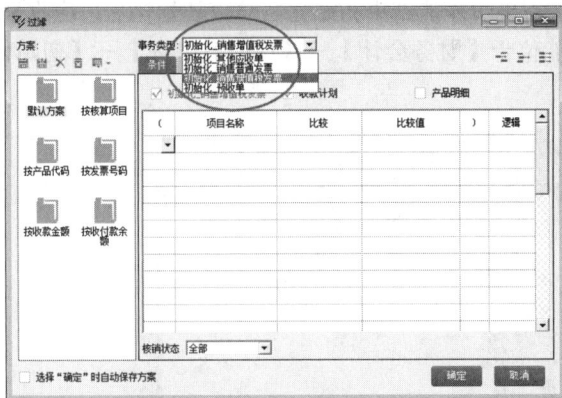

图 6-25

在窗口中选择正确的"事务类型"后，我们可以根据其他要求设置过滤条件，设置完成后，单击"确定"按钮系统进入"初始化"窗口，在初始化窗口可以对期初数据进行修改、删除和查询等操作，方法是选中对应的单据后，单击相应工具按钮即可。

> 在进行初始化数据修改时，一定要在图 6-23 中选择正确的事务类型，否则不能正确查询到所需要的单据。

3. 其他单据

（1）销售普通发票：初始化销售普通发票的录入类似于销售增值税发票，不同之处是销售普通发票中的单价为含税单价，而销售增值税发票中的单价为不含税单价。

（2）应收单：初始化应收单的录入也类似于销售增值税发票，两者的区别之处是应收单的核算项目类别可以选择客户、供应商、部门和职员等多种核算项目类别。

（3）预收单：初始化预收单的内容类似于前面所述几类单据。与前述几类单据的不同之处是发生额是指预收单金额，可以按往来单位汇总输入所有预收款单的汇总数，也可以按单据进行明细录入，一般反映的是"预收账款"科目的贷方发生数。余额反映未核销的预收款余额，一般反映的是"预收账款"科目的期初余额数。本年发票额反映已经收到销售发票的预收金额，一般反映的是"预收账款"科目的借方发生额。

（4）应收票据：金蝶K/3系统把应收票据作为一种特殊的收款进行处理，因为应收票据与应收账款核销后还可能进行背书、贴现、转出和收款等处理，如果应收票据与应收账款直接核销，势必造成单据无法修改，而不能进行以上操作。故在本系统中，应收票据并不直接冲销应收账款，而是在收到应收票据后进行审核处理时，系统自动产生一张收款单（或预收单），通过该收款单（或预收单）与应收账款核销。票据进行背书、转出、贴现及真正收款时直接冲减应收票据，不再冲销应收账款。此种处理方式也与凭证处理相对应，有助于总账系统与应收款管理系统进行核对。

初始化时，应收账款的金额应是应收票据核销后的余额，即应收账款不包括应收票据的金额。应收票据录入的是已收到票据并已核销了应收账款，但还未进行背书、转出、贴现和收款处理的票据。已收到票据但没有核销应收账款的应收票据应在初始化结束后录入。

（5）应收合同：应收合同是录入业务未执行完毕的合同，如货物没有发货完成、相关款项没有结算完成等的合同。

（6）期初坏账：期初坏账是退出了应收款管理系统的往来核算，但为了对期初坏账在以后期间收回的往来账款进行管理，可以在此处录入期初坏账。

4. 结束初始化

应收款期初数据录入完整、正确后才能结束初始化，结束初始化后，应收系统才能进行日常的业务处理工作。结束初始化功能位于【财务会计】→【应收款管理】→【初始化】下，如图6-26所示。

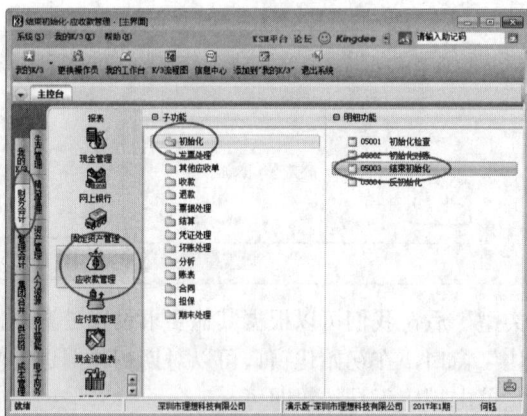

图6-26

初始化工作结束前，可以进行初始化数据检查，方法是双击【应收款管理】→【初始化】→【初始化检查】，系统检查结束后会弹出相应的提示。

为防止应收款下的应收款余额与总账科目下的余额有出入，系统提供了初始化对账功能，双击【应收款管理】→【初始化】→【初始化对账】，进入"初始化对账"界面。

双击【应收款管理】→【初始化】→【结束初始化】，则可以成功启用应收款管理模块。若需要反初始化，返回修改期初数据时，双击"反初始化"选项即可。

应付款系统的初始数据录入与应收款系统基本相同，可以参照前面章节。

6.3 | 日 常 处 理

6.3.1 发票处理

销售发票是往来业务中的重要凭证。系统提供销售普通发票和销售增值税发票的新增、修改、删除、审核和打印等操作。

在"应收款管理"模块新增发票时，只能以"合同"资料作为源单据生成或者手工录入发票。当企业采用以销售出库单或销售订单作为生成发票的源单据时，需要在"销售管理"模块中进行新增、审核，在"应收款管理"模块只能查询，不能修改。

要在"应收款管理"中查询销售管理传递过来的发票，前提是应收款系统初始化结束之后生成的发票才能查询到。

当由单据生成凭证时，应收款下的单据在"应收款管理"下的"凭证处理"中生成；而由"销售管理"生成的发票生成凭证是在"存货核算"模块下生成的。

发票处理

1. 发票新增

【例6-3】以表6-2中的"销售增值税发票"为例，练习销售增值税发票的处理方法。

表6-2 销售增值税发票

日 期	客 户	产品代码	产品名称	数 量	含税单价	价税合计	税 率	部 门	业务员
2017-1-12	广州华商数码	3.01	9寸数码相框	500	76	38000	17	销售部	陈铮

（1）以"何钰"身份登录"深圳市理想科技有限公司"账套。双击【财务会计】→【应收款管理】→【发票处理】→【销售增值税发票-新增】，系统弹出"销售增值税发票-新增"窗口，如图6-27所示。

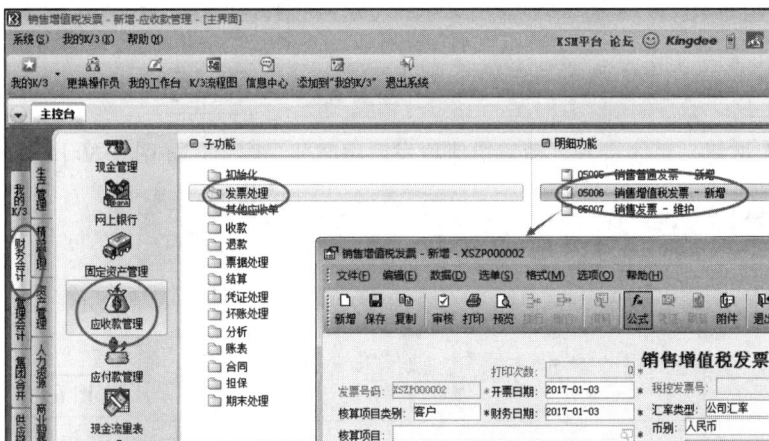

图6-27

（2）开票日期和财务日期修改为"2017-1-12"，核算项目选择"广州华商数码"，往来科目自动带入。此时，录入产品明细。将光标移到产品代码处，此时该单元格激活，单击" "（获取）"按钮，系统弹出物料列表，选择"3.01"代码，此时产品名称和规格型号自动带入，数量录入"500"，含税单价录入"76"，如图6-28所示。

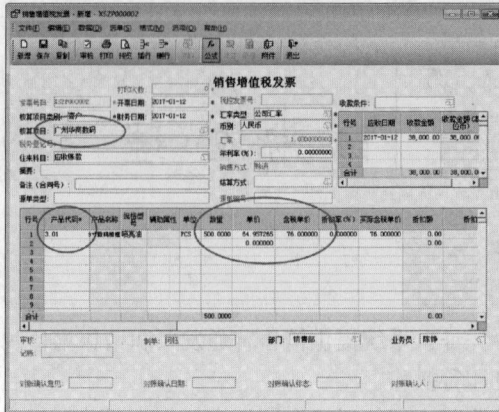

图 6-28

（3）部门选择"销售部"，业务员选择"陈铮"，其他保持默认值，单击"保存"按钮保存当前单据。

2. 发票维护

发票维护是指通过查询条件进入"发票序时簿"窗口后，可以进行查询、新增、修改、删除和审核发票等操作。

（1）双击【财务会计】→【应收款管理】→【发票处理】→【销售发票-维护】，系统弹出"过滤"窗口，事务类型选择"销售增值税发票"，其他保持默认值，如图 6-29 所示。在"过滤"窗口可以设置事务类型。在"过滤条件"窗口可以设置条件，如发票日期大于或小于某一个期间值，以及发票所处状态，如核销状态、记账状态和审核状态等条件。

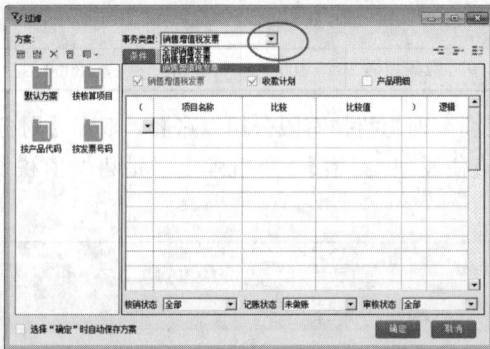

图 6-29

（2）单击"确定"按钮，系统进入"销售增值税发票序时簿"窗口，如图 6-30 所示。

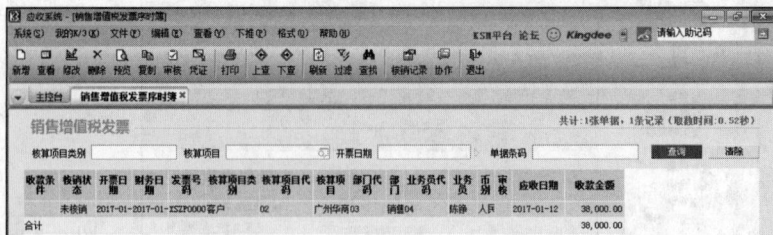

图 6-30

销售增值税"发票序时簿"窗口常用功能介绍。

- **新增**：单击"新增"按钮，系统弹出空白发票窗口，以供数据录入。
- **查看**：鼠标双击，弹出该发票信息窗口，以供阅览；注意，查看状态下不能修改发票内容。
- **修改**：单击"修改"按钮，弹出该发票窗口，可以对未审核的发票进行修改，如数量、单价等项目。

- **删除**：选中未审核的发票，可以将其从系统中删除。
- **审核**：对选中的发票进行审核。如果系统参数选中"审核人与制单人不能为同一人"时，则必须更换操作员来互相审核。取消审核位于【编辑】菜单下。
- **上查、下查**：向上查，是审核该张发票由什么数据源单据生成的；向下查是查询当前单据被何种单据引用生成的。
- **过滤**：单击该按钮，系统弹出过滤条件窗口，重新设置条件后查询发票信息。
- **核销记录**：查询选中发票的核销记录情况，实时掌控往来核销情况。

以"严秀兰"身份登录账套，审核该张发票，以供后项章节练习使用。

其他应收单是指处理非发票形式的应收单据，操作方法与销售发票处理类似，该功能位于【财务会计】→【应收款管理】→【其他应收单】窗口下。

6.3.2 收款单

收款单

收款单用于往来账款业务中收到或预收到客户款项时，关联销售发票和合同，为往来核算提供核销依据。

1. 新增收款单

【例 6-4】以表 6-3 中的收款单为数据，练习收款单处理方法。

表 6-3   收款单   单位：元

日 期	客 户	源单类型	源单代码	结算实收金额	部 门	业务员
2017-1-18	广州华商数码	销售发票	XSZP000002	11 200	销售部	陈铮
2017-1-18	广州华商数码	销售发票	OXZP000003	8 800	销售部	陈铮

表 6-3 中的两笔收款数据，OXZP000003 为期初发票，金额为 8 800 元；XSZP000002 为 2017-1-12 产生的销售发票，原应收款为 38 000 元，实际只收到部分款项为 11 200 元。

（1）以"何钰"的身份登录素材账套。双击【财务会计】→【应收款管理】→【收款单】→【收款单-新增】，系统弹出"收款单-新增"窗口，如图 6-31 所示。

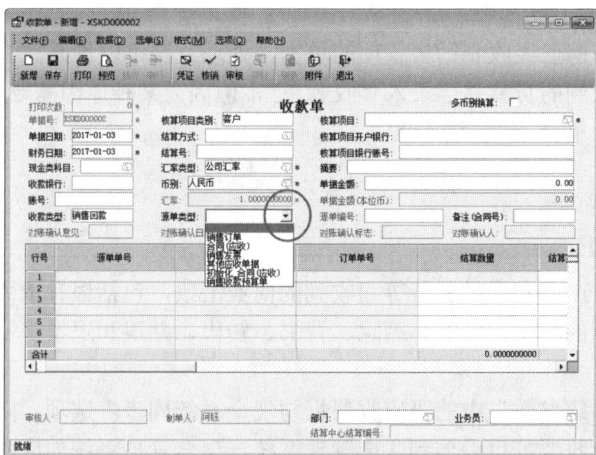

图 6-31

如果收到的款是"预收款"，则双击"预收款-新增"选项。

（2）在图 6-29 核算项目中选择"02—广州华商数码"，源单类型选择"销售发票"，将光标移至"源单编号"处，按 F7 功能键获取单据信息，系统会将以"02"客户过滤出满足条件的发票信息，如图 6-32 所示。

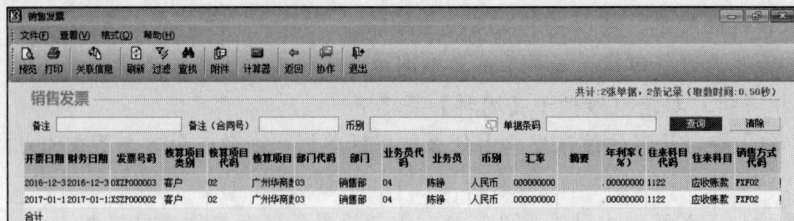

图 6-32

（3）使用 Ctrl 功能键，同时选中 OXZP000003 和 XSZP000002 发票后，单击"返回"按钮，此时系统将所引用的源单显示在收款明细表中，发票号 XSZP000002 的结算实收金额修改为"11 200"，表头结算方式选择"支票"，结算号录入"123456"，"现金类科目"选择"1002.01-工行 567 本币"，其他项目保持默认值，单击"保存"按钮保存当前单据，如图 6-33 所示。

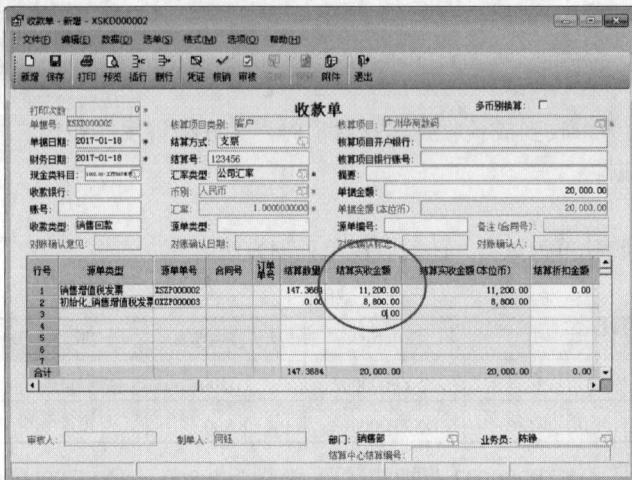

图 6-33

当结算时有"折扣金额"，则在"结算折扣金额"处录入对应的折扣额数据。

2. 查询/修改/删除/复制/审核/打印

收款单的查询、修改、删除、复制、审核和打印操作方法与前面单据的操作方法类似。以"严秀兰"的身份审核所有单据。

预收单是处理未开发票，但已经收到销售款项的单据，处理方法可以参照"收款单"。

退款单是用于处理已经收到的货款并已录入"收款单"，但因为某种原因需要退还货款的单据。退款单的操作方法基本同收款单。

6.3.3 票据处理

票据是公司因销售商品、产品和提供劳务等而收到的商业汇票，包括银行承兑汇票和商业承兑汇票。票据处理包括应收票据的新增、修改、删除、背书、转出、贴现和退票等操作，还可以生成收款单。

如果勾选应收款管理"系统参数"中的"应收票据与现金系统同步"选项，则系统初始化结束后，应收款管理系统录入的应收票据可以传到现金管理系统，现金管理系统的应收票据也可以传到应收款管理系统。当应收款管理系统对应收票据进行转出、贴现、收款或背书操作时，现金管理系统也同时进行相应的操作，以保证两系统票据管理的同步。

1. 新增

双击【财务会计】→【应收款管理】→【票据处理】→【应收票据-新增】，系统弹出"应收票据-新增"窗口,在"票据类型"的下拉框中选择"银行承兑汇票"如图 6-34 所示。

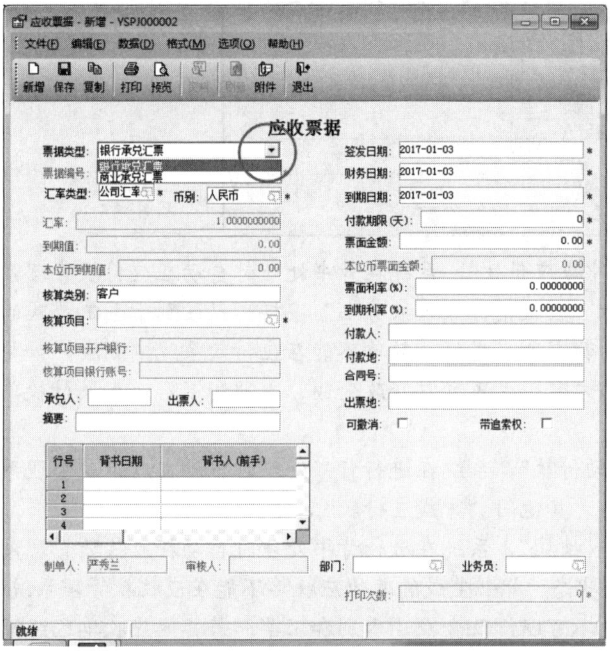

图 6-34

- **票据类型**:选择票据的类型。票据类型在类型维护中进行设置。
- **票据编号**:指应收票据的号码。应收票据与现金系统同步时,系统根据该号码与现金管理系统的票据进行对应;初始化时,应收款系统的票据与现金管理系统的票据分别录入,初始化结束后,可以互相传递,同步更新。
- **到期值**:票据到期时的面值,"到期值 = 票面金额+票面金额×票面利率÷360×付款期限(天)"。系统根据公式自动计算。
- **承兑人**:一般针对银行承兑汇票;可手工录入承兑银行名称,或按 F7 功能键获取。
- **出票人**:录入出票人的名称,可手工录入或按 F7 功能键获取。若出票人为无关第三方,可以手工录入,同时在前手栏录入客户信息资料,如果有多个前手信息,则无关前手,可以手工录入,系统默认最后一个前手必须为客户。
- **合同号**:若不按合同进行往来款的管理,此处可以为空。如果录入了合同号,则审核生成的收款单或预收单可以携带合同号,据此可以进行合同收款的跟踪。
- **背书人(前手)**:是应收票据背书记录中的前手。如果有多个前手信息,则无关前手,可以手工录入,系统默认最后一个前手必须为客户。

2. 背书

收到应收票据后,如果到期可以收取现金或银行存款,此时要进行收款处理。若应收票据没有到期,由于急需资金,可以对票据进行背书处理。

在"应收票据"维护窗口,选中要背书的票据,单击工具栏上的"背书"按钮,系统弹出"应收票据背书"窗口,如图 6-35 所示。

- **背书日期**:应收票据背书处理的日期。背书处理时系统会自动产生相应的单据(付款单、应收单、预付单),自动产生的单据日期和财务日期均自动取背书日期。
- **背书金额**:默认取应收票据的票面金额,不允许修改;背书时产生单据的实付金额(或金额)和单据金额自动取背书金额。
- **对应科目**:指生成凭证时对应的会计科目,票据背书生成凭证时可以自动获取该科目。

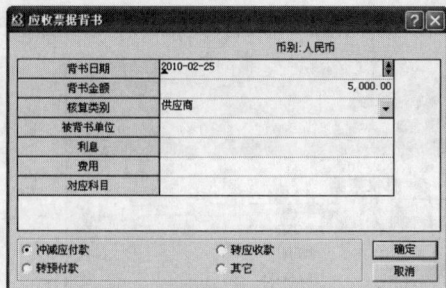

图 6-35

● **冲减应付款**：选择"冲减应付款"，系统在背书处理时自动在应付款管理系统中产生一张付款单，该付款单的摘要中显示"应收票据×××背书"字样，以区别于手工录入的付款单，并且付款单处于未审核未核销状态；背书所生成的付款单不能在应付款系统中删除，如要删除，则在应收款管理系统取消应收票据背书方可，也不可以修改金额、币别和汇率；如果付款单已经审核，则该应收票据不能取消背书。

● **转预付款**：选择"转预付款"，系统在进行背书处理时自动在应付款管理系统中产生一张预付单，处于未审核未核销状态；其他同"冲减应付款"。

● **转应收款**：选择"转应收款"，系统在进行背书处理时自动在应收款管理系统中产生一张其他应收单，处于未审核未核销状态；背书生成的其他应收单不能在应收款管理系统删除，如要删除，则取消应收票据背书方可，也不可以修改金额、币别和汇率。若其他应收单已经审核，则该应收票据不能取消背书。

● **其他**：选择"其他"，即直接增加原材料或材料采购等，不涉及冲销应收应付账款，生成背书凭证冲销应收票据即可，并且不在应收应付系统增加任何单据。

应收票据只有"审核"后才能进行"背书"处理，应收票据背书成功后，会在查询窗口的"状态"栏中显示"背书"。

3. 转出

应收票据未到期，暂不能收到钱款，可以作转出处理，即重新增加应收账款。

在"应收票据"查询窗口，选中要转出的票据，单击工具栏上【转出】按钮，系统弹出"应收票据转出"窗口，如图 6-36 所示。

应收票据只有审核后才能做转出处理。应收票据转出成功后，状态显示为"转出"。应收票据作转出处理时，应收票据减少，同时系统自动在应收单中产生一张其他应收单。应收票据转出生成的其他应收单不能在应收单序时簿中删除，如要删除，只有取消应收票据转出方可。其他应收单对应的凭证字号自动获取应收票据转出凭证的凭证字号。若其他应收单已经审核，则不能取消应收票据转出。如果其他应收单未审核，则应收票据转出不能生成凭证。

4. 贴现

收到应收票据后，若应收票据没有到期且急需资金，可以对票据进行贴现处理。

在"应收票据"查询窗口，选中要贴现的票据，单击工具栏上的"贴现"按钮，系统弹出"应收票据贴现"窗口，如图 6-37 所示。

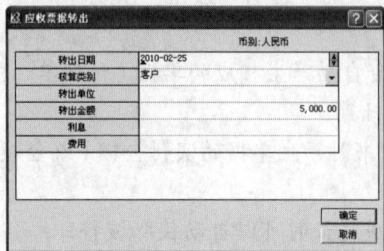

图 6-36

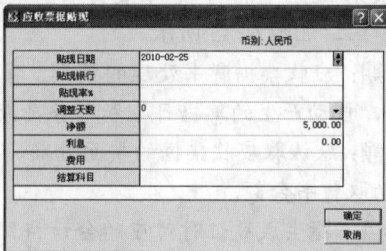

图 6-37

只有审核后的票据才能贴现。应收票据贴现处理后不在应收款管理系统产生任何单据，并且应收票据的状态变为"贴现"。取消贴现的方法是在"应收票据"查询窗口单击菜单【编辑】→【取消处理】按钮。

应收票据与现金管理系统同步时，在应收管理系统进行了贴现的应收票据，传到现金管理系统时会回填相关的贴现信息。

5. 收款

应收票据到期后可以收取现金或银行存款，此时要进行收款处理。

在"应收票据"查询窗口，选中"票据"，单击工具栏上的"收款"按钮，系统弹出"应收票据到期收款"窗口，如图 6-38 所示（必填项包括结算日期、金额和结算科目）。

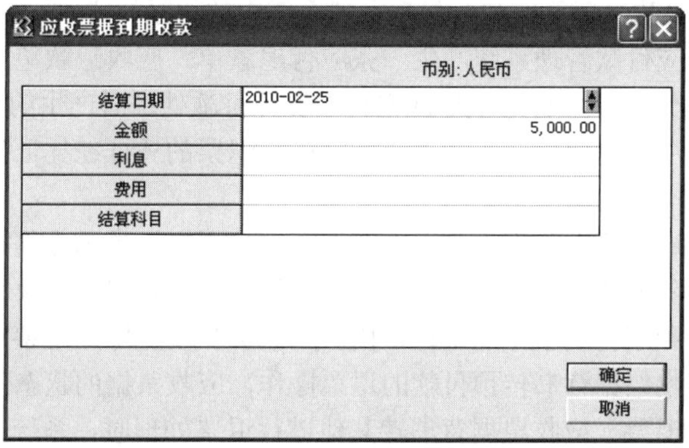

		币别:人民币
结算日期	2010-02-25	
金额		5,000.00
利息		
费用		
结算科目		

确定
取消

图 6-38

应收票据只有审核后才能作收款处理。应收票据收款凭证只能在凭证处理模块中生成。应收票据进行收款处理后，不在应收款管理系统产生任何单据，只是状态变为"收款"。应收票据收款处理后，也不应再进行收款单的录入。取消票据的收款处理，是在"应收票据"查询窗口中单击菜单【编辑】→【取消处理】选项。

6. 退票

应收票据收到后，作贴现处理或到期提款时，因票据填写错误或印章不清晰等原因，有可能要作退票处理。

在"应收票据"查询窗口，选中要退票的票据，单击工具栏"退票"按钮，可以对应收票据进行退票操作。

系统提供应收票据退票的情况有应收票据审核后退票、应收票据背书冲减应付款退票、应收票据背书转预付款退票、应收票据背书转其他退票、期初应收票据退票、期初应收票据背书冲减应付款退票、期初应收票据背书转预付款退票和期初应收票据背书转其他退票等情况。

（1）应收票据审核后退票。对已审核的应收票据进行退票处理时，首先必须反核销原已核销的相关记录，如收款单、预收单等，退票成功后，在应收款管理系统自动产生一张应收退款单，与原票据审核时自动产生的收款单（或预收单）自动核销。应收退款单摘要中注明"票据×××退票"的字样。退票的凭证在凭证处理模块的应收票据退票中进行处理。

退票后的应收票据在"应收票据"查询窗口的状态栏中显示"作废"字样。

如果取消退票，要手工删除相关凭证，并在核销日志中反核销收款单（或预收单）与应收退款单的记录，同时系统会自动删除原退票产生的应收退款单，并且该应收票据取消退票且状态变为"审核"。

（2）应收票据背书冲减应付款退票。应收票据背书冲减应付款后进行退票处理时，首先必须反核销原已核销的相关记录（包括应收款管理系统与应付款管理系统中的记录），退票成功后在应收款管理系统产生一张应收退款单，在应付款管理系统产生一张应付退款单，应收退款单冲销原应收票据审核时自动产生的收款单（或预收单），应付退款单冲销背书冲减应付款处理时产生的付款单。应收退款单和应付退款单的摘要中均要注明"票据×××退票"字样。退票的凭证在凭证处理模块的应收票据退票中进行处理。

背书冲减应付款退票后的应收票据，在"应收票据"查询窗口状态栏中显示为"背书、作废"。

如果要取消退票，应手工删除相关凭证，并在应收款管理系统的核销日志中反核销收款单（或预收单）与应收退款单、付款单和应付退款单的记录，同时系统会自动删除原退票产生的应收退款单和应付退款单，并且取消该应收票据背书冲减应付款的退票操作，应收票据的状态变为"背书"。

（3）应收票据背书转预付款退票。应收票据背书转预付款后进行退票处理时，首先必须反核销原已核销的相关记录（包括应收款管理系统与应付款管理系统中的记录），退票成功后在应收款管理系统产生一张应收退款单，在应付款管理系统产生一张应付退款单，应收退款单冲销原应收票据审核时自动产生的收款单（或预收单），应付退款单冲销背书转预付款处理时产生的预付单。应收退款单和应付退款单的摘要中均要注明"票据×××退票"字样。退票的凭证在凭证处理模块的应收票据退票中进行处理。

背书转预付款的应收票据退票后在"应收票据"查询窗口状态栏中显示为"背书、作废"。

如果取消退票，应手工删除相关凭证，并在应收款管理系统的核销日志中反核销收款单（或预收单）与应收退款单、预付单和应付退款单的记录，同时系统会自动删除原退票产生的应收退款单和应付退款单，并且取消该应收票据背书转预付款的退票操作，应收票据的状态变为"背书"。

（4）应收票据背书转其他退票。应收票据背书转其他进行退票处理时，系统直接在应收票据序时簿的状态栏中显示"背书、作废"，并且不在应收应付款系统中增加任何单据。

（5）期初应收票据退票。期初应收票据进行退票处理时，系统在应收款管理系统中自动产生一张其他应收单，摘要中注明"期初票据×××退票"，并且该应收单处于未审核未核销状态，由用户自行核销。期初应收票据退票的凭证只能在【凭证处理】→【凭证-生成】中的应收票据退票中进行处理。

（6）期初应收票据背书冲减应付款退票。期初应收票据背书冲减应付款后进行退票处理时，首先必须反核销原已核销的相关记录（应付款管理系统中的记录），退票成功后在应付款管理系统产生一张应付退款单，并与期初应收票据背书冲减应付款生成的付款单自动核销，该应付退款单摘要中注明"期初票据×××退票"字样；同时在应收款管理系统产生一张其他应收单，并且该其他应收单处于未审核未核销状态，由用户自行核销，该应收单的摘要中注明"期初票据×××退票"字样。期初应收票据背书冲减应付款退票的凭证只能在【凭证处理】→【凭证-生成】中的应收票据退票中进行处理。

（7）期初应收票据背书转预付款退票。期初应收票据背书转预付款后进行退票处理时，首先必须反核销原已核销的相关记录，退票成功后在应付款管理系统产生一张应付退款单，并与期初应收票据背书转预付款生成的预付单自动核销，该应付退款单摘要中注明"期初票据×××退票"字样；同时在应收款管理系统产生一张其他应收单，并且该其他应收单处于未审核未核销状态，由用户自行核销，该其他应收单的摘要中注明"期初票据×××退票"字样。期初应收票据背书转预付款退票的凭证只能在【凭证处理】→【凭证-生成】中的应收票据退票中进行处理。

（8）期初应收票据背书转其他退票。期初应收票据背书转其他进行退票处理时，系统自动产生一张其他应收单，摘要中注明"期初票据×××退票"，并且该其他应收单是未审核未核销状态，由用户自行核销。期初应收票据转其他退票的凭证只能在【凭证处理】→【凭证-生成】中的应收票据退票中进行处理。

> 退票后，不能查看原背书记录。取消退票只能针对当前期间已经退票的票据。

注意

6.3.4 结算

结算管理主要是指应收发票、其他应收单与收款单、退款单的核销处理。系统提供了 7 种核销类型和 3 种核销方式。下面我们将详细介绍各种核销类型、核销方式以及"到款结算"这种核销类型的具体操作。

结算

1. 核销类型

（1）到款结算：到款结算包括收款单、退款单与销售发票、其他应收单核销，或收款单与退款单互冲，红字销售发票、其他应收单与蓝字销售发票、其他应收单互冲，不包括预收单。

（2）预收款冲应收款：预收款与销售发票、其他应收单核销，或预收单与退款单互冲。预收款冲应收款与到款结算的区别之处在于：预收冲应收款要根据相应的核销记录生成预收冲应收凭证，而到款结算则不用。

（3）应收款冲应付款：销售发票、其他应收单与采购发票、其他应付单的核销处理。

（4）应收款转销：属于单边核销，即从一个客户转为另一个客户，实际应收款的总额并不减少。

（5）预收款转销：属于单边核销，即从一个客户转为另一个客户，实际预收款的总额并不减少。

（6）预收款冲预付款：预收单与预付单进行核销。

（7）收款冲付款：收款单与付款单进行核销。

2. 核销方式

（1）单据：用户选择单据进行核销时，系统内部仍然按行依次核销。

（2）存货数量：用户可以对发票上的存货数量行进行选择并核销。

（3）关联关系：对存在结算关联关系的单据进行核销，包括收款单关联应收单、退款单关联负数应收单、退款单关联收款单和退款单关联预收单。

3. 到款结算

（1）在主界面窗口双击【财务会计】→【应收款管理】→【结算】→【应收款核销-到款结算】，系统弹出"单据核销"窗口，选择"核销类型"为"到款结算"并设置过滤条件，单击"确定"按钮，如图 6-39 所示。

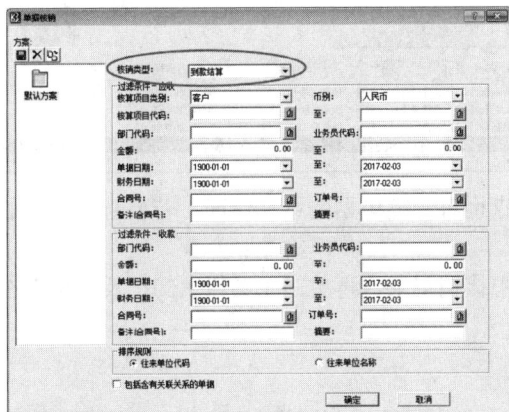

图 6-39

（2）系统进入"应收款管理系统-[核销（应收）]"窗口，如图 6-40 所示。

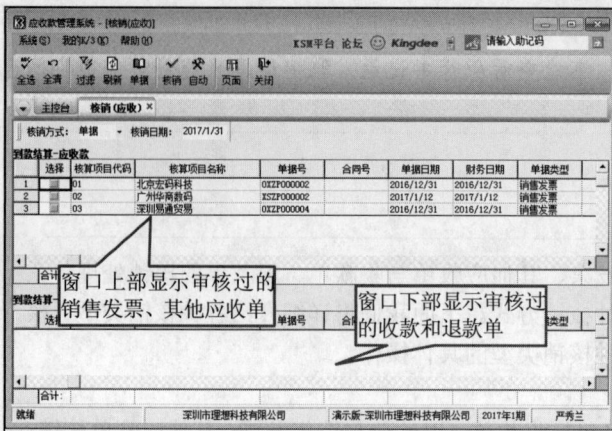

图 6-40

（3）选择核销方式后，可以单击"自动"按钮，此时系统会根据选项设置自动进行核销处理；"核销"则是只对选中的单据进行核销处理。

在此单击"自动"按钮，稍后窗口中被选中的记录被隐藏，表示核销成功。

预收款冲应收款、应收款冲应付款、应收款转销、预收款转销、预收款冲预付款、收款冲付款可以参照"到款核销"一节。

> 若系统参数中选择"审核后自动核销"，则单据在审核时就自动与存在关联的单据进行核销处理，核销日志可以在"核销日志—查看"中查询。如前面【例6-4】中，当收款单审核时，由于是关联发票生成的收款单，系统已经自动进行核销处理。

核销日志用于查看当前系统中的单据核销情况，如×××应收单与×××收款单进行核销时，核销了多少金额等。当已核销的单据需要修改时，可以在"核销日志"中反核销单据，之后再进行修改。

（1）在主界面窗口，双击【财务会计】→【应收款管理】→【结算】→【核销日志-维护】，系统弹出"过滤条件"窗口，设置查询条件后单击"确定"按钮进入"应收款管理系统-[核销日志（应收）]"窗口，如图 6-41 所示。

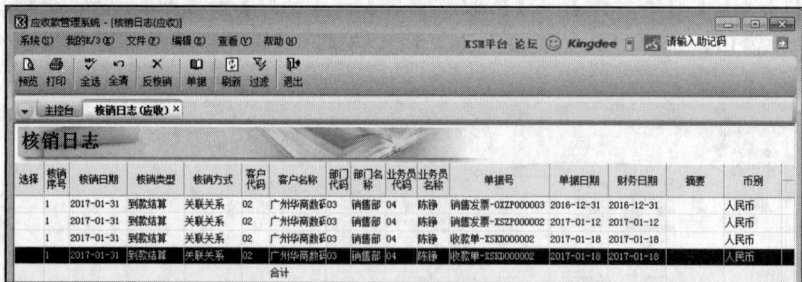

图 6-41

（2）通过核销日志能有效地查询每一笔单据的结算情况。若要查看记录的单据情况，选中记录后，单击"单据"按钮即可。

（3）反核销的方法是双击选中核销记录，再单击工具栏上的"反核销"按钮。

6.3.5 凭证处理

凭证处理是指将应收款系统中的各种单据生成凭证并转到总账系统，总账经过过账、汇总后得出相关的财务报表，这样可省去在总账系统中手工录入凭证的工作量。若应收款系统单独使用，则可不作凭证处理。

（1）在主界面窗口，双击【财务会计】→【应收款管理】→【凭证处理】→【凭证-生成】，系统进入"凭证处理"界面，如图 6-42 所示。

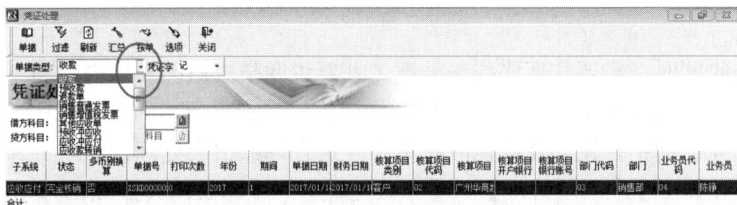

凭证处理

图 6-42

（2）在"单据类型"处选择将要生成凭证的单据类型，如选择"销售增值税发票"，进入"过滤"窗口，保持默认值，单击"确定"按钮，系统将满足条件的单据显示出来，如图 6-43 所示。

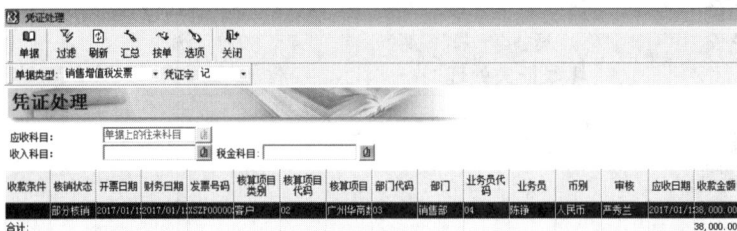

图 6-43

（3）单击"按单"按钮则系统按照当前单据内容生成一张凭证，单击"汇总"按钮则系统会将所有选中的单据汇总成一张凭证。单击"选项"按钮，系统弹出生成凭证选项设置窗口，如图 6-44 所示。

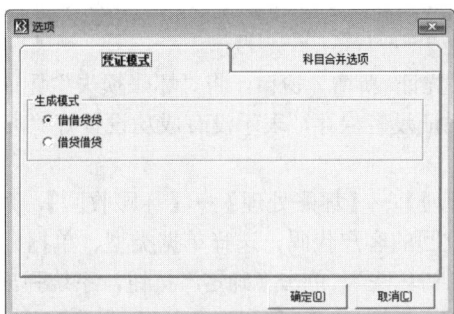

图 6-44

当选中单据，单击"按单"或"汇总"后，系统会自动生成凭证，如有错误，系统会显示相应的信息，操作员根据信息进入调整后，再生成凭证即可。

（4）要查询、修改和删除凭证，双击【财务会计】→【应收款管理】→【凭证处理】→【凭证-维护】，系统弹出过滤窗口，设置条件后，单击"确定"按钮，系统会将满足条件的凭证显示出来，如图 6-45 所示。

图 6-45

6.3.6 坏账处理

坏账处理包括坏账损失、坏账收回、计提坏账准备、生成坏账的相关凭证以及生成坏账备查簿、坏账计提明细表等。下面我们详细介绍坏账损失、坏账收回、计提坏账准备几个环节。

1. 坏账损失

由于某种原因导致应收款无法收回时，需要作坏账损失处理，并要说明损失原因和损失金额。

坏账损失处理的单据只能是初始化的销售发票、其他应收单，初始化结束后新增的已生成凭证的销售发票、其他应收单、未生成凭证的销售发票及其他应收单不能进行坏账损失处理。

在主界面窗口，双击【财务会计】→【应收款管理】→【坏账处理】→【坏账损失】，系统弹出"过滤条件"窗口，在条件窗口中录入"核算项目的代码"，并选择要处理的"单据类型"，单击"确定"按钮，系统进入"坏账损失处理"窗口，在"坏账"项目下的方框上打勾表示选中，选择"坏账原因"，设置"坏账日期"2017-01-31 和"本次坏账金额"，如图 6-46 所示。

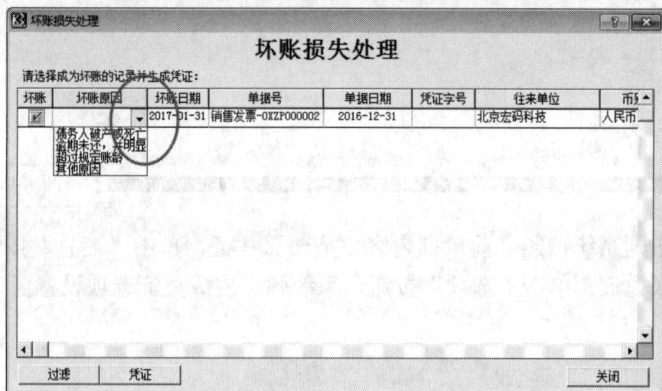

图 6-46

单击"凭证"按钮，系统弹出"凭证-新增"窗口，将"坏账损失"凭证修改正确并保存后，坏账损失的处理才算结束。若生成的凭证没有保存，表示没有成功设置好"坏账损失"。

2. 坏账收回

双击【财务会计】→【应收款管理】→【坏账处理】→【坏账收回】，系统弹出"过滤条件"窗口，在条件窗口中设置要进行坏账收回的客户代码，选择单据类型、单据号和凭证字等。如果收回的是期初坏账，则选中右下角的"期初坏账"，单击"确定"按钮，系统弹出"坏账收回"窗口，在"收回"项上打勾，修改"收回金额"，如图 6-47 所示。

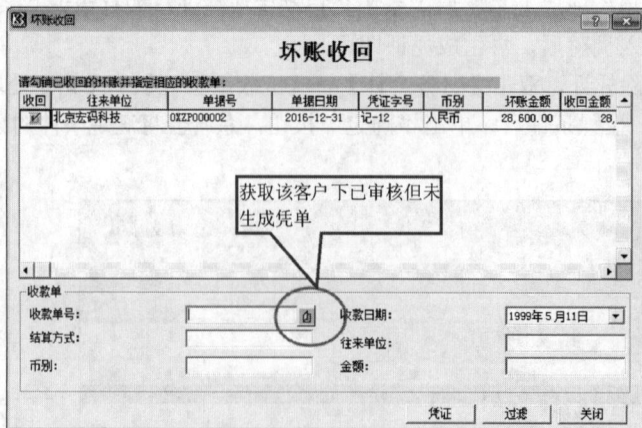

图 6-47

进行坏账收回时，一定要有该客户的收款单，只有已审核但未生成凭证的收款单才可以参与坏账收回处理。

获取对应的收款单，一次只能选择一张收款单进行坏账收回处理。坏账收回金额与收款单的金额必须相等。单击"凭证"按钮，系统将生成一张有关坏账收回的凭证。

3. 计提坏账准备

坏账准备可以一年计提一次，也可以随时计提。坏账准备的计提方法可以随时更改。系统根据"应收款管理系统参数"设置的方法计提坏账准备，并产生相应的凭证。

6.4 账表查询分析

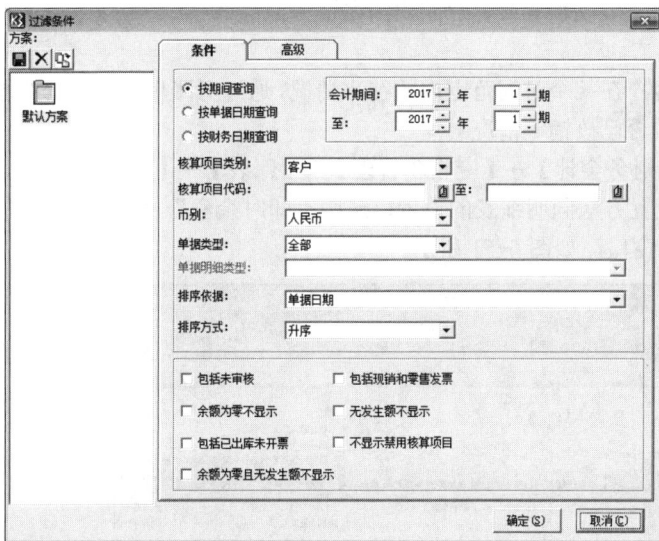

应收款管理系统提供各种明细表、汇总表和分析报表。应收款的报表查询方法可以参照前面章节的报表查询，查询的重点是选择正确的"报表"，设置正确的"过滤"条件，才可查询到自己所需要的报表。

账表查询分析

1. 应收款明细表

应收款明细表用于查询系统中应收账款的明细情况，可以按期间或日期查询，也可以通过应收款明细表查询往来账款的日报表。

（1）在主界面窗口，双击【财务会计】→【应收款管理】→【账表】→【应收款明细表】，系统弹出"过滤条件"窗口，在窗口中可以选择"按期间查询""按单据日期查询"或"按财务日期查询"，并设置期间或日期范围，设定查询的"核算项目代码"范围、单据类型等条件，如图 6-48 所示。

图 6-48

（2）单击"高级"按钮，可设定"地区"范围和"行业"范围。查询条件设置完成后，单击"确定"按钮进入"应收款管理系统-[应收款明细表]"窗口，如图 6-49 所示。

单击"最前""向前""向后""最后"按钮查询不同客户的明细账，选中记录单击"单据"按钮弹出该记录的单据查看窗口，单击"过滤"按钮可重新设定查询条件。

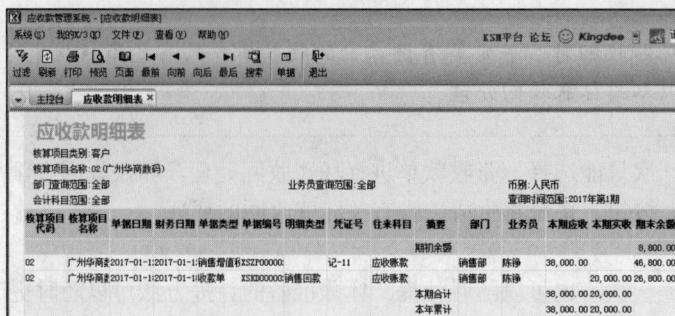

图 6-49

2. 应收款汇总表

应收款汇总表用于查询客户在当前会计期间应收款的汇总情况。

在主界面窗口，选择【财务会计】→【应收款管理】→【账表】→【应收款汇总表】，双击该功能，系统弹出"查询条件"窗口，设置方法同明细表设置方法，单击"确定"按钮进入"应收款管理系统-[应收款汇总表]"窗口，如图6-50所示。

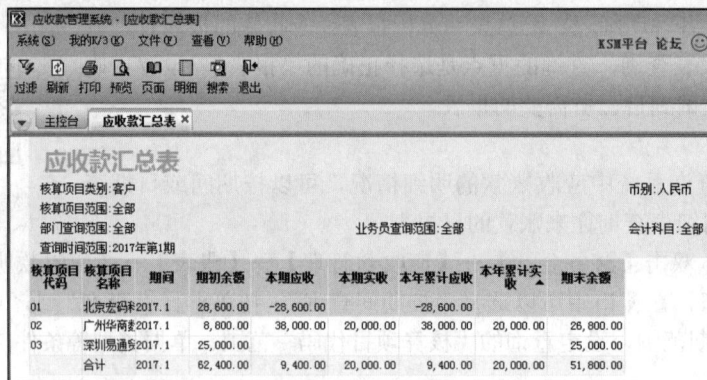

图 6-50

单击工具栏上的"明细"可以查看该客户的明细账情况。

3. 往来对账单

往来对账单用于查询客户在某个时间范围内的往来情况，通过对账单能了解哪张单据是欠款单、哪张单据是收款单、单据是否已核销等情况。

在主界面窗口，选择【财务会计】→【应收款管理】→【账表】→【往来对账单】，双击该选项，系统弹出"过滤"窗口，设置方法同明细表的设置，选中"即时余额"，单击"确定"按钮进入"应收款管理系统-[往来对账]"窗口，如图6-51所示。

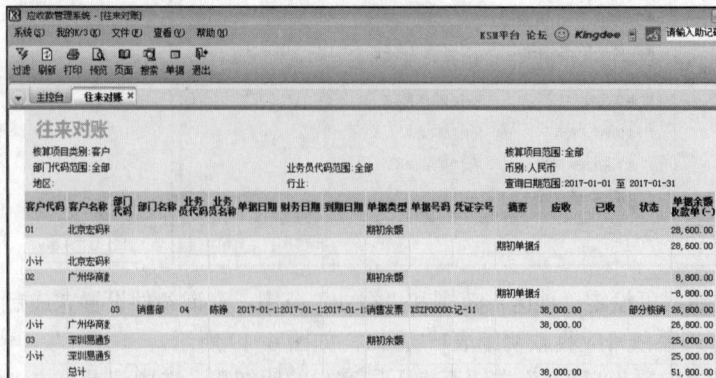

图 6-51

其他账表的查询方法都可以参照前面报表的查询方法，请读者自行练习。

4. 账龄分析表

账龄分析表主要用来对未核销的往来账款进行分析。

在主界面窗口，选择【财务会计】→【应收款管理】→【分析】→【账龄分析】，双击该选项，系统弹出"过滤条件"窗口，如图 6-52 所示。

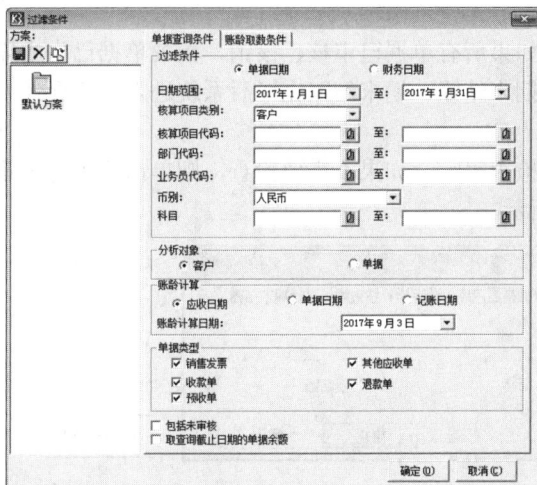

图 6-52

在窗口中可以设置日期、方向和账龄分组，设定账龄分组的方法是直接在"账龄取数条件"下录入要分组的"数值"，如图 6-53 所示。

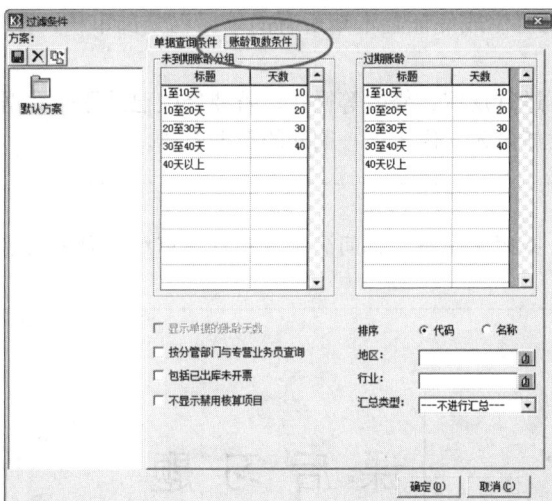

图 6-53

条件设置完成，单击"确定"按钮进入"应收款管理系统-[账龄分析]"窗口，如图 6-54 所示。

图 6-54

6.5

期 末 处 理

当本期所有操作完成之后，如果所有单据已审核、核销，相关单据已生成凭证，同时与总账等系统已核对完毕，系统可以进行期末结账，期末结账完毕后系统进入下一会计期间。期末处理同时提供反结账功能。

期末处理前，系统提供对账检查提示，如果不需要检查，则单击"否"按钮后，系统进入"期末处理"向导窗口，如图 6-55 所示。

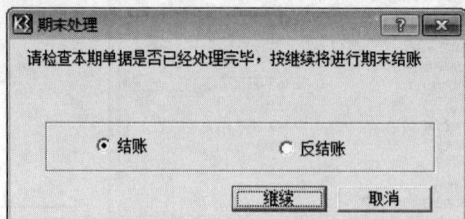

图 6-55

选择"结账"或"反结账"，单击"继续"按钮，若本期所有单据处理正确，稍后系统将弹出"期末结账完毕"提示对话框。

若系统参数选中"期末处理前凭证处理应该完成"和"期末处理前单据必须全部审核"选项，结账前必须保证本期所有的单据已生成凭证且本期所有的单据已全部审核，否则弹出"不予结账"的提示。

对已结账期间的单据不能再进行反审、修改等操作，若要修改已结账的数据，可以反结账，然后系统回到上一会计期间，再重新录入、修改上一期间的数据资料。

> **注意**
>
> 反结账前，必须保证当前期间的单据已取消审核、取消核销且取消坏账处理。

6.6

课 后 习 题

(1) 请画出应收款系统与其他供应链系统的数据流向图。

(2) 发票税率来源有几种方式？

(3) 在"系统参数"设置中的"科目设置"中的各科目必须是什么属性方能选择设置？

(4) 应收款管理系统提供哪 3 种生成凭证的方式？

(5) 结算处理提供哪些核销类型和核销方式？

(6) 核销时如果表中没有收款类单据可能是什么原因？

(7) 应收款系统生成的凭证在什么模块下过账？

(8) 应收单据生成凭证时如何查询不同类型单据？

实验五

应收、应付数据处理

【实验目的】

（1）掌握应收、应付系统参数的设置。

（2）掌握发票、收款和付款的处理。

（3）掌握业务单据生成凭证。

【实验内容】

（1）应收、应付系统参数设置，并启用模块。

（2）应收发票、应付发票处理。

（3）收款单、付款单处理。

（4）报表查询。

【实验资料】

（1）"应收账款"初始数据，如表 6-4 所示。

表 6-4　　　　　　　　　　　　　　应收账款初始数据　　　　　　　　　　　　单位：元

初始类型	日　期	客　户	往来科目	发生额
初始销售增税发票	2016-12-31	上海常星礼品公司	1122	12 000.00
初始销售增税发票	2016-12-31	广州鸿运文具店	1122	3 600.00
初始销售增税发票	2016-12-31	深圳长友网络公司	1122	6 500.00

（2）"应付账款"期初数据，如表 6-5 所示。

表 6-5　　　　　　　　　　　　　　应付账款期初数据　　　　　　　　　　　　单位：元

初始类型	日　期	供应商	往来科目	发生额
初始采购增值税票	2016-12-31	广州浩友塑胶制品厂	2202	8 300.00
初始采购增值税票	2016-12-31	广州书名文具厂	2202	2 600.00

（3）上海常星礼品公司的运输费，如表 6-6 所示。

表 6-6　　　　　　　　　　　　　　上海常星礼品公司运输费　　　　　　　　　　单位：元

单据类型	日　期	客　户	摘　要	金　额
其他应收单	2017-1-10	上海常星礼品公司	2016 年 12 月运输费	1 000.00

（4）2017-1-16 收到上海常星礼品公司货款 10 000 元。

（5）广州浩友塑胶制品厂的运输费，如表 6-7 所示。

表 6-7　　　　　　　　　　　　　　广州浩友塑胶制品厂运输费　　　　　　　　　单位：元

单据类型	日　期	客　户	摘　要	金　额
其他应付单	2017-1-13	广州浩友塑胶制品厂	2016 年 12 月运输费	660.00

（6）2017-1-20 付广州书名文具厂货款 2 600 元。

【实验步骤】

（1）以"李丽"登录"100 字纵科技有限公司"账套，先修改科目属性。修改"1122—应收账款""1123—预付账款""2202—应付账款"和"2203—预收账款"的科目属性"科目受控系统"为"应收应付"，以备后面使用。

（2）设置应收款系统参数。启用会计年份会计期间设置为2017年1月，在"坏账计提方法"窗口，计提方法设置为"直接转销法"，费用科目代码选择"6602.07—坏账损失"科目，在科目设置窗口获取相应的会计科目，其他应收单、销售发票、收款单和退款单的科目都设置为"1122—应收账款"，预收单的科目设置为"2203—预收款"，应收票据选择"1121—应收票据"，应交税金选择"2221.03—销项税"科目。

（3）设置应付款系统参数。启用会计年份、会计期间设置为2017年1月，在科目设置窗口获取相应的会计科目，其他应付单、采购发票、付款单和退款单的科目都设置为"2202—应付账款"，预付单的科目设置为"1123—预付款"，应收票据选择"2201—应付票据"，应交税金选择"2221.01—进项税"科目。

（4）录入表6-4所列的应收初始数据。

（5）应收初始化检查、对账并结束初始化。

（6）录入表6-5所列应付账款期初数据。

（7）应付初始化检查、对账并结束初始化。

（8）以其他应收单处理上海常星礼品公司的运输费1 000元，数据如表6-6所示。

（9）以收款单处理2017-1-16收到上海常星礼品公司货款10 000元。

（10）其他应收单和收款单生成凭证。

（11）以其他应付单处理广州浩友塑胶制品厂的运输费660元，数据如表6-7所示。

（12）以付款单处理2017-1-20付广州书名文具厂货款2 600元。

（13）其他应付单和付款单生成凭证。

（14）查询应收款汇总表、应收款明细表和账龄分析表。

【学习重点】

通过本章了解固定资产模块的操作方法，学习固定资产初始化处理、固定资产卡片录入、固定资产凭证生成、期末计提折旧和固定资产报表查询等方法。

7.1 系统概述

固定资产管理系统可以对企业的固定资产物品进行有效管理，包括对固定资产增加、变动和设备维护情况进行管理。变动可以生成凭证并传递到总账系统，在月末处理时可以根据固定资产所设定的折旧方法自动计提折旧，生成计提折旧凭证并传递到总账系统。系统同时提供各种财务所需的报表，如固定资产清单、资产增减表、固定资产明细账和折旧费明细表等。

1. 使用固定资产管理系统需要设置的内容

- **公共资料**：包括科目、币别、计量单位、部门和职员等。
- **初始化**：需要设置以下内容：系统参数设置、初始数据录入和结束初始化。
- **系统设置资料**：系统设置是针对该模块的参数进行详细化的设置。

2. 固定资产管理系统可执行的查询与生成的报表

可查询的报表有资产清单、固定资产价值变动表、数量统计表、到期提示表、处理情况表、附属设备明细表、修购基金计提情况表、固定资产变动及结存表、折旧费用分配表、固定资产明细账、折旧明细表、折旧汇总表、资产构成表及变动历史记录表等。

3. 固定资产管理系统与其他系统间的数据流向

固定资产管理系统与其他系统间的数据流向如图 7-1 所示。

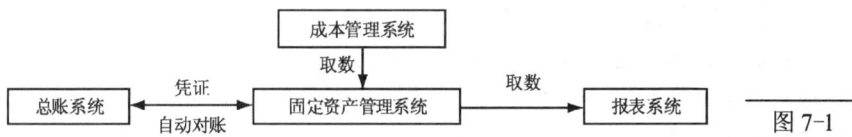

图 7-1

- **总账系统**：可以接收固定资产业务处理后生成的凭证以及固定资产初始余额。

- **报表系统**：自定义报表时可以利用公式向导从固定资产系统取数。

- **成本管理系统**：可以从固定资产系统提取成本数据。

4. 固定资产管理系统每期的操作流程（见图 7-2）

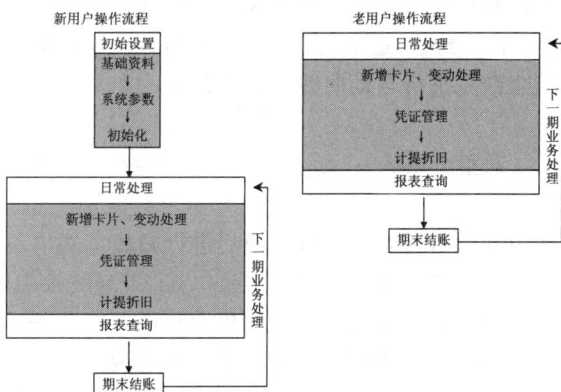

图 7-2

7.2 初 始 设 置

初始设置是对本系统的系统参数、基础资料和初始卡片进行设置，只有基础资料设置成功后，系统才能进行正常的单据处理。基础资料设置请参照第 3 章内容。

系统参数设置与基础资料

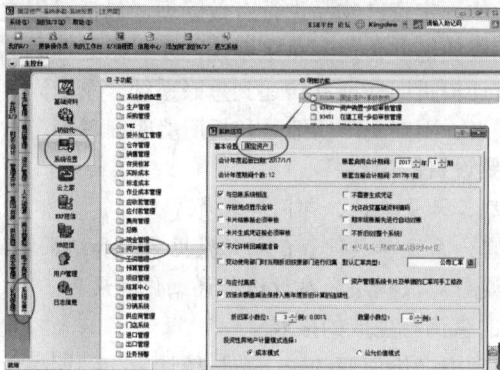

1. **系统参数设置**

系统参数设置是对系统的启用期间和核算方式等进行设置。双击【系统设置】→【系统设置】→【资产管理】→【固定资产—系统参数】，系统弹出"系统参数"设置窗口，如图 7-3 所示。

图 7-3

"基本设置"标签页主要用来设置账套的基本信息。"固定资产"标签页主要对固定资产管理模块的系统参数进行设置。

- **账套启用会计期间**：设置固定资产管理模块的启用会计期间，可与总账不同步启用。
- **与总账系统相连**：选中该项，则固定资产管理与总账系统集成应用，固定资产生成的凭证传递到总账模块，并且总账必须在固定资产管理系统结账后方可进行结账工作。
- **卡片结账前必须审核**：选中该项，则卡片审核后方能结账。
- **卡片生成凭证前必须审核**：选中该项，则在卡片生成凭证前必须审核。
- **不需要生成凭证**：选中该项，则固定资产的相关业务可以不用生成凭证。
- **允许改变基础资料编码**：选中该项，可以对变动方式、使用状态、卡片类别、存放地点等基础资料的编码进行修改；通常为了管理的严肃性，基础资料编码一经使用，不能随意修改。
- **期末结账前先进行自动对账**：选中该项，期末结账前进行固定资产系统的业务数据与总账系统对账处理。
- **不折旧（对整个系统）**：选中该项，不需要对固定资产进行计提折旧处理，只登记固定资产卡片。
- **变动使用部门时当期折旧按原部门进行归集**：选中该项，变动固定资产卡片上的使用部门后，当期仍继续按照原部门进行折旧费用的归集；否则将按变动后的使用部门进行折旧费用的归集。
- **投资性房地产计量模式选择**：提供两种模式选择——成本模式、公允价值模式，系统默认选择成本模式。当选择成本模式时，对于投资性房地产的业务处理与其他类别的固定资产一致，并且允许计量模式转为公允价值模式；当选择公允价值模式时，不允许对投资性房地产计提折旧和减值准备，并且不允许计量模式转为成本模式。

练习账套设置：启用会计期间设置为 2017 年 1 月，选中卡片结账前和卡片生成凭证前必须审核。

2. 基础资料设置

固定资产的基础资料主要包括变动方式类别、使用状态类别、折旧方法定义、卡片类别管理和存放地点维护，以上资料都要在初始化之前完成设置。

（1）变动方式类别

变动方式指固定资产的增加和减少方式，如购入、接受捐赠及出售等。

双击【财务会计】→【固定资产管理】→【基础资料】→【变动方式类别】，系统弹出"变动方式类别"窗口，如图 7-4 所示。

在窗口中可以对变动方式进行新增、修改、删除或打印等操作。在此采用默认值，以后可以随时在此窗口进行设置。

（2）使用状态类别

使用状态类别可以设置固定资产的状态，如正常使用、融资租入或未使用等，并可根据状态设置是否"计提折旧"。

双击【财务会计】→【固定资产管理】→【基础资料】→【使用状态类别】，系统弹出"使用状态类别"窗口，如图 7-5 所示。

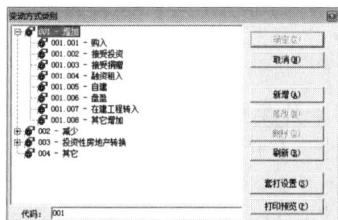

图 7-4

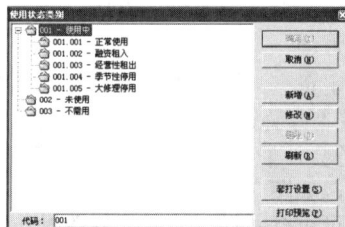

图 7-5

在窗口中可以对使用状态类别进行新增、修改、删除或打印等操作。在此采用默认值，以后可以随时在此窗口进行设置。

（3）折旧方法定义

固定资产系统的一大特点就是期末为用户提供自动计提折旧费用凭证的功能。实现自动计提折旧的功能时，必须预先在固定资产卡片设置好折旧方法，如平均年限法、工作量法等，这样系统在计提固定资产折旧时会根据折旧方法、使用年限等数据自动计算出应计提的折旧费用。

双击【财务会计】→【固定资产管理】→【基础资料】→【折旧方法定义】，系统弹出"折旧方法定义"窗口，如图 7-6 所示。

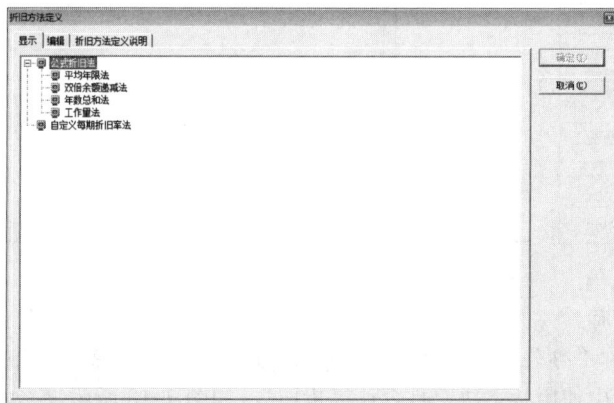

图 7-6

系统预设 4 种常用的折旧法。单击"折旧方法定义说明"按钮，系统切换到"折旧方法定义说明"窗口，可以查看各折旧方法定义的说明。

若需要新增折旧方法、修改折旧方法的公式内容，可单击"编辑"按钮，系统切换到"编辑"窗口，如图7-7所示。

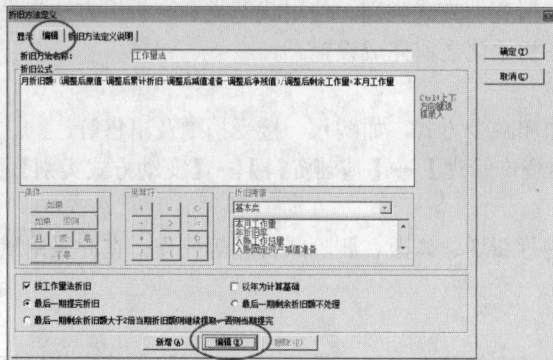

图7-7

- **折旧公式**：折旧方式的公式定义，由条件语句、运算符和折旧要素组成。
- **折旧要素**：首先选择"类别"，再选择类别下的详细要素，双击鼠标即将该要素填入"折旧公式"。
- **以年为计算基础**：系统默认以期间（月）作为计算基础，选中该项则以"年"作为计算基础。

在编辑窗口可以修改或定义折旧方法。

（4）卡片类别管理

为方便管理固定资产，可以对卡片进行分类管理。

【例7-1】新增"办公设备"和"机械设备"类别，介绍"卡片类别"的操作方法。

① 双击【财务会计】→【固定资产管理】→【基础资料】→【卡片类别管理】，系统弹出"固定资产类别"窗口，如图7-8所示。

在此窗口类别可进行新增、删除、修改操作，也可以自定义项目。

② 在"固定资产类别"窗口上单击"新增"按钮，系统弹出"固定资产类别-新增"窗口，如图7-9所示。

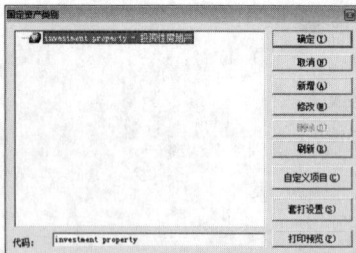

图7-8

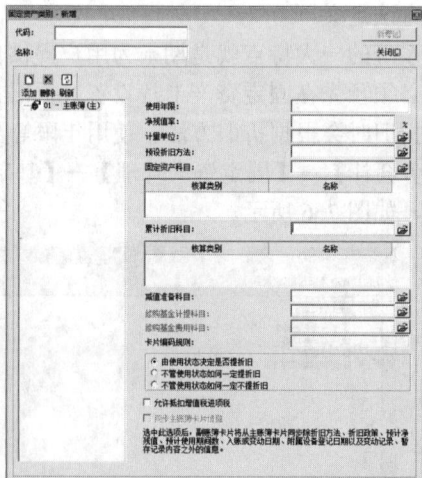

图7-9

- **代码**：设定类别的代码。
- **名称**：设定类别的名称。

③ 录入代码"01"、名称"办公设备"，预设折旧方法处（按F7功能键）获取"平均年限法"，录入净残值率"10"，选中"由使用状态决定是否计提折旧"，如图7-10所示。

④ 单击"新增"按钮保存录入，单击"关闭"按钮返回"固定资产类别"窗口，同样方法新增"机械设备"类别，新增完成后结果如图7-11所示。

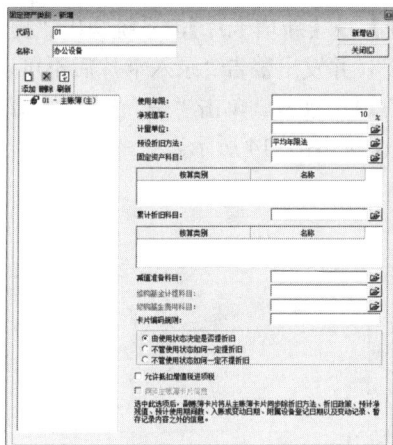

图 7-10

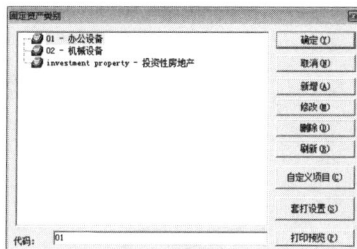

图 7-11

（5）存放地点维护

为方便固定资产管理，金蝶 K/3 提供"存放地点"管理，这样在卡片中能清晰地了解哪个部门使用固定资产、固定资产存放在什么地点等内容。

【例 7-2】新增"办公室"和"车间"存放地点，介绍"存放地点"的具体操作方法。

① 双击【财务会计】→【固定资产管理】→【基础资料】→【存放地点维护】，系统弹出"存放地点"窗口，如图 7-12 所示。在窗口中可以进行"存放地点"的新增、修改、删除等操作。

② 单击"新增"按钮，系统弹出"存放地点-新增"窗口，录入代码"01"、名称"办公室"，如图 7-13 所示。单击"新增"按钮保存设置。

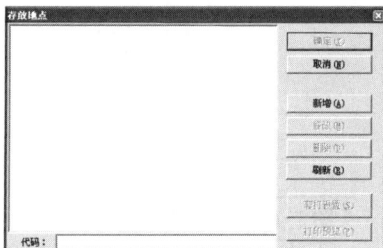

图 7-12

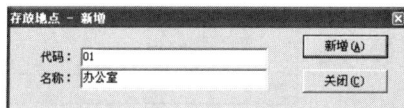

图 7-13

3. 初始卡片录入

基础资料设置完成后，下一步是录入初始卡片。可以直接录入，也可以使用"标准卡片引入"，在此重点讲述直接录入的方式。以表 7-1 中固定资产卡片为例介绍卡片的具体录入方法。

初始卡片录入

表 7-1　　　　　　　　　　　固定资产初始卡片 1

基本信息		部门及其他		原值与折旧	
资产类别	办公设备	固定资产科目	1601.01	币别	人民币
资产编码	B001	累计折旧科目	1602	原币金额	183 600
名称	途安商务车	使用部门	总经办	开始使用日期	2016-02-12
计量单位	辆	折旧费用科目	6602.05	预计使用期间数	60
数量	1			已使用期间数	10
入账日期	2016-02-12			累计折旧	27 540
存放地点	办公室			预计净残值	18 360
使用状况	正常使用			折旧方法	平均年限法（基于入账原值和预计使用期间）
变动方式	购入				

（1）双击【财务会计】→【固定资产管理】→【业务处理】→【新增卡片】，系统弹出"提示"窗口，因为是第一次录入卡片，系统询问"是否在当前期录入"，并发出警告"录入卡片后不可以改变启用期间"，单击"是"按钮进入"新增"窗口，单击"否"退出录入。单击"是"按钮，系统进入"初始化"窗口，同时系统弹出"卡片及变动—新增"窗口，如图7-14所示。

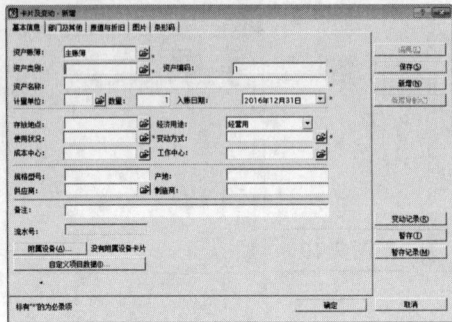

图7-14

（2）在基本信息窗口，资产类别处按F7键获取"办公设备"，录入资产编码"B001"，资产名称"途安商务车"，计量单位处按F7键获取"辆"，数量为"1"，入账日期修改为"2016年2月12日"，存放地点按F7键获取"办公室"，经济用途选择"经营用"，使用状况按F7键获取"正常使用"，变动方式按F7键获取"购入"，其他采用默认值，设置好的窗口如图7-15所示。

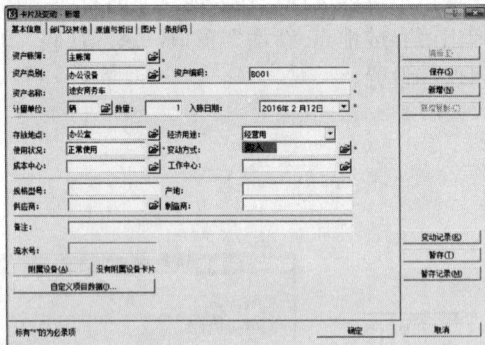

图7-15

若该固定资产有附属设备时，单击"附属设备"按钮，进入"附属设置清单-编辑"窗口，如图7-16所示，在窗口中可以新增、编辑和删除附属清单。

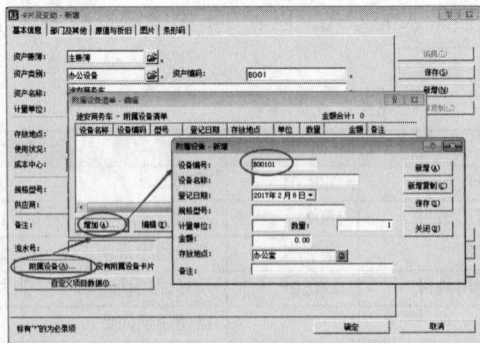

图7-16

（3）退出附属设备窗口。单击"部门及其他"选项卡，窗口切换到"部门及其他"界面。固定资产科目处按F7功能键获取"办公设备"，累计折旧科目处按F7功能键获取"累计折旧"科目，使用部门处按F7功能键获取"总经办"，折旧费用科目处按F7功能键获取"管理费用—折旧费"科目，设置好的窗口如图7-17所示。

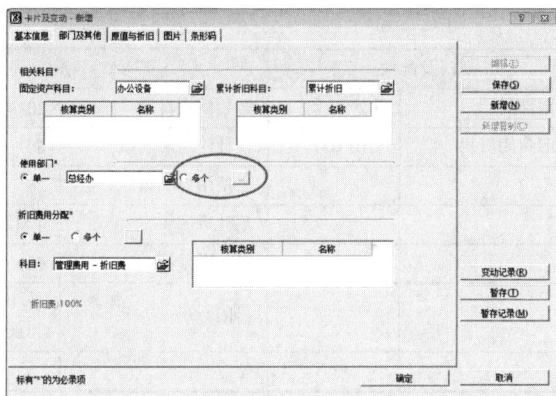

图 7-17

当该固定资产由多个部门使用时，选中图 7-17 中使用部门下的"多个"项目，单击"…（获取）"按钮，系统弹出"部门分配情况-编辑"窗口，在窗口中可以设置该固定资产使用的部门，以及折旧费用的分配比例。

当折旧费用分配也有多个科目时，选择折旧费用分配下的"多个"项目，单击"…（获取）"按钮，系统弹出"折旧费用分配情况-编辑"窗口，在窗口中可以选择不同部门的折旧费用科目。

（4）单击"原值与折旧"标签，窗口切换到"原值与折旧"界面。币别选择"人民币"，原币金额录入"183 600"，开始使用日期修改为"2016 年 2 月 12 日"，录入预计使用期间数"60"，累计折旧录入"27 540"，选择折旧方法"平均年限法"（基于入账原值和预计使用期间），设置好的窗口如图 7-18 所示。

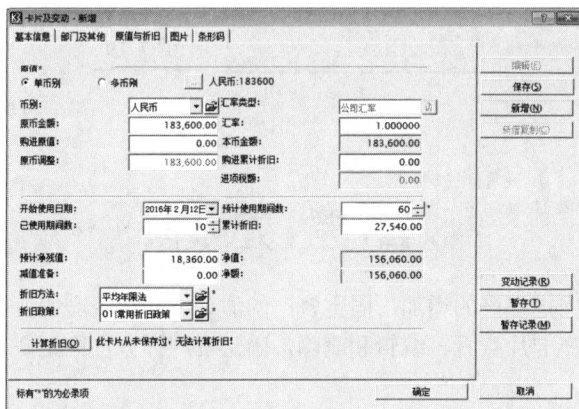

图 7-18

> 期间数是以"月"为单位的，"60"即是 60 个月。

注意

（5）单击"新增"按钮，系统经检查数据录入完整后保存卡片资料并新增一张空白卡片，同样方法录入表 7-2 初始卡片，录入完成，单击"保存"按钮，保存录入，单击"×（关闭）"按钮退出"新增"窗口，并返回"初始化"窗口，窗口会显示刚才所新增的初始数据。

表 7-2 固定资产初始卡片 2

基本信息		部门及其他		原值与折旧	
资产类别	机械设备	固定资产科目	1601.02	币别	人民币
资产编码	J001	累计折旧科目	1602	原币金额	9 800

续表

基本信息		部门及其他		原值与折旧	
名称	全功能检测仪	使用部门	生产部	开始使用日期	2014-08-20
计量单位	台	折旧费用科目	5101.02	预计使用期间数	60
数量	1			已使用期间数	28
入账日期	2014-08-20			累计折旧	4 116
存放地点	车间			预计净残值	980
使用状况	正常使用			折旧方法	平均年限法（基于入账原值和预计使用期间）
变动方式	购入				

（6）固定资产的所有期初数据正确录入后，可以结束固定资产的初始化工作。双击【系统设置】→【初始化】→【固定资产】→【初始化】，系统弹出"结束初始化"窗口，选中"结束初始化"，如图 7-19 所示。单击"开始"按钮，稍后系统弹出"结束初始化成功"对话框，单击"确定"按钮即可。

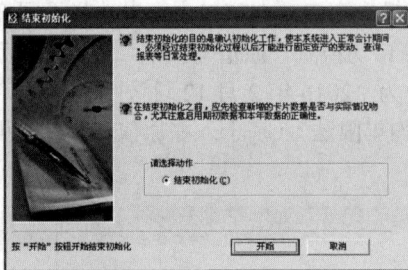

图 7-19

7.3 日常处理

固定资产的日常处理包括固定资产的增加，固定资产的清理，固定资产的变动、批量清理与变动，固定资产卡片查看、编辑和删除，固定资产拆分，固定资产审核和凭证管理等。

固定资产新增清理变动

7.3.1 固定资产新增

随着公司业务的开展，企业可能需要随时增加新的固定资产，本功能就是将新增加的固定资产记入账册，以做到固定资产的明细管理。

双击【财务会计】→【固定资产管理】→【业务处理】→【新增卡片】，系统弹出"卡片及变动-新增"窗口，此处的固定资产卡片新增窗口与"初始化"时卡片录入方法相同，可以参照前面章节。

7.3.2 固定资产清理

固定资产清理是将固定资产清理出账簿，使该资产的价值为零。

（1）双击【财务会计】→【固定资产管理】→【业务处理】→【变动处理】，系统进入"卡片管理"窗口，如图 7-20 所示。

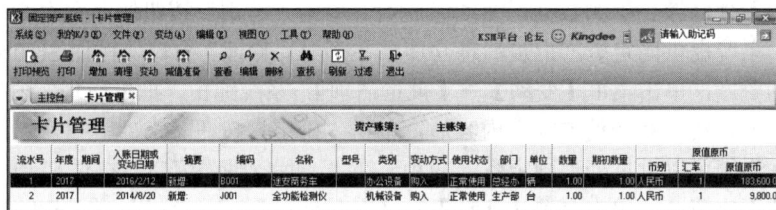

图 7-20

（2）在"卡片管理"窗口可以进行固定资产卡片的新增、清理、变动和编辑等操作。

在卡片管理窗口，选中要进行清理的固定资产，单击工具栏"清理"按钮，系统弹出"固定资产清理-新增"窗口。例如选中"J001-全功能检测仪"，单击"清理"按钮，"清理日期"选择"2017年 1 月 31 日"，"清理数量"填写"1"，"残值收入（不含税）"录入"5800"，"变动方式"选择"出售"，单击"保存"按钮，如图 7-21 所示。

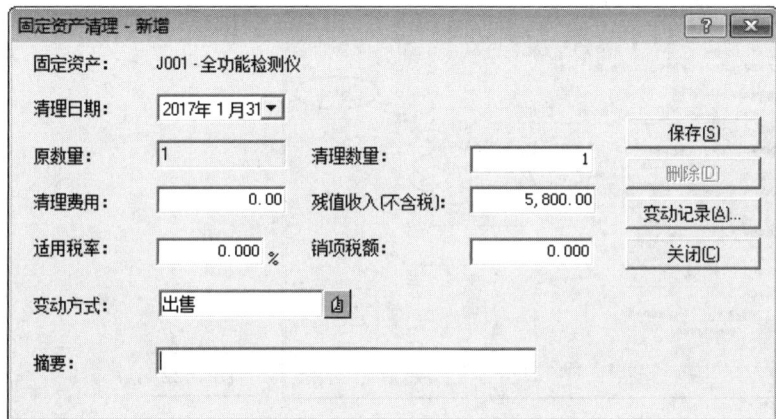

图 7-21

- **原数量**：固定资产现有数量。
- **清理数量**：需要清理的数量，若清理的固定资产是一批时，可以录入清理的数量。
- **清理费用**：清理时发生的费用。
- **残值收入**：清理时的残值收入。
- **变动方式**：选择清理时的变动方式。

（3）系统弹出"保存清理数据前必须生成一条变动记录，确认要生成吗？"提示窗口，单击"确定"按钮，会在"卡片管理"窗口显示一条清理记录。单击"关闭"返回"卡片管理"窗口。

> **注意**　当期已进行变动的资产不能清理。当期新增及当期清理的功能只适用于单个固定资产清理，不适用于批量清理。

7.3.3　固定资产变动、批量清理与变动

固定资产变动业务处理固定资产减少或卡片项目内容有变动的情况，如固定资产原值、部门、使用情况、类别和使用寿命等发生变动的情况。

在"卡片管理"窗口，选中要变动的固定资产，单击工具栏上"变动"按钮，系统弹出该固定资产的"卡片及变动—新增"窗口，单击"变动方式"选择本笔固定资产的变动方式，以及在相应

的项目下获取正确的数据，如是部门变动时，则在使用部门处修改正确的部门，如是价值发生变化时，则在"原值与折旧"处修改正确的数据，变动完成后，单击"确定"按钮保存本次变动。

为提高工作效率，系统提供固定资产批量清理功能。在"卡片管理"窗口，按住 Shift 键或 Ctrl 键选中多条需要清理的资产，单击菜单【变动】→【批量清理】，系统弹出"批量清理"窗口，录入清理数量、清理收入、清理费用和变动方式等内容后，单击"确定"按钮。

为提高工作效率，系统可以批量处理固定资产变动，在"卡片管理"窗口，按住 Shift 键或 Ctrl 键选中多条需要变动的固定资产，单击菜单【变动】→【批量变动】，系统弹出"批量变动"窗口，录入变动内容后，单击"确定"按钮即可。

7.3.4 固定资产卡片查看、编辑和删除

在"卡片管理"窗口，选中要查看的卡片（含变动卡片），单击工具栏"查看"按钮，系统弹出"卡片及变动-查看"窗口，如图 7-22 所示。

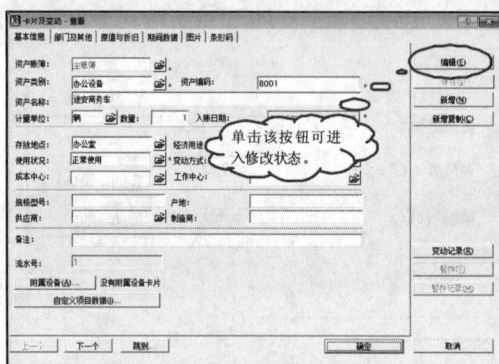

图 7-22

在"卡片管理"窗口选中要修改的内容，单击"编辑"按钮即可进入"卡片及变动-修改"窗口，可以在此修改卡片资料。

> **注意**　只能修改当前会计期间的业务资料。

在"卡片管理"窗口选中要删除的变动资料，单击"删除"按钮即可取消该固定资产的变动。

> **注意**　固定资产清理记录的编辑和删除有所不同，选中生成的清理记录，单击工具栏的"清理"按钮，系统弹出提示窗口，单击"是"按钮，系统弹出"固定资产清理-编辑"窗口，可以修改清理内容，单击"删除"按钮，可以取消该固定资产的清理工作。

7.3.5 固定资产拆分

固定资产拆分功能可以将原来成批、成套资产拆分成单个资产进行管理。卡片拆分既可以处理当期新的卡片，也可以拆分以前期间录入的卡片。

（1）在"卡片管理"窗口选中要拆分的卡片，选中要拆分的固定资产，单击菜单【变动】→【拆分】，系统弹出"卡片拆分"设置窗口，录入拆分数量"3"，并选中"按金额进行拆分"，如图 7-23 所示。

- **按金额进行拆分**：系统自动按金额百分比进行拆分，不对资产数量进行控制。
- **按数量进行拆分**：系统自动按数量所占百分比对金额进行拆分，并且控制使拆分后卡片上的资产数量之和与原卡片上的资产数量之和相等。

（2）单击"确定"按钮进入"卡片拆分"窗口，在窗口中可以录入拆分后的每一项资产的原值、累计折旧等内容，还可以设置"变动方式"。设置完成后，单击"完成"按钮即可，如图7-24所示。

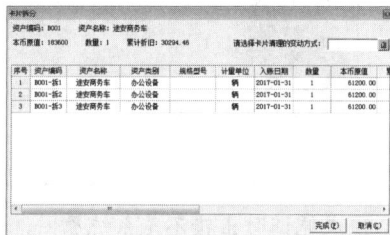

图 7-24

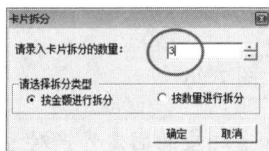

图 7-23

拆分后卡片的原值、累计折旧、净值和减值准备等的和与拆分前卡片上的和值一致。为了保证固定资产的完整，应把刚才所做的拆分业务删除掉。

7.3.6　固定资产审核

固定资产审核以"审核人与制单人不是同一人"为基础，所以审核时不能是制单人，更换身份登录后，在"卡片管理"窗口中，选中要审核的卡片记录，单击菜单【编辑】→【审核】项即可审核。

7.3.7　凭证管理

凭证管理主要根据固定资产增加、变动等业务资料生成凭证，并对凭证进行有效的管理，包括生成凭证、修改凭证、审核凭证等操作。固定资产系统和总账系统连用时，生成的凭证传递到总账系统，以保证固定资产系统和总账系统的固定资产科目、累计折旧科目数据一致。

固定资产凭证管理

（1）在主界面窗口，双击【财务会计】→【固定资产管理】→【业务处理】→【凭证管理】，系统弹出"过滤方案设置"窗口，在窗口中可以设置过滤的事务类型、会计年度、会计期间和审核等项目。条件设置完成后，单击"确定"按钮，系统进入"固定资产系统-[凭证管理]"窗口，选中需要生成凭证的记录，如图7-25所示。

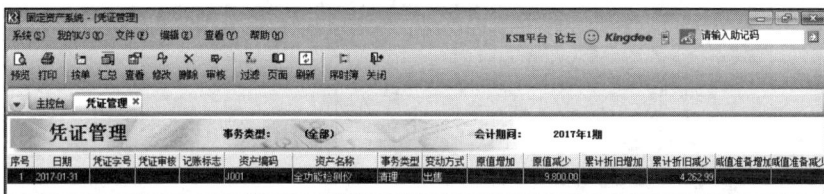

图 7-25

（2）单击工具栏上"按单"按钮，系统弹出"凭证管理—按单生成凭证"向导窗口，如图7-26所示。

（3）单击"开始"按钮，稍后系统弹出提示"凭证出错是否手工修改字样"的对话框，单击"是"按钮，系统进入"记账凭证"窗口，修改正确的凭证分录后，单击"保存"按钮保存当前凭证，单击"关闭"返回"按单生成凭证"窗口，系统显示生成几张凭证，单击"查看报告"按钮，可以查看生成凭证的过程，单击"退出"按钮返回"凭证管理"窗口。此时，注意已生成凭证后记录的显示颜色。

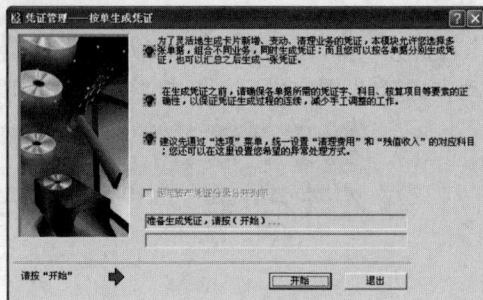

图 7-26

生成凭证时出错不是系统原因，是因为系统不知道相应的固定资产对方科目，如固定资产增加时，系统不知道是付的现金还是银行存款，所以需要手工录入将凭证补充完整。

7.4 报 表

系统提供统计报表和管理报表。统计报表主要是查看有关固定资产的数据统计，以便对比、分析；管理报表用于查询、分析固定资产的使用情况。

7.4.1 统计报表

报表

统计报表主要是查看有关固定资产的数据统计，以便对比、分析。

1. 固定资产清单

固定资产清单是当前系统中已有的固定资产卡片清单的详细列表。

在主界面窗口，选择【财务会计】→【固定资产管理】→【统计报表】→【固定资产清单】，双击"固定资产清单"选项，系统弹出"固定资产清单—方案设置"窗口，在窗口中可以设置查询的期间、固定资产状态、显示部门资料和报表项目显示等内容，如图 7-27 所示。

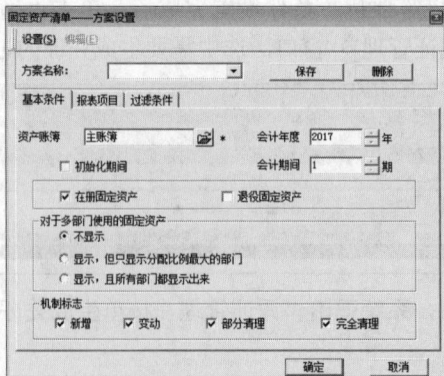

图 7-27

方案过滤条件设置完成后单击"确定"按钮，系统进入"固定资产清单"窗口，若要查看固定资产的卡片情况，选中记录后单击工具栏上的"卡片"按钮即可，如图 7-28 所示。

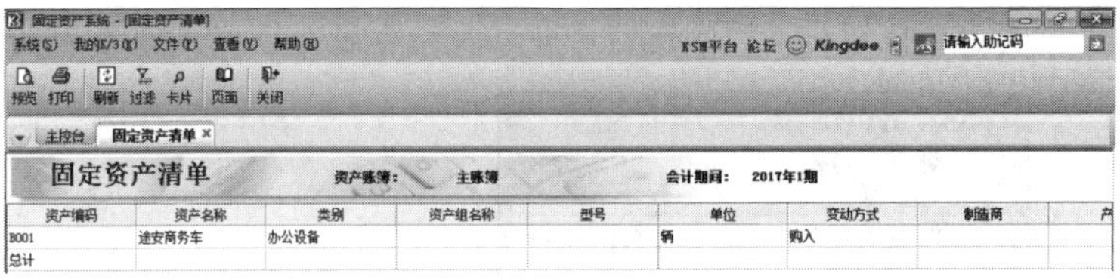

图 7-28

2. 固定资产价值变动表

固定资产价值变动表反映固定资产的变动情况。

在主界面窗口，选择【财务会计】→【固定资产管理】→【统计报表】→【变动情况表】，双击"变动情况表"选项，系统弹出"固定资产价值变动表—方案设置"窗口，如图 7-29 所示。

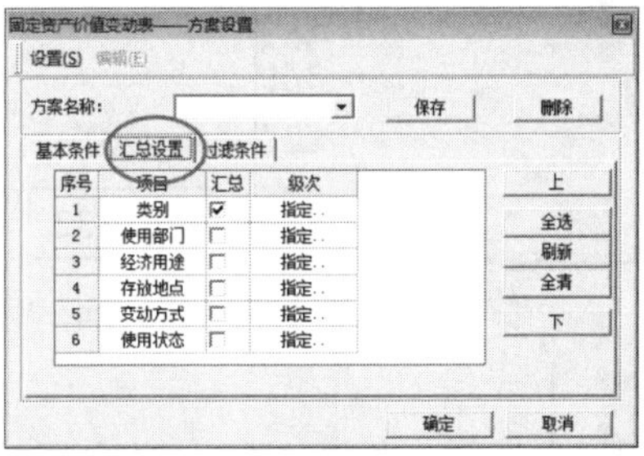

图 7-29

"基本条件"选项卡中设置要查询的期间和是否"包含本期已清理的卡片"，"汇总设置"选项卡中可以设置汇总条件，"过滤条件"选项卡中设置更详细的过滤条件。

保持默认条件，单击"确定"按钮，系统进入"固定资产系统-[固定资产价值变动表]"窗口，如图 7-30 所示。

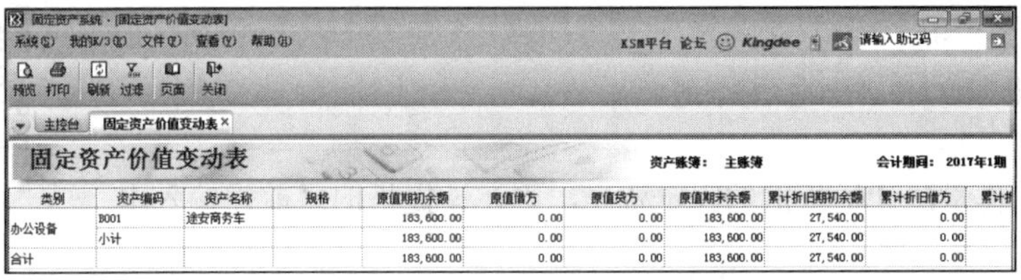

图 7-30

7.4.2 管理报表

管理报表用于查询、分析固定资产的使用情况。

固定资产变动及结存表反映固定资产增加、减少的情况。

在主界面窗口，选择【财务会计】→【固定资产管理】→【管理报表】→【资产增减表】，双击"资产增减表"选项功能，系统弹出"固定资产变动及结存表—方案设置"窗口，在窗口中可以查询会计期间或初始化期间的数据，以及是否显示明细级别，如图 7-31 所示。

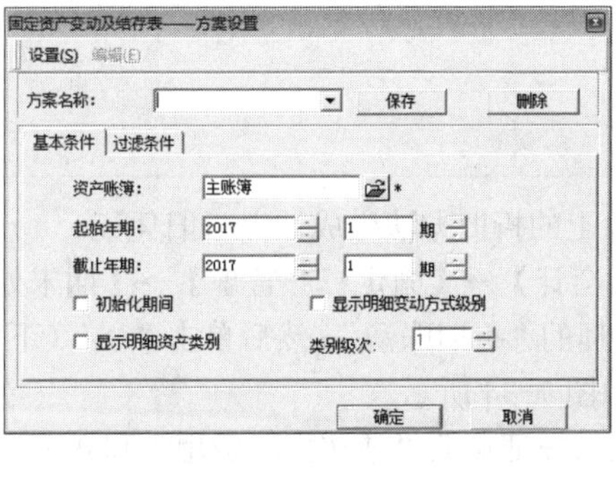

图 7-31

条件设置完成，单击"确定"按钮进入"固定资产变动及结存表"窗口，如图7-32所示。

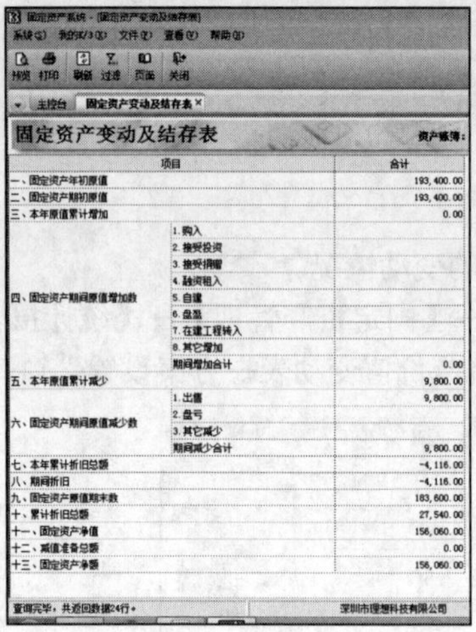

图 7-32

7.5 期 末 处 理

期末处理包括工作量管理、计提折旧、折旧管理、自动对账和期末结账几个部分，主要用于处理计提固定资产折旧费用和期末结账。

7.5.1 工作量管理

期末处理

如果账套中采用工作量法计提折旧的固定资产，则在计提折旧之前需输入本期完成的实际工作量。

在主界面窗口，双击【财务会计】→【固定资产管理】→【期末处理】→【工作量管理】，系统弹出"过滤"方案设置窗口，单击"确定"按钮，系统弹出"方案名称"录入窗口，录入所要的"方案名称"后，单击"确定"按钮，系统进入"工作量管理"窗口，如图7-33所示，录入本期工作量。单击工具栏上"保存"按钮，保存对工作量的修改。

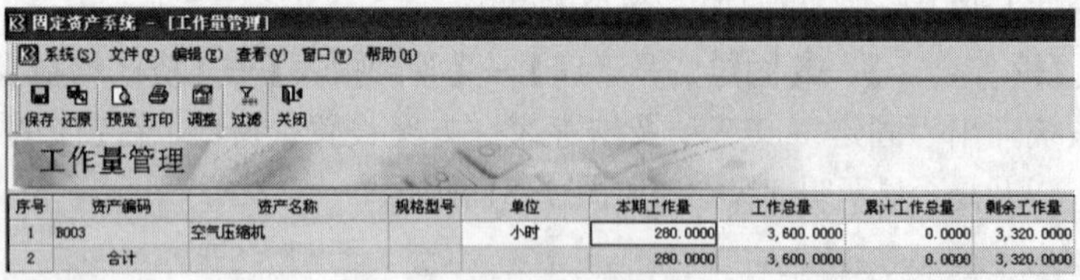

图 7-33

7.5.2 计提折旧

计提折旧主要根据固定资产卡片上的折旧方法生成计提折旧凭证。

（1）在主界面窗口，双击【财务会计】→【固定资产管理】→【期末处理】→【计提折旧】，系统弹出"计提折旧"窗口，选择要处理的"折旧账簿"，然后单击"'>'（下一步）"按钮进入"说明"窗口，再次单击"下一步"按钮，如图7-34所示。

（2）弹出"计提折旧"窗口，录入凭证摘要"结转折旧费用"和凭证字"记"，如图7-35所示。

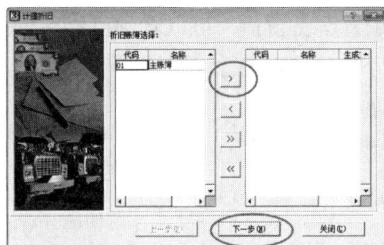

图 7-34

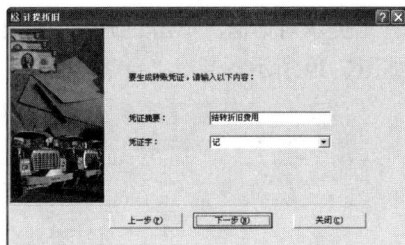

图 7-35

（3）单击"下一步"按钮，在弹出的窗口中单击"计提折旧"按钮计算计提折旧，稍后系统提示"计提成功"。

计提折旧生成的凭证可以在"会计分录序时簿"中进行管理：在"凭证管理"窗口单击工具栏上"序时簿"按钮，系统进入"会计分录序时簿"，找到"计提"凭证进行相应的操作即可。该笔计提凭证在总账系统中也可以进行查询，但不能编辑。

7.5.3 折旧管理

折旧管理是对已提折旧的金额进行查看和修改，修改后的数据会自动更改所提的计提折旧凭证金额。

在主界面窗口，双击【财务会计】→【固定资产管理】→【期末处理】→【折旧管理】，系统弹出"过滤"窗口，条件设定后，单击"确定"按钮进入图 7-36 所示的窗口。

在"本期折旧额"中修改所需要的数据，单击"保存"按钮后，系统保存当前修改，并自动修改"计提折旧凭证"的数据。

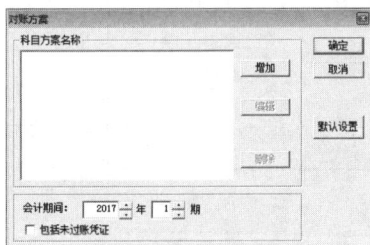

图 7-36

7.5.4 自动对账

固定资产系统与总账系统连用时，自动对账功能是将固定资产系统的业务数据与总账系统的财务数据进行核对，以保证双方系统数据的一致性。

（1）在主界面窗口，双击【财务会计】→【固定资产管理】→【期末处理】→【自动对账】，系统弹出"对账方案"窗口，如图 7-37 所示。

（2）首先增加一个方案。单击图 7-37 中的"增加"按钮，系统弹出"固定资产对账"窗口，通过切换"固定资产原值科目""累计折旧科目"和"减值准备科目"3 个选项卡，并单击"增加"按钮，分别设置对账的会计科目，录入方案名称，单击"确定"按钮，如图 7-38 所示。

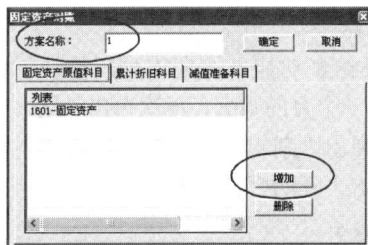

图 7-37

图 7-38

（3）系统弹出提示对话框，单击"确定"按钮，并返回"对账方案"窗口，可以看到已经新增的"方案名称"，如图7-39所示。若对"自动对账"的方案不满意，可以对方案进行编辑和删除操作。

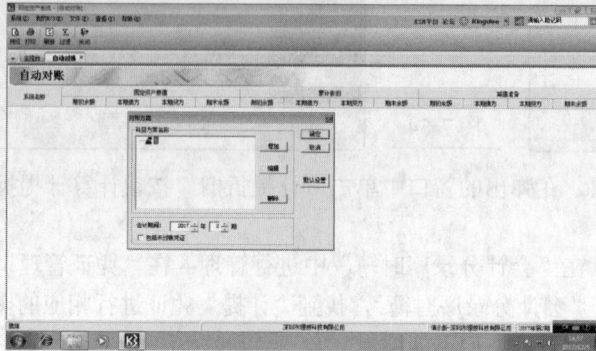

图 7-39

（4）选中"1"方案，单击"默认设置"，将当前方案设定为"默认方案"，选中"包括未过账凭证"，单击"确定"按钮进入"自动对账"窗口，如图7-40所示。

图 7-40

自动对账时，建议审核并过账本期所有的固定资产业务凭证。

7.5.5　期末结账

期末结账指完成当前会计期间的业务处理，结转到下一期间进行新的业务处理时进行。包括将固定资产的有关账务处理，如折旧或变动等信息转入已结账状态。已结账的业务不能再进行修改和删除操作。

（1）在主界面窗口，双击【财务会计】→【固定资产管理】→【期末处理】→【期末结账】，系统弹出"期末结账"窗口，选中"结账"单击"开始"按钮，如图7-41所示。

（2）系统检测本期工作符合结账条件后，弹出"结账成功"提示窗口，单击"确定"按钮，结束"期末结账"工作。

系统提供反结账功能。在期末处理模块中，只要月结过一个月的数据，再次单击"期末结账"，系统弹出"期末结账"窗口，选择"反结账"并单击"开始"按钮即可完成反结账，如图7-42所示。

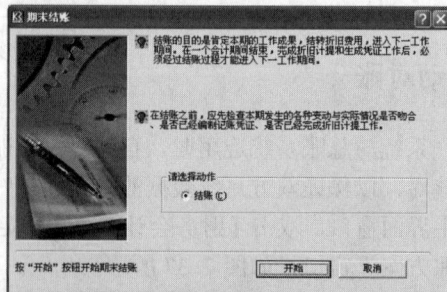

图 7-41

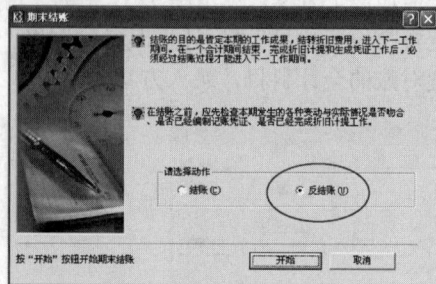

图 7-42

只有系统管理员才能进行反结账。

注意

7.6 课后习题

（1）当固定资产启用后，总账模块是否一定要启用？
（2）固定资产模块能否可以不计提折旧？
（3）当期已进行变动的资产能否清理？
（4）固定资产清理资料的删除方法是什么？
（5）固定资产拆分方式有几种？
（6）期末处理时是否一定要操作"工作量管理"功能？

实验六 固定资产管理

【实验目的】
（1）掌握固定资产基本设置。
（2）掌握固定资产日常业务处理。
（3）掌握固定资产期末处理。

【实验内容】
（1）固定资产基础设置。
（2）固定资产初始卡片录入。
（3）固定资产结束初始化。
（4）新增卡片。
（5）固定资产清单。
（6）业务单据生成凭证。
（7）计提折旧。

【实验资料】
（1）固定类别："办公设备""生产设备"和"运输车辆"，使用年限均为 5 年，净残值率为 10%。
（2）存放地点："办公室""生产车间"和"车库"。
（3）固定资产初始卡片 1，如表 7-3 所示。

表 7-3　　　　　　固定资产初始卡片 1

基本信息		部门及其他		原值与折旧	
资产类别	办公设备	固定资产科目	1601.01	币别	人民币
资产编码	B001	累计折旧科目	1602	原币金额	18 000
名称	台式计算机一批	使用部门	总经办	开始使用日期	2016-06-8
计量单位	台	折旧费用科目	6602.05	预计使用期间数	60
数量	2			已使用期间数	6

续表

基本信息		部门及其他		原值与折旧	
入账日期	2016-6-8			累计折旧	1 620
存放地点	办公室			预计净残值	1 800
使用状况	正常使用			折旧方法	平均年限法（基于入账原值和预计使用期间）
变动方式	购入				

（4）固定资产初始卡片2，如表7-4所示。

表7-4　　　　　　　　　　固定资产初始卡片2

基本信息		部门及其他		原值与折旧	
资产类别	生产设备	固定资产科目	1601.02	币别	人民币
资产编码	S001	累计折旧科目	1602	原币金额	49 000
名称	多功能移印机	使用部门	生产部	开始使用日期	2016-06-23
计量单位	台	折旧费用科目	5101.02	预计使用期间数	60
数量	1			已使用期间数	6
入账日期	2016-6-23			累计折旧	4 410
存放地点	生产车间			预计净残值	4 900
使用状况	正常使用			折旧方法	平均年限法（基于入账原值和预计使用期间）
变动方式	购入				

（5）2017-1-16购买瑞风商务车一部，卡片信息如表7-5所示。

表7-5　　　　　　　　　　新增瑞风商务车固定资产卡片

基本信息		部门及其他		原值与折旧	
资产类别	运输车辆	固定资产科目	1601.03	币别	人民币
资产编码	Y001	累计折旧科目	1602	原币金额	110 000
名称	瑞风商务车	使用部门	销售部	开始使用日期	2017-1-16
计量单位	辆	折旧费用科目	6601.03	预计使用期间数	60
数量	1			已使用期间数	0
入账日期	2017-1-16			累计折旧	0
存放地点	车间			预计净残值	11 000
使用状况	正常使用			折旧方法	平均年限法（基于入账原值和预计使用期间）
变动方式	购入				

【实验步骤】

（1）以"李丽"登录"100宇纵科技有限公司"账套，设置固定资产启用会计期间为2017年1期。

（2）新增"办公设备""生产设备"和"运输车辆"类别，使用年限均为5年，净残值率为10%。

（3）新增"办公室""生产车间"和"车库"存放地点。

（4）录入固定资产初始卡片1和固定资产初始卡片2。

（5）结束初始化。

（6）以新增卡片形式录入2017-1-16购买的瑞风商务车。

（7）将刚才录入的卡片生成凭证。

（8）计提固定资产折旧。

（9）查询固定资产清单、折旧费用分配表。

【学习重点】

通过本章学习，了解工资类别设置方法、工资项目设置方法、工资计算公式设置方法和个人所得税计算方法，以及查询和输出各种工资报表。

8.1 系统概述

金蝶 K/3 工资管理系统采用多类别管理，可处理多种工资类型以及完成各类企业的工资核算、工资发放、工资费用分配和银行代发等工作。工资管理系统能及时反映工资的动态变化，实现完备而灵活的个人所得税计算与申报功能，并提供丰富实用的各类管理报表。工资管理系统还可以根据职员工资项目数据和比例计提基金，包括社会保险、医疗保险等社会保障基金的计提，并对职员的基金转入、转出进行管理。

1. 使用工资管理系统需要设置的内容

- **公共资料**：包括科目、币别、部门和职员等，公共资料是本系统所涉及的最基础的资料，必须设置，否则在进行单据处理时会受到相应的限制。
- **系统设置资料**：系统设置是针对该模块的参数再进行详细化的设置。

2. 工资管理系统可查询的报表

工资管理系统可查询的报表包括工资条、工资发放表、工资汇总表、工资统计表、银行代发表、职员台账表、职员台账汇总表、个人所得税报表、工资费用分配表、工资配款表、人员结构分析表等和年龄工龄分析表等。

3. 应用流程

工资管理系统的应用流程如图 8-1 所示。

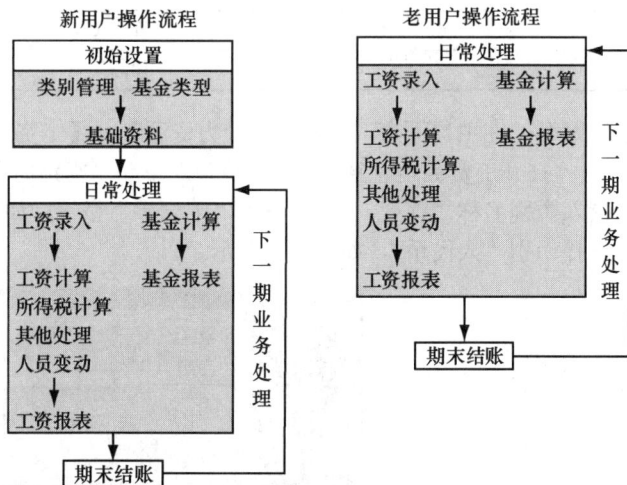

图 8-1

4. 工资管理系统与其他系统的数据流向

工资管理系统与其他系统间的数据流向如图 8-2 所示。

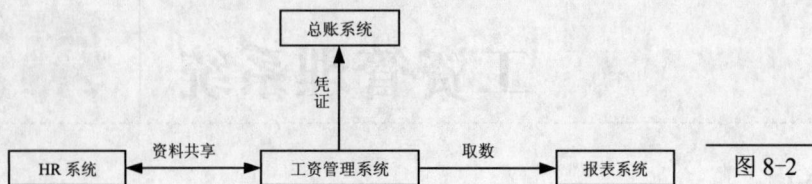

图 8-2

- **总账系统**：接收工资管理系统生成的费用分配凭证。
- **报表系统**：利用公式向导可以从工资管理系统中提取数据。
- **HR 系统**：金蝶人力资源管理系统与工资管理系统可共享一套基础资料，并且将绩效考核、考勤记录导入工资系统中，作为工资发放的依据。

8.2 初 始 设 置

初始设置主要包括类别管理设置和基础设置。

8.2.1 类别管理设置

为方便工资管理，用户可以将工资分成几种类别进行管理，如外籍人员、国内人员、管理人员和计件工资人员等。

类别管理

注意 　账套中至少要存在一个工资类别。

1. 新建类别

【例 8-1】新增表 8-1 中的工资类别。

表 8-1　　　　　　　　　　　　　　工资类别

类别 1	管理人员
类别 2	计件工资

（1）以"何钰"身份登录本账套。在主界面窗口，双击【人力资源】→【工资管理】→【类别管理】→【新建类别】，系统弹出"打开工资类别"窗口，单击窗口左下角"类别向导"按钮，系统弹出"新建工资类别"窗口，录入类别名称"管理人员"，单击"下一步"按钮，如图 8-3 所示。

（2）系统进入下一窗口，选择币别"人民币"，如图 8-4 所示。

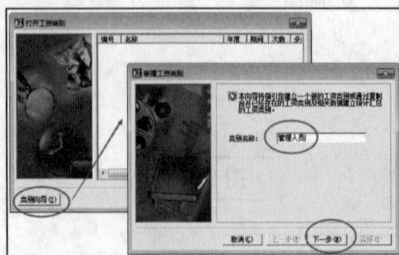

图 8-3

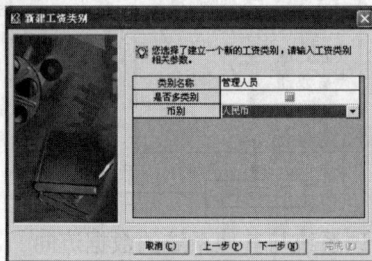

图 8-4

选中"是否多类别"选项，即当前类别为汇总工资类别，反之，为单一工资类别。

（3）单击"下一步"按钮，系统进入下一窗口，单击"完成"按钮保存当前类别。

（4）以同样的方法新增"计件工资"类别。

2. 选择类别

选择类别是选择当前要处理什么类别下的工资业务，如要处理管理人员的工资业务，必须选择"管理人员"类别；处理计件工资的工资业务，必须选择"计件工资"类别。

选择类别很重要，每次进入工资系统时都要求选择类别。

在主界面窗口，双击【人力资源】→【工资管理】→【类别管理】→【选择类别】，系统弹出"打开工资类别"窗口，在窗口中选择要处理的工资类别，单击"选择"按钮即可，如图 8-5 所示。

3. 类别管理

类别管理包括对系统中的工资类别进行编辑或删除等操作。

（1）在主界面窗口，双击【人力资源】→【工资管理】→【类别管理】→【类别管理】，系统弹出"工资类别管理"窗口，如图 8-6 所示。

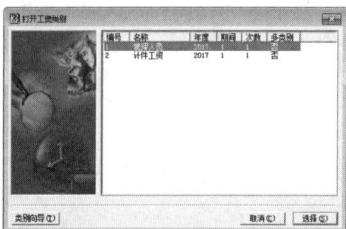

图 8-5

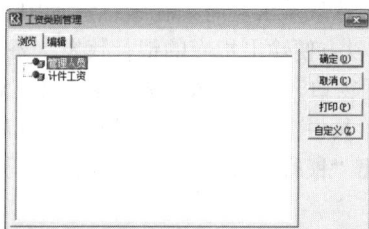

图 8-6

（2）"浏览"选项卡用于显示系统中已有的工资类别。单击"编辑"选项卡，系统切换到"编辑"选项卡，在"编辑"选项卡，单击"编辑"按钮可以对当前选中的工资类别进行修改；单击"新增"按钮，可以新增类别；单击"保存"按钮保存当前修改；单击"删除"按钮，删除当前显示的工资类别。

8.2.2 基础设置

基础设置主要对当前工资类别下的部门、职员、工资项目和公式定义等基础进行设置资料，应进行"管理人员"类别设置，选择类别"管理人员"。下面具体介绍部部门管理、币别管理、银行管理、职员管理、项目设置、扣零设置、公式设置。

基础设置

1. 部门管理

（1）在主界面窗口，双击【人力资源】→【工资管理】→【设置】→【部门管理】，系统弹出"部门"窗口，如图 8-7 所示。在"部门"窗口可以直接新增或从外部引入部门资料。

（2）单击工具栏上的"导入"按钮，系统切换到"导入"状态窗口，导入数据源选择"总账数据"，系统会显示基础资料中的部门信息，按住键盘上 Shift 键或 Ctrl 键选择部门信息，单击窗口左下角"导入"按钮，如图 8-8 所示。

稍后系统将选中的部门资料隐藏，表示导入成功。

导入数据源中工资其他类别是指从其他工资类别中导入部门信息，工资单一类别是指从某一个类别下导入部门信息。"全选"是选中窗口右侧所显示的全部部门资料，"全清"是取消全部部门资料的选中。

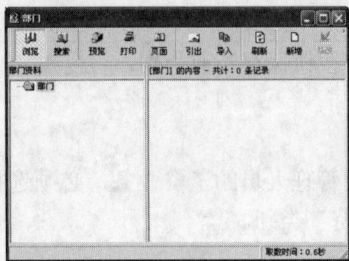

图 8-7

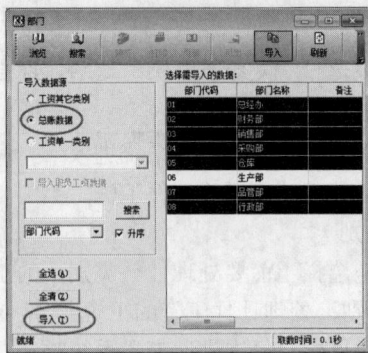

图 8-8

单击图 8-8 中工具栏的"浏览"按钮，系统切换到部门信息查看状态，显示刚才导入的部门资料。在部门"浏览"窗口中可以对部门资料进行修改和删除，选中记录后单击相应按钮即可。单击"引出"按钮，可将部门资料引出为其他类型的文件，单击"人力"按钮将从系统外引入部门资料。

2. 币别管理

币别管理是对工资系统所涉及的币别进行管理，具体可参照本书第 3 章。

3. 银行管理

若企业采用银行代发工资时，在银行管理中要录入银行名称，然后在职员管理中录入每位职员的"银行账号"，以方便输出相应的银行代发工资表。

（1）在主界面窗口，双击【人力资源】→【工资管理】→【设置】→【银行管理】，系统弹出"银行"窗口，单击工具栏上的"新增"按钮，如图 8-9 所示。

（2）系统弹出"银行-新增"窗口。录入代码"1"，录入名称"招行"，账号长度录入"5"，如图 8-10 所示。

图 8-9

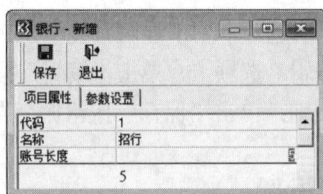

图 8-10

4. 职员管理

职员管理是将账套中需要进行工资计算的职员信息提取到相应的工资类别下。

（1）在主界面窗口，双击【人力资源】→【工资管理】→【设置】→【职员管理】，系统弹出"职员"窗口，单击工具栏中的"导入"按钮，系统切换到"导入数据"状态窗口。选中"总账数据"，系统会显示总账基础资料中的部门资料，按住键盘上 Shift 键或 Ctrl 键选中图 8-11 所示的职员信息。单击左下角"导入"按钮，稍后系统将隐藏导入的职员资料，表示导入成功。

（2）修改陈静的银行账号。单击图 8-11 中的"浏览"按钮，切换到"职员"资料查看窗口，选中"陈静"，单击工具栏上的"修改"按钮，系统弹出"职员-修改"窗口，在银行名称处选择"招行"，录入个人账号"12345"，如图 8-12 所示。

（3）单击"保存"按钮保存当前修改，单击"退出"返回"职员"查看窗口。

5. 项目设置

项目是工资管理中的重要组成部分，它是在工资计算时的一些计算和判断数据。以新增"计件工资"和"扣零实发"项目为例，介绍工资项目设置方法。

（1）在主界面窗口，双击【人力资源】→【工资管理】→【设置】→【项目设置】，系统弹出"工资核算项目设置"窗口，窗口中预设有部分项目，选中后可以对其进行编辑或删除，如图 8-13 所示。

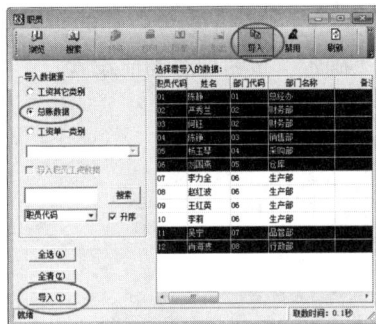

图 8-11

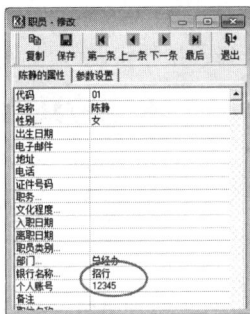

图 8-12

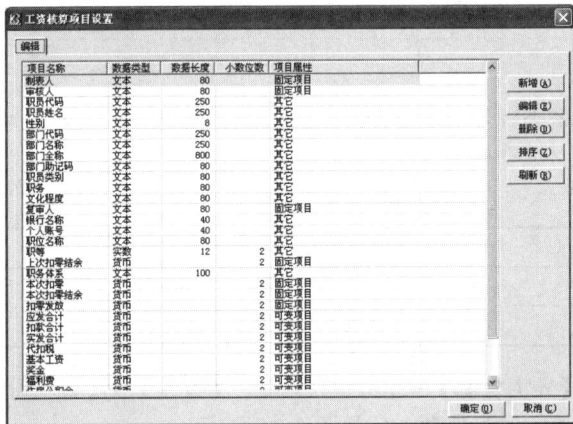

图 8-13

（2）选中"基本工资"项目，单击"编辑"按钮，系统弹出"工资项目-修改"窗口，修改项目属性为"固定项目"，如图 8-14 所示。单击"确定"按钮保存修改。

（3）单击"新增"按钮，系统弹出"工资项目-新增"窗口，录入项目名称"计件工资"，选择数据类型"实数"，输入数据长度"18"、小数位数"2"，选择项目属性"可变项目"，如图 8-15 所示。

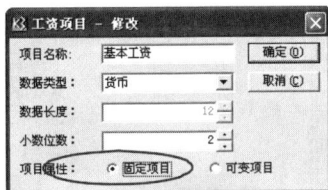

图 8-14

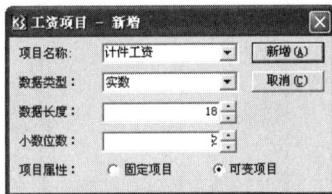

图 8-15

- **项目名称**：单击下拉按钮可选择系统已有的项目，也可直接录入新的项目名称。
- **数据类型**：系统预设日期型、实数型等类型，单击下拉按钮选择。
- **数据长度**：设置当前项目的最大长度。
- **项目属性**：固定项目为一般工资计算所需要的基本要素，不需要经常改变，其内容可以直接带入下一次工资计算，如预设的职员姓名项。可变项目的内容随工资计算发生改变，如预设的应发合计项。

（4）单击"新增"按钮，系统保存新增项目并返回"工资项目设置"窗口，在窗口可以查看到新增成功的项目。同样方法增加"扣零实发"项目。

在以后的工作中，需要修改、新增项目时，可以随时进入该功能进行操作。

6．扣零设置

扣零设置是设置扣除零钱，如实发工资为 5 152.58 元，可以设置工资发到元还是角，或者是 5 角以上的要发，5 角以下的下次发放等。

在主界面窗口，双击【人力资源】→【工资管理】→【设置】→【扣零设置】，系统弹出"扣零设置"窗口，选择扣零项目"实发合计"，录入扣零标准"0.5"（5角以上要发，5角以下的下次再发），扣零后项目选择"扣零实发"，如图8-16所示。单击"确定"按钮保存当前设置。

图8-16

> 扣零的标准有5、1、0.5、0.1等数。

7. 公式设置

公式设置是指建立当前工资类别下的工资计算公式。下面以表8-2中公式为例介绍公式设置的操作方法。

表8-2   "管理人员"类别下的公式

公式1	应发合计=基本工资+奖金+福利费
公式2	扣款合计=其他扣款+代扣税
公式3	实发合计=应发合计-扣款合计

（1）在主界面窗口，双击【人力资源】→【工资管理】→【设置】→【公式设置】，系统弹出"工资公式设置"窗口，选择"计算方法"选项卡，如图8-17所示。

图8-17

"计算方法"选项卡用于对工资计算公式进行管理。

- **公式名称**：录入新增的名称或选择要查看、编辑的名称。
- **导入**：从外部导入计算公式。
- **计算方法**：该窗口显示所选择公式名称下的计算公式。
- **条件**：系统内部的判断条件。
- **运算符**：计算公式经常用到的计算符号。
- **项目**：在项目设置中所有建立的项目都显示出来，以供选择。
- **项目值**：显示当前项目的内容；如选中"部门"项目，右侧会自动显示当前工资类别下的所有部门。

（2）建立公式1。在"计算方法"窗口，首先单击"新增"按钮，窗口切换到可编辑状态。双击项目下的"应发合计"，单击运算符下的"="，然后双击项目下的"基本工资"，单击运算符下的"＋"，最后双击项目下的"奖金"，单击运算符下的"＋"，双击项目下的"福利费"即可。

公式可手工录入，也可用上面的方法录入。手工录入时一定要注意所录入的项目是否存在。录入时一定要注意光标的位置，以防公式录入错误。修改公式方法是：将光标移到要修改的位置，按键盘上的"退格"或"删除"键进行修改即可。

（3）建立公式 2。光标在第一条公式最末，按下键盘上 Enter（回车）键，光标移动到第二行。首先双击项目下"扣款合计"，单击运算符下"="，然后双击项目下"其他扣款"，单击运算符下的"+"，最后双击项目下"代扣税"即可。

（4）按照前面的设置方法将公式 3，之后，录入公式名称"管理计算方法"。单击"公式检查"按钮可检查公式是否正确。单击"保存"按钮保存当前公式名称和计算方法的定义，如图 8-18 所示。

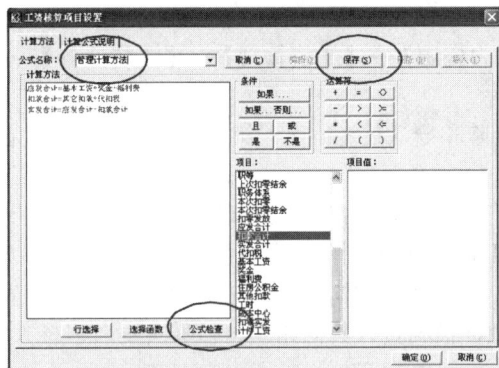

图 8-18

要修改公式，一定要先选中"公式名称"，然后单击"编辑"按钮，在"计算方法"窗口下修改为正确公式，最后单击"保存"按钮。

8.3 日 常 处 理

日常处理包括工资业务和人员变动设置。下面以"管理人员"类别的工资为例，介绍工资的日常处理工作。

在主界面窗口，双击【人力资源】→【工资管理】→【类别管理】→【选择类别】，系统弹出"类别选择"窗口，选中"管理人员"，单击窗口右下角的"选择"按钮，表示当前要处理"管理人员"类别下的业务。

8.3.1 工资业务

工资业务主要包括处理工资的录入、所得税计算和费用分配等操作。

1. 工资录入

下面以表 8-3 中数据为例，介绍工资录入的方法。

工资录入

表 8-3   要录入的工资数据   单位:元

职员代码	职员姓名	基本工资	奖 金	福利费	其他扣款
01	陈静	8 000	200	50	50.23

续表

职员代码	职员姓名	基本工资	奖 金	福利费	其他扣款
02	严秀兰	6 000	150	50	45.78
03	何钰	5 000	100	50	23.18
04	陈铮	5 000	100	50	45.00
05	杨玉琴	4 800	100	50	12.98
06	刘国燕	4 500	100	50	24.50
11	吴宁	4 650	100	50	33.85
12	肖海波	4 250	50	50	22.35

（1）在主界面窗口，双击【人力资源】→【工资管理】→【工资业务】→【工资录入】，系统弹出"过滤器"窗口，如图8-19所示。

在窗口中可以新增、编辑、删除和导入过滤方案。第一次使用该功能时首先要建立一个"过滤方案"。

（2）单击图8-19中的"增加"按钮，系统弹出"定义过滤条件"窗口，录入过滤名称"1"，计算公式选择"管理计算方法"，在工资项目中选择以下项目：职员代码、职员姓名、部门名称、银行名称、个人账号、上次扣零结余、本次扣零、本次扣零结余、扣零发放、应发合计、扣款合计、实发合计、代扣税、基本工资、奖金、福利费、其他扣款、扣零实发、审核人和制表人，如图 8-20所示。

图8-19

图8-20

窗口中的"序号"是当前项目显示的列号，单击"上移、下移"按钮，可以将所选中的项目移动到所要的序号处，选中制表人、审核人项目，单击"下移"按钮，将此两项移到最后位置。

（3）单击"确定"按钮，系统弹出提示对话框，单击"确定"按钮，系统返回"过滤器"窗口，并显示刚才所增加的方案，选中"1"方案，单击"确定"按钮，系统进入"工资数据录入"窗口，如图8-21所示。

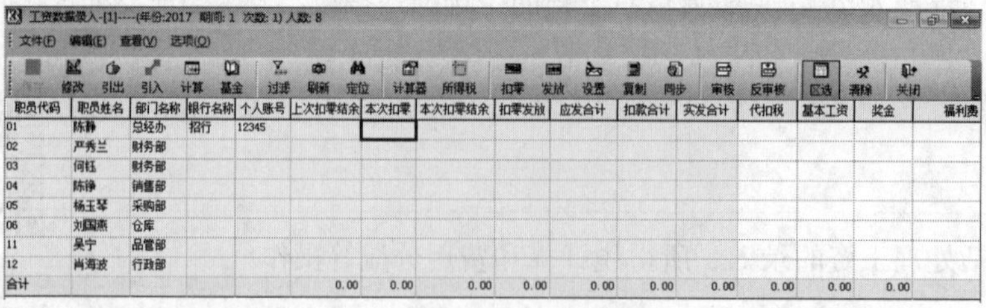

图8-21

窗口上的项目有两种颜色数据，黄色表示由系统自动生成的数据，如职员代码、实发合计等，白色是可修改选项的数据。

（4）录入表8-3中数据。将移动窗口下部的"滚动条"，移到相关项目，并录入数据，录入完成单击"保存"按钮保存工资。单击菜单【编辑】→【重新计算】，系统会根据所设置的公式在相应项目下计算出新的结果。单击工具栏上的"扣零"按钮，系统进入扣零处理工作，请注意"扣零实发"

与"实发合计"之间的对比，如图 8-22 所示。

图 8-22

为确保工资发放正确，需要对工资数据进行审核，审核后的工资数据不能修改，只有反审核后才能修改。工资审核通常是在"期末结账"前才处理。

审核功能位于"工资数据录入"窗口中的"编辑"菜单下。

由于个人所得税还未计算，所以在此暂时不用审核。

2. 所得税计算

所得税计算可以灵活处理不同标准的个人所得税，为财务人员减轻工作量。下面练习在"管理人员"类别下进行个人所得税的设置，操作步骤如下。

（1）在主界面窗口，双击【人力资源】→【工资管理】→【工资业务】→【所得税计算】，系统弹出"过滤"窗口，保持默认值，单击"确定"按钮进入"个人所得税数据录入—[标准格式]"窗口，单击"方法"按钮，系统弹出"所得税计算"方法设置窗口，选择"按工资发放期间计算"，单击"确定"按钮如图 8-23 所示。

所得税计算

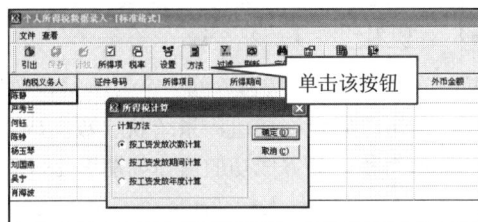

图 8-23

（2）返回录入窗口，再单击"设置"按钮，系统进入"个人所得税初始设置"窗口，切换到"编辑"选项卡，单击"新增"按钮，再单击"税率类别"右侧按钮，如图 8-24 所示。

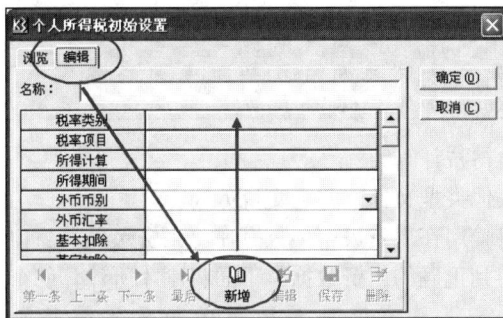

图 8-24

（3）系统进入"个人所得税税率设置"窗口，切换到"编辑"选项卡，单击"新增"按钮，系统弹出提示窗口，单击"确定"按钮，系统将显示税率设置，名称录入"税率"，单击"保存"按钮保存设置，单击"确定"按钮如图 8-25 所示。

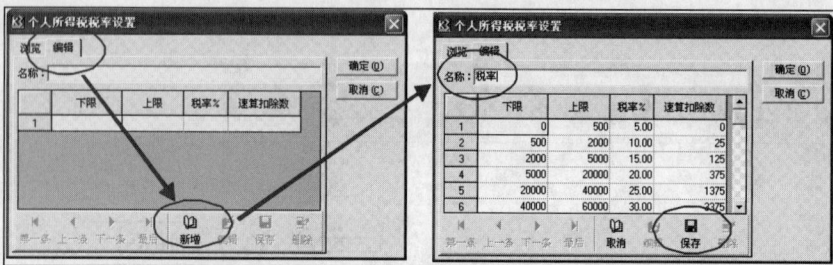

图 8-25

（4）返回"个人所得税初始设置"窗口，请注意"税率类别"旁的按钮变化。单击"税率项目"旁按钮，系统弹出"所得项目计算"窗口，切换到"编辑"选项卡，单击"新增"按钮，在所得项目处第 1 行选择"实发合计"，并选择属性"增项"，所得项目处第 2 行选择"住房公积金"，并选择属性"减项"，名称录入"税项目"，如图 8-26 所示。

"增项"表示计算所得税时作为计算基础的增项，而"减项"表示计算所得税时作为计算基础的减项，如住房公积金和社保费用等。

（5）单击"保存"按钮保存设置，单击"确定"按钮返回"个人所得税初始设置"窗口，请注意"税率项目"旁的按钮变化。单击"所得计算"旁按钮，系统弹出"所得项目计算"窗口，双击"税项目"，并返回"个人所得税初始设置"窗口中的"编辑"选项卡，所得期间录入"1-12"，币别选择"人民币"，基本扣除录入"3500"，名称录入"个人所得税"，如图 8-27 所示。

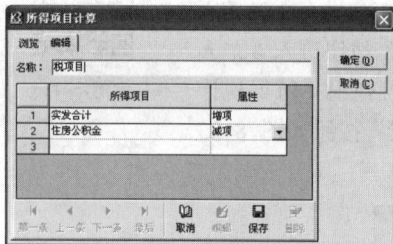

图 8-26

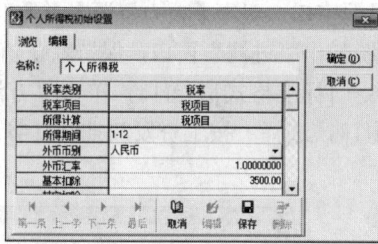

图 8-27

（6）单击"保存"按钮保存设置，单击"确定"按钮返回"个人所得税数据录入-[标准格式][方法-本期]"窗口，系统弹出提示窗口，单击"确定"按钮，系统获取数据成功后，再次弹出提示窗口，单击"确定"按钮，系统开始计算所得税，计算成功的窗口如图 8-28 所示。

纳税义务人	证件号码	所得项目	所得期间	收入人民币	外币名称	人民币合计	减费用额	应税所得额	税率项目额	税率项目	税案计算额	税率	速算扣除	扣缴所得税额	批准延期
陈静		税项目	1-12	8199.77	人民币	8199.77	3500.00	4699.77	8199.77	8199.77	4699.77	0.15	125.00	579.97	
严秀兰		税项目	1-12	6154.22	人民币	6154.22	3500.00	2654.22	6154.22	6154.22	2654.22	0.15	125.00	273.13	
何钰		税项目	1-12	5126.82	人民币	5126.82	3500.00	1626.82	5126.82	5126.82	1626.82	0.10	25.00	137.68	
陈婵		税项目	1-12	5105.00	人民币	5105.00	3500.00	1605.00	5105.00	5105.00	1605.00	0.10	25.00	135.50	
杨玉琴		税项目	1-12	4937.02	人民币	4937.02	3500.00	1437.02	4937.02	4937.02	1437.02	0.10	25.00	118.70	
刘国惠		税项目	1-12	4625.50	人民币	4625.50	3500.00	1125.50	4625.50	4625.50	1125.50	0.10	25.00	87.55	
吴宁		税项目	1-12	4766.15	人民币	4766.15	3500.00	1266.15	4766.15	4766.15	1266.15	0.10	25.00	101.62	
肖海波		税项目	1-12	4327.65	人民币	4327.65	3500.00	827.65	4327.65	4327.65	827.65	0.10	25.00	57.77	

图 8-28

（7）单击"保存"按钮保存所得税计算。

单击"引出"按钮可以引出其他类型文件，并上交税务局。

个人所得税计算后，并未直接使用在工资表中，只有在"工资录入"窗口，引入个人所得税数据，然后再进行工资计算，才能得到正确的工资数据。下面将刚才所计算的个人所得税数据引入工资表中，操作步骤如下。

在主界面窗口，双击【人力资源】→【工资管理】→【工资业务】→【工资录入】，系统弹出"过滤"窗口，选中"1"方案，单击"确定"按钮进入"工资数据录入"窗口，注意此时"代扣税"列为空白无数据，光标放置该列，单击工具栏上"区选"按钮，再单击"代扣税"列头，选中整列并反黑显示，单击"所得税"按钮，系统弹出提示窗口，选择"引入本期所得税"，单击"确定"按钮，引入所有职员个人所得税数据，如图 8-29 所示。单击"保存"按钮保存个人所得税数据。

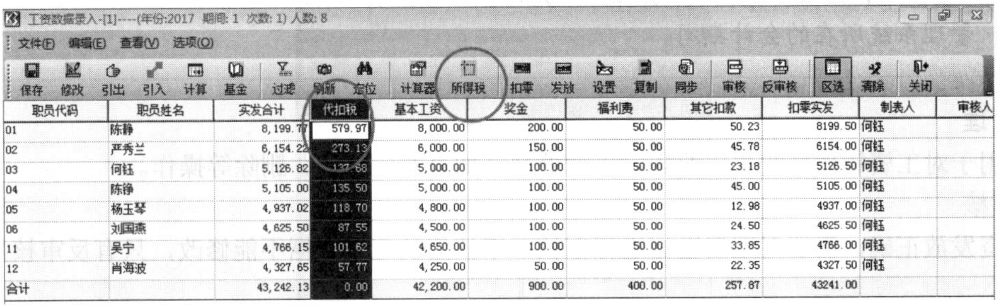

图 8-29

3. 费用分配

费用分配是指根据系统所设置的分配方案或计提方案生成凭证的过程。

将总经办、财务部、采购部和仓库下的"扣零实发"分配到"管理费用-工资"科目，将"销售部"下的"扣零实发"分配到"营业费用—员工工资"科目。

（1）在主界面窗口，双击【人力资源】→【工资管理】→【工资业务】→【费用分配】，系统弹出"费用分配"窗口，窗口分为两个选项卡，在"浏览"选项卡中可以查看系统中已有的分配方案，可以生成凭证或查询凭证；在"编辑"选项卡中可以对分配方案进行新增、编辑、删除等操作。

费用分配

（2）切换到"编辑"选项卡，单击"新增"按钮，系统切换到编辑状态，录入分配名称"工资分配"、摘要内容"工资分配"、凭证字"记"，单击第一行部门项的"（获取）"按钮，获取"总经办"，工资项目处选择"扣零实发"项目，费用科目获取"6602.04—管理人员工资"科目，工资科目获取"2211—应付职工薪酬"科目；在第二行部门处获取"财务部"，其他同第一行；第三行部门获取"销售部"，费用科目获取"6601.04—业务员工资"，其他同第一行；第四至第七行部门分别获取"采购部""仓库""品管部"和"行政部"，其他同第一行，设置完成的窗口如图 8-30 所示。

（3）单击图 8-30 中的"保存"按钮保存当前设置。若需修改、删除该方案，单击工具栏上"编辑"或"删除"按钮即可。

> 注意
>
> 若勾选"跨账套生成工资凭证"项，则需选择总账账套，设置后，系统生成的凭证会自动传递到所选择的账套中。

（4）将设定的方案生成凭证。单击"浏览"选项卡，切换到浏览窗口，勾选"工资分配"，选中"按工资会计期间生成凭证"，单击"生成凭证"按钮，系统弹出提示对话框，单击"确定"按钮。稍后系统弹出"信息"窗口，单击"关闭"按钮，然后单击"查询凭证"按钮，系统进入"凭证处理"窗口，选中该记录后双击鼠标，系统弹出"记账凭证-查看"窗口，如图 8-31 所示。

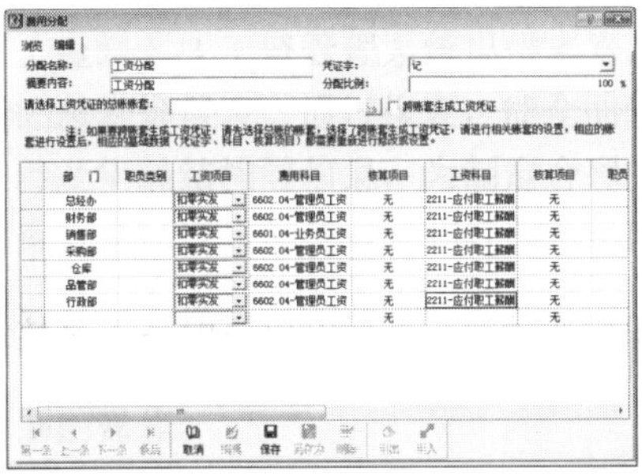

图 8-30

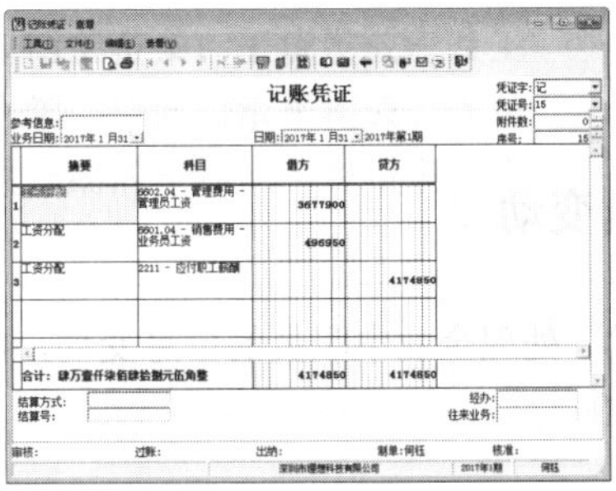

图 8-31

表8-4　　工资条项目排列顺序

1	2	3	4	5	6	7	8	9	10	11	12	13	14	15	16
职员代码	职员姓名	部门名称	上次扣零结余	本次扣零	本次扣零结余	扣零发放	基本工资	奖金	福利费	应发合计	代扣税	其他扣款	扣款合计	实发合计	扣零实发

（1）在主界面窗口，双击【人力资源】→【工资管理】→【工资报表】→【工资条】，系统弹出"过滤器"窗口，如图8-35所示。

- **标准格式**：系统预设的标准过滤方案。
- **当期查询**：查询当前工资会计期间的工资条。

（2）新增过滤方案。单击图8-35中的"增加"按钮，系统弹出"定义过滤条件"窗口，录入过滤名称"工资条1"，根据表8-4中数据选中相应工资项目，并单击"上移""下移"按钮，按表中序号进行排列，设置完成的窗口如图8-36所示。

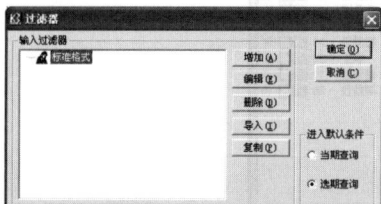

图8-35

图8-36

在条件选项卡中可以设置过滤方案，在排序选项卡中可以设置排序字段。

（3）单击"确定"按钮，系统弹出提示，单击"确定"按钮。新增"工资条1"过滤方案，并返回"过滤器"窗口。选中"工资条1"方案，单击"确定"按钮，系统弹出"工资条打印"窗口，如图8-37所示。

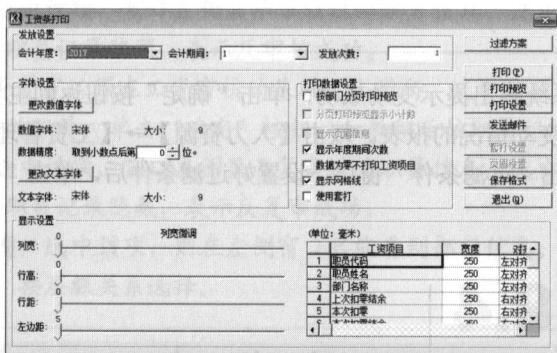

图8-37

- **发放设置**：选择工资条的会计年度、会计期间和发放次数。
- **字体设置**：单击更改按钮可以进行数值和文本字体的修改，数据精度可以设置小数位。
- **显示设置**：微调选中右下角项目的列宽和行高等。
- **过滤方案**：重新选择过滤方案。
- **打印设置**：设置打印时的打印机、纸张大小和方向等内容。
- **使用套打、套打设置**：选中使用套打，则可以进行套打设置。
- **数据为零不打印工资项目**：选中该项，当项目数据为零时不打印，反之打印出来。

（4）单击"打印预览"按钮，系统进入"打印预览-工资条"窗口，如图8-38所示。

图 8-38

用户通过预览发现打印格式不美观，更改方法有 3 种：第 1 种是纸张方向选择"横向"；第 2 种是选择尽量大的纸张，如 A3 纸张；第 3 种是修改列的宽度。在此采用第 1 种和第 3 种方法。

（5）单击"关闭"按钮返回"工资条打印"窗口，单击"打印设置"按钮，系统弹出"打印设置"窗口，修改方向为"横向"，单击"确定"按钮返回"工资条打印"窗口，再单击"打印预览"按钮，系统进入"打印预览-工资条"窗口，如图 8-39 所示。

图 8-39

通过预览窗口发现，格式虽有所变化，但是还没达到要求，下一步可以修改每一个项目的列宽。单击"关闭"按钮返回"工资条打印"窗口，项目宽度全部修改为 140，如图 8-40 所示。

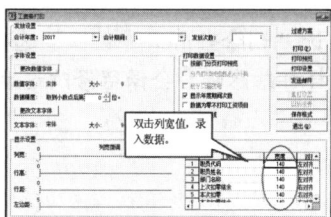

图 8-40

（6）单击"打印预览"按钮，系统进入"打印预览"窗口，打印格式基本达到要求后，单击工具栏上的"打印"按钮即可输出工资条内容。

> 调整打印格式时，先使用"打印预览"，可随时查看输出效果，以供参考调整。

8.5 期 末 结 账

期末结账主要是在月末对相应的数据进行结账处理，以便进入下一期或下一次工资发放时处理新的工资业务。

在主界面窗口，双击【人力资源】→【工资管理】→【工资业务】→【期末结账】，系统弹出"期末结账"窗口，在此选中"本期"，单击"开始"按钮即可完成结账工作，如图 8-41 所示。

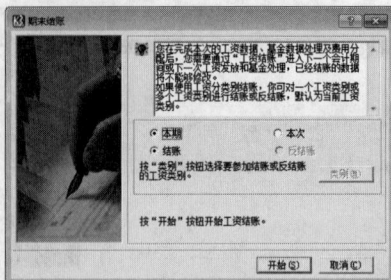

图 8-41

● **本次**：如果一月多次发放工资，在分配完本次工资费用数据后，可以采用本次结账方式进入到本月下一次工资发放。

● **本期**：一月内多次发放工资时，应先采用本次结账方式终结各次工资发放数据，然后把本期内多次工资数据结转，从而进入下一期工资发放。

● **类别**：选择要结账的工资类别。

> （1）结账时，系统会自动复制每个类别下的固定工资项目数据。当对其中一个工资类别进行反结账操作时，若选取删除当前工资数据功能，则自动删除当前工资数据，而且其他所有工资类别也同时跟着反结账并自动删除当前工资数据。
>
> （2）工资管理的"系统参数"中设置了工资结账前必须审核或者必须复审，则需要在结账前对工资数据进行审核或者复审，否则不给予结账处理。

系统同时提供了反结账功能，在"期末结账"窗口，选中"反结账"，单击"开始"按钮即可。

> 反结账时，如果未勾选"删除当前工资数据"选项，则在反结账时，不删除已经存在的工资数据，这样再结账时，会保留修改过后的固定工资项目数据。

8.6 课后习题

（1）工资管理系统中必须有几个工资类别？

（2）在什么时候使用选择类别？

（3）部门导入数据时有几种数据源？

（4）工资项目有几种属性？

（5）工资期末结账的基本条件是什么？

实验七 工资管理

【实验目的】

（1）掌握工资基本设置。

（2）掌握工资日常业务处理。

（3）掌握工资报表的查询。

【实验内容】

（1）建立工资类别。

（2）分别导入部门信息和职员信息。

（3）工资项目设置。

（4）工资公式设置。

（5）工资数据录入。

（6）个人所得税处理。

（7）工资报表查询。

【实验资料】

（1）工资类别：①管理人员；②计件工资。

（2）部门档案，如表 8-5 所示。

表 8-5　　　　　　　　　　　　　　　　部门档案

代　码	名　　称	工资类别
01	总经办	管理人员
02	财务部	管理人员
03	销售部	管理人员
04	采购部	管理人员
05	仓库	管理人员
06	生产部	计件
07	品管部	管理人员
08	行政部	管理人员

（3）职员档案，如表 8-6 所示。

表 8-6　　　　　　　　　　　　　　　　职员档案

代　码	姓　名	部　门	工资类别
01	何小川	总经办	管理人员
02	贺君兰	财务部	管理人员
03	李　丽	财务部	管理人员
04	王力保	销售部	管理人员
05	叶小英	采购部	管理人员
06	谭艳	仓库	管理人员
07	唐友利	生产部	计件
08	王宝强	生产部	计件
09	袁　有	生产部	计件
10	李丰富	生产部	计件
11	张　先	品管部	管理人员
12	谢至星	行政部	管理人员

（4）管理人员类别下的公式，如表8-7所示。

表8-7　　　　　　　　　　　　　　　　管理人员工资公式

公式1	应发合计=基本工资+奖金+福利费
公式2	扣款合计=其他扣款+代扣税
公式3	实发合计=应发合计-扣款合计

（5）计件工资类别下的公式，如表8-8所示。

表8-8　　　　　　　　　　　　　　　　计件工资公式

公式1	应发合计=基本工资+奖金+福利费+计件工资
公式2	扣款合计=其他扣款+代扣税
公式3	实发合计=应发合计-扣款合计

（6）管理人员工资数据，如表8-9所示。

表8-9　　　　　　　　　　　　管理人员工资表　　　　　　　　　　　　单位：元

职员代码	职员姓名	基本工资	奖　金	福利费	其他扣款
01	何小川	10 000	500	50	50.23
02	贺君兰	8 000	300	50	45.78
03	李　丽	4 500	100	50	23.18
04	王力保	5 000	100	50	45
05	叶小英	3 200	100	50	58.30
06	谭　艳	3 000	100	50	67
11	张　先	2 800	100	50	23
12	谢至星	3 100	100	50	55

（7）计件工资数据，如表8-10所示。

表8-10　　　　　　　　　　　　计件工资表　　　　　　　　　　　　单位：元

职员代码	职员姓名	基本工资	计件工资	福利费	其他扣款
07	唐友利	3 000	1 200	50	35
08	王宝强	2 800	880	50	35
09	袁　有	2 500	960	50	35
10	李丰富	2 500	1 100	50	35

【实验步骤】

（1）以"李丽"登录"100 宇纵科技有限公司"账套，新增管理人员和计件工资类别。

（2）导入部门信息。

（3）导入职员档案。

（4）新增"计件工资"项目。

（5）新增管理人员工资类别下的公式。

（6）新增计件工资类别下的公式。

（7）录入管理人员工资。

（8）进行所得税设置，设置个税扣除基数 3 500。

（9）计算个税后，再返回工资录入中导入个税，重新计算工资数据。

（10）录入计件工资数据。

（11）费用分配凭证处理。

（12）查询设置工资条格式。

【学习重点】

通过本章学习，了解现金日记账处理方法和现金对账、银行日记账处理方法，银行对账单录入、对账单如何与银行日记账进行对账处理、支票管理和各种出纳报表的查询等方法。

9.1 系 统 概 述

现金管理系统主要处理企业中的日常出纳业务，包括现金业务、银行业务、票据管理及其相关报表和系统维护等内容。会计人员在该系统中可以根据出纳录入的收付款信息生成凭证并将其传递到总账系统。现金管理系统既可同总账系统连用，也可单独使用。

1. 使用现金管理系统需要设置的内容

- **公共资料**：包括科目、币别、供应商、客户、部门和职员等。公共资料是本系统所涉及的最基础的资料，必须设置，否则在进行单据处理时会受到相应的限制。
- **系统设置资料**：系统设置是针对该模块的参数再进行详细化的设置。

2. 现金管理系统可执行的查询的报表

现金日报表、现金收付流水账、银行对账日报表、银行存款日报表、资金头寸表和到期预警表。

3. 应用流程

现金管理系统的应用流程如图 9-1 所示。新用户的使用需从系统初始化开始；老用户使用时因已经完成系统初始设置，所以直接进行日常业务处理即可。

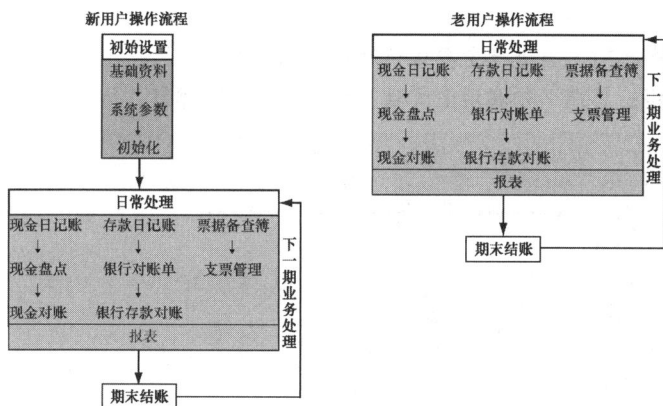

图 9-1

4. 现金管理系统与其他系统的数据流向

现金管理系统与其他系统的数据流向如图 9-2 所示。

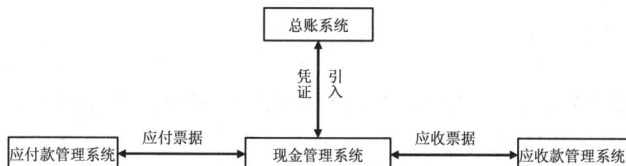

图 9-2

- **总账系统**：现金管理系统从总账系统引入现金和存款日记账数据，根据录入的收付款数据生成凭证并传送到总账系统。
- **应收款管理系统**：应收票据（指商业承兑汇票和银行承兑汇票）与应收款管理系统中的应收票据完全共享。此参数通过"应收款管理系统"参数进行设置。
- **应付款管理系统**：应付票据（指商业承兑汇票和银行承兑汇票）与应付款管理系统中的应付票据完全共享。此参数通过"应付款管理系统"参数进行设置。

9.2
初 始 设 置

初始设置包括基础资料、系统参数和初始化数据录入，基础资料设置方法请参照第3章，本小节重点讲解系统参数设置和初始化数据录入。

9.2.1 现金管理系统参数设置

现金管理系统参数设置是针对现金管理系统模块的各种选项进行设置。

【系统设置】→【系统设置】→【现金管理】→【系统参数】，系统弹出"系统参数"设置窗口，如图9-3所示。

现金管理系统参数

1. 现金管理
- **启用会计年度、会计期间**：启用现金管理系统的会计年度和会计期间。
- **当前会计年度、会计期间**：现金管理系统目前的会计年度和会计期间。
- **预录入数据会计年度、会计期间**：现金管理系统预录入数据的会计年度和会计期间。
- **现金日记账和银行存款日记账默认汇率类型**：有固定汇率和浮动汇率选择，并设置汇率的小数位。
- **启用支票密码**：选中此项，当进行支票核销时要求录入密码。
- **结账与总账期间同步**：总账必须在现金管理系统结账后方可结账。

图9-3

- **自动生成对方科目日记账**：选中此项，在现金日记账中新增，对方科目有现金、银行存款科目时，自动生成该现金、银行存款科目的日记账；同样，在银行存款日记账中新增，对方科目有现金或银行存款科目时，也自动生成该现金或银行存款科目的日记账。

- **允许从总账引入日记账**：选中此项，则表示可以从总账引入现金日记账和银行存款日记账。反之，则双击"总账数据-引入日记账"提示"没有选择'允许从总账引入日记账'参数，禁止从总账引入日记账"，不可操作，同时现金日记账和银行存款日记账的引入按钮和文件菜单中"从总账引入日记账"都为灰色。
- **审核后的凭证才可复核记账**：选中此项，总账凭证经审核后才可复核记账；否则不能复核记账。
- **与总账对账期末余额不等时不允许结账**：现金管理系统在结账时，系统判断银行日记账与现金日记账所有科目以及科目的所有币别与总账的对应科目和币别的余额是否相等，只有相等的情况下才允许结账。
- **日记账所对应总账凭证必须存在**：选中此项，录入日记账所对应凭证字号在总账中必须存在；反之，系统不判断录入日记账对应凭证字号在总账中是否存在。
- **提交网上银行的付款单，只有付款成功才可登账或发送**：选中此项，提交网上银行的付款单，只有提交银行付款成功后才可登账或发送；否则系统不判断银行处理状态就可以登账或发送。
- **与结算中心连用**：选中此项，数据传输设置表页的各个参数才可以进行设置，否则数据传输表页为灰，不可以录入任何信息；同时主界面上的"收款单通知单录入"和"收款通知单序时簿"这两个功能是不可以使用的；与结算中心连用这个参数设置主要是用于进行将票据发送到结算中心，以及付款申请单、收款通知单提交结算中心，获取结算信息；从结算中心下载收款单和付款单。

2. 现金管理参数设置

在此勾选图 9-3 中"系统参数"窗口中的"结账与总账期间同步"。

> 财务工作的主要任务就是凭证处理，若应收款、应付款、固定资产等管理系统单独使用，则只能在总账系统中自行录入应收款、应付款等的业务凭证，这样数据不能共享，而且费时费力，所以建议各系统都与总账系统相连。

9.2.2 现金管理初始数据录入

现金管理初始数据录入是处理涉及公司的现金科目和银行存款科目引入，期初余额、累计发生额的录入，以及对银行存款科目的银行未达账、企业未达账初始数据的录入和余额调节表的平衡检查、综合币的定义等内容。现金管理初始数据处理流程是科目维护→未达账→余额调节表→平衡检查→结束初始化。

1. 科目维护

现金管理系统没有自己的科目，必须从总账系统中引入现金和银行科目。使用"从总账引入科目"功能引入科目。

（1）双击【系统设置】→【初始化】→【现金管理】→【初始数据录入】，系统进入"初始数据录入"窗口，"科目类别"选择"现金"，如图 9-4 所示。

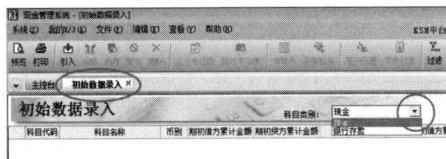

初始数据录入

图 9-4

（2）单击图 9-4 中菜单的【编辑】→【从总账引入科目】，系统弹出"从总账引入科目"设置窗口，如图 9-5 所示。

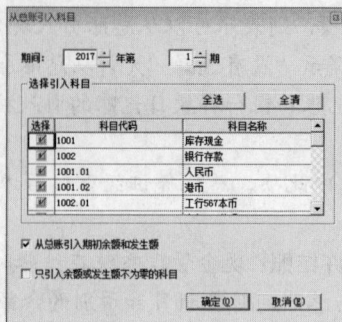

图9-5

（3）采用默认值，单击"确定"按钮。稍后系统会将引入的数据显示在窗口中，如图9-6所示。

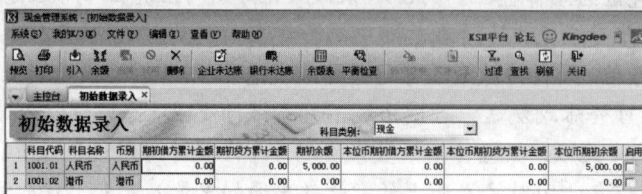

图9-6

注意

（1）设置核算"所有币别"的科目，会自动分币别引入多个账户。

（2）从总账引入的科目，其科目属性必须有"现金科目"或"银行科目"，否则科目不能引入；引入时只引入总账中的明细科目。

（3）切换现金、银行科目的方法是单击"科目类别"右侧的下拉按钮，属银行存款科目的要填好"银行账号"。

（4）引入科目时系统会自动将数据引入，不用再"从总账引入余额"。

2. 未达账

未达账设置包括企业未达账和银行未达账设置。

（1）企业未达账

单击图9-6中工具栏上的"企业未达账"按钮，系统切换到"企业未达账"窗口，选中未达账的科目，如"1002.01　工行　567本币"，单击工具栏上"新增"按钮，系统弹出"企业未达账-新增"窗口，如图9-7所示。必填项有科目、币别、日期、结算方式和金额。

（2）银行未达账

在"初始数据录入"窗口，单击图9-6中工具栏上的"银行未达账"按钮，系统切换到"银行未达账"窗口，单击工具栏上的"新增"按钮，系统弹出"银行未达账-新增"窗口，如图9-8所示。必填项有科目、币别、日期和金额。

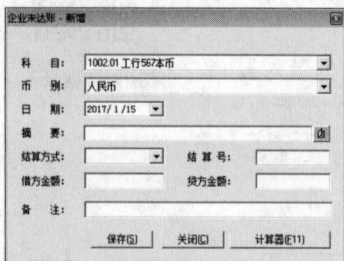

图9-7

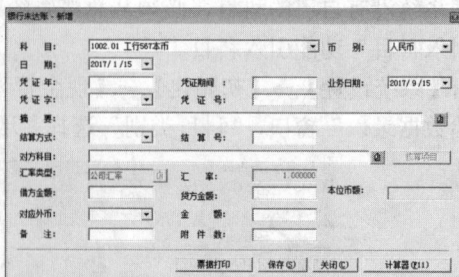

图9-8

3. 余额调节表

存在未达账时，企业单位银行存款日记账的余额和银行对账单的余额往往是不相等的，可以通过单击工具栏上的"余额表"进行查看。

具体调整方法如下：银行存款日记账的余额＋银行已收，企业未收的金额－银行已付，企业未付的金额=调整后（企业账面）余额；银行对账单的余额＋企业已收，企业未收的金额－企业已付，银行未付的金额=调整后（银行对账单）余额。调整后两者的余额相等，表明企业银行存款账相符。

4. 平衡检查

平衡检查是指检查所有的银行存款科目的余额调节表是否都平衡，系统会给予相应提示。

5. 结束初始化

科目维护完成，所有的银行存款科目的余额调节表都平衡后，单击菜单【编辑】→【结束初始化】，系统弹出"启用会计期间"窗口，选择正确的期间后单击"确定"按钮，系统提示"结束初始化后不能修改数据，是否继续？"，在这里单击"是"按钮，系统稍后弹出"初始化完毕"提示。

结束初始化后，若发现初始数据错误，在启用当期可选择菜单【编辑】→【反初始化】，回到初始化状态，修改初始数据。待数据修改完成后，再结束初始化。

初始化账套的启用时间和引入的总账科目及其余额的时间应一致。

9.3 日常处理

日常处理包括总账数据、日常的现金日记账、银行存款日记账和票据等工作。

9.3.1 总账数据

总账数据主要从总账系统引入现金日记账和存款日记账，引入数据后可与总账系统的数据进行对比，若现金管理系统单独使用，则不能使用该功能。系统提供复核记账、引入日记账和与总账对账功能。

总账数据

1. 复核记账

复核记账是将总账系统中有关现金和银行存款科目的凭证引入现金管理系统，省去手工录入日记账的烦琐。

（1）在主界面窗口，双击【财务会计】→【现金管理】→【总账数据】→【复核记账】，系统弹出"复核记账"窗口，在窗口中可以设置复核的期间、科目范围和币别范围，如图9-9所示。

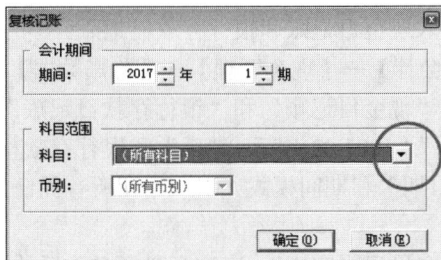

图 9-9

> **注意**　科目范围是"初始化"时"从总账引入科目"生成的。随着公司业务发展，可能会随时新增现金科目和银行存款科目，若这些新增科目需要进行"现金管理"时，可在现金管理系统的"初始数据录入"窗口，通过"从总账引入科目"引入新增的科目。

（2）选择科目范围后，单击"确定"按钮，系统进入"复核记账"窗口，如图9-10所示。

图9-10

（3）登账设置。单击图9-10中的菜单【文件】→【登账设置】，系统弹出"登账设置"窗口，如图9-11所示。

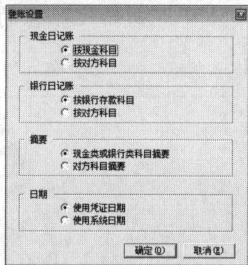

图9-11

- **按现金科目/银行存款科目登账：**选择按现金科目或按银行存款科目登账，系统会根据凭证中的现金、银行科目的第一个对应科目登记日记账。凭证是一对一分录形式时，按两种登账方式引入的记账是相同的；凭证是一对多、多对一分录形式时，登录现金和银行对应的摘要、金额、对方第一科目等内容；凭证是多对多分录形式时，不论登录形式如何，登录现金、银行对应的摘要、金额，对方科目为对方的第一科目。

- **按对方科目登账：**选择按对方科目登账，系统会根据凭证中现金、银行科目的所有对应科目登记日记账。凭证是一对一分录形式时，按两种登账方式引入的记账是相同的；凭证是一对多、多对一分录形式时，登录对方科目对应的摘要、金额或是现金、银行对应的摘要、金额，对方科目是对方的第一科目；凭证是多对多分录形式时，不论是登录形式如何，登录现金、银行对应的摘要和金额，对方科目为对方的第一科目。

- **日期：**登账日期方式有两种。使用凭证日期作为登账日期时，系统首先取凭证的业务日期，若业务日期为空，取凭证记账日期；若凭证日期和业务日期在相同月份，则取业务日期；若凭证日期和业务日期不在相同月份，则登账日期为凭证日期（月份加日"01"）；使用系统日期作为登账日期时，日记账取计算机当前日期。

"登账设置"保持不变。选中要复核的凭证，单击工具栏上的"登账"按钮，稍后系统隐藏该条记录，表示登账成功。

2. 引入日记账

引入日记账是指从总账系统中引入现金日记账和银行存款日记账。

（1）在主界面窗口，双击【财务会计】→【现金管理】→【总账数据】→【引入日记账】，系统弹出"引入日记账"窗口。通过切换"现金日记账"和"银行存款日记账"选项卡，分别选中现金日记账科目"1001.01 人民币-人民币""1001.02 港币-港币"和银行存款相关科目，并设置引入方式"按现金科目"、日期"使用凭证日期"和期间模式"引入本期所有凭证"等条件，单击"引入"按钮，如图9-12所示。

（2）稍后系统弹出提示"引入现金日记账完毕"，应注意科目名称后的"状态"栏。

（3）单击"银行存款日记账"选项卡，采用默认设置，单击"引入"按钮，稍后系统弹出引入成功提示。

3. 与总账对账

与总账对账是指将现金管理系统中的现金、银行存款日记账与总账系统中的日记账进行核对，以保证现金管理系统的日记账和总账登账的一致性。

在主界面窗口，双击【财务会计】→【现金管理】→【总账数据】→【与总账对账】，系统弹出"与总账对账"窗口，勾选"显示明细记录"和"显示科目对账"，单击"确定"按钮，系统进入"与总账对账"窗口，窗口左侧显示已登记的日记账数据，右侧显示总账系统的日记账数据，如图 9-13 所示。

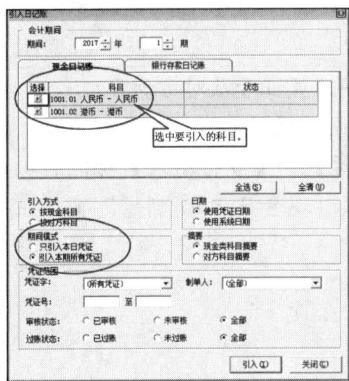

图 9-12

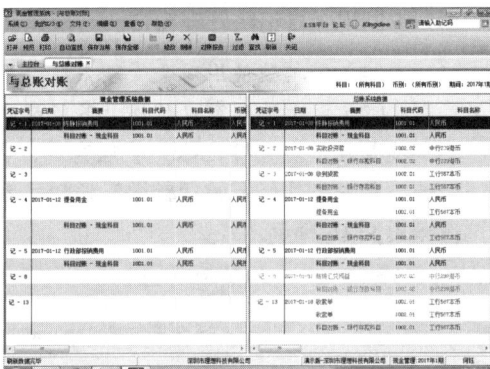

图 9-13

若要修改、删除日记账，选中后单击工具栏上的相应按钮即可。日记账修改后，单击工具栏上的"对账报告"按钮，可以重新查看对账情况。

9.3.2　现金

现金模块主要处理现金日记账的新增、修改、盘点和对账等操作。

1. 现金日记账

现金日记账的新增、修改、删除和打印等操作的具体步骤如下。

（1）在主界面窗口，双击【财务会计】→【现金管理】→【现金】→【现金日记账】，系统弹出"现金日记账"过滤窗口，在窗口中选择要过滤的期间和在报表中要显示的项目。选中"显示已生成凭证记录"，单击"确定"按钮，系统弹出

现金

"现金日记账"窗口，如图 9-14 所示。若账套中有多个现金日记账科目，单击工具栏上的"第一""上一""下一"和"最末"按钮可进行不同科目数据的查看。

图 9-14

（2）现金日记账新增方式有 3 种：第 1 种是"总账数据"下的"复核记账"；第 2 种是单击工具

栏上"引入"按钮，从总账系统引入现金日记账，该方式与"总账数据"下的"引入日记账"相同；第3种是单击工具栏上"新增"按钮，系统进入"现金日记账录入"窗口，如图9-15所示。

图 9-15

在窗口中选择科目、币别和期间后，双击表格中的日期栏修改日期，录入现金日记账的凭证字、凭证号和对方科目等内容。录入完成后单击工具栏上"保存"按钮保存录入数据。单击"关闭"按钮，退出录入窗口返回现金日记账管理窗口。

> （1）若单独使用现金管理系统，不用录入凭证字、凭证号及对方科目。
>
> （2）以上录入窗口称作"多行录入窗口"。系统同时提供单张记录录入窗口，前提是在"现金日记账"管理窗口，去掉菜单【编辑】→【多行输入】功能的勾选。单击工具栏上的"新增"按钮，系统弹出单张式"现金日记账-新增"窗口，如图9-16所示。

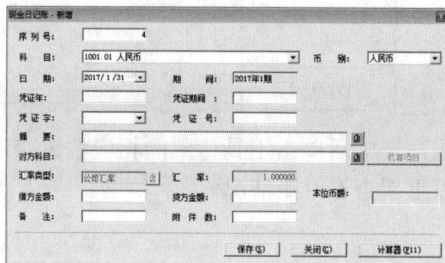

图 9-16

若要修改某条现金日记账的内容，则在"现金日记账"管理窗口选中记录后单击工具栏上"修改"按钮，系统弹出"现金日记账-修改"窗口，修改完成后，单击"保存"按钮保存修改工作。

若要删除某条日记账，则在"现金日记账"管理窗口选中记录后，单击工具栏上"删除"按钮即可。若重新设置窗口项目，单击"打开"按钮，系统弹出"现金日记账"窗口，在窗口中重新设置所要显示的项目。

2. 现金盘点单

现金盘点单显示出纳人员在每天业务完成以后对现金进行盘点的结果。

下面以录入人民币的盘点单为例，介绍具体操作步骤。

（1）在主界面窗口，双击【财务会计】→【现金管理】→【现金】→【现金盘点单】，系统进入"现金盘点单"窗口，如图9-17所示。

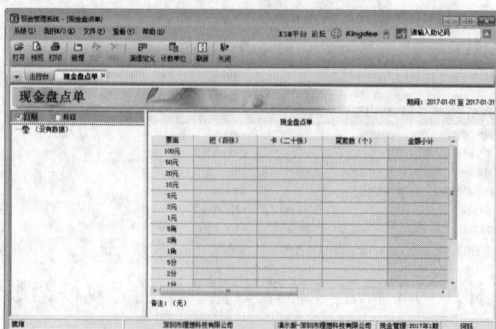

图 9-17

（2）单击工具栏上"新增"按钮，系统弹出"现金盘点单-新增"窗口，选择现金科目，修改日期，在窗口中相应位置录入数据。在录入数据时，一定要注意把握尾款数的含义。

（3）单击"保存"按钮保存录入数据，并返回"现金盘点单"窗口，系统将刚才新增的盘点记录显示在窗口上。

若要修改、删除某日的盘点单，选中窗口左侧的日期或科目中的记录后单击相应按钮即可。

3. 现金对账

现金对账是指现金管理系统自动将出纳账与总账的日记账当期现金发生额和现金余额进行核对，并生成对账表。

在主界面窗口，双击【财务会计】→【现金管理】→【现金】→【现金对账】，系统弹出"现金对账"过滤窗口，在窗口上可以选择要对账的科目和期间范围。保持默认值，单击"确定"按钮进入"现金对账"窗口。单击工具栏上"第一""上一""下一"和"最末"按钮，可以进行不同科目的查询，如图9-18所示。

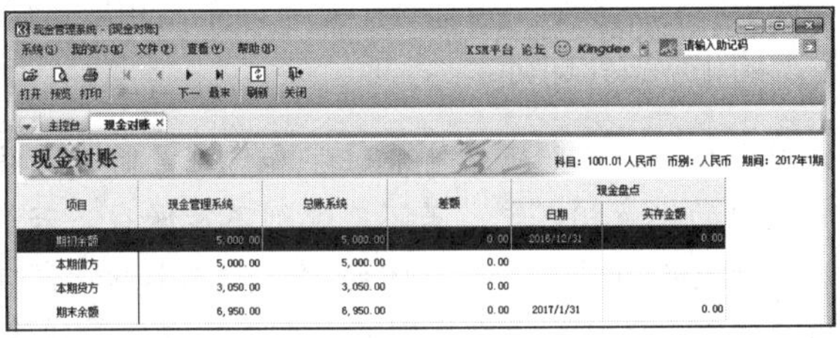

图 9-18

4. 现金日报表

现金日报表用于查询某日的现金借贷情况。

在主界面窗口，双击【财务会计】→【现金管理】→【现金】→【现金日报表】，系统弹出"现金日报表"过滤窗口，选择要查询日报表的日期，单击"确定"按钮，系统进入"现金日报表"窗口。

5. 现金收付流水账

现金收付流水账是根据现金收付时间顺序登记的流水账。在现金收付流水账中，系统可以根据收付款信息直接生成凭证，并将其传递到总账系统。

在主界面窗口，双击【财务会计】→【现金管理】→【现金】→【现金收付流水账】，系统弹出"提示"窗口，单击"确定"按钮，系统进入"初始数据录入"窗口，如图9-19所示，在各项目下录入相应的金额。

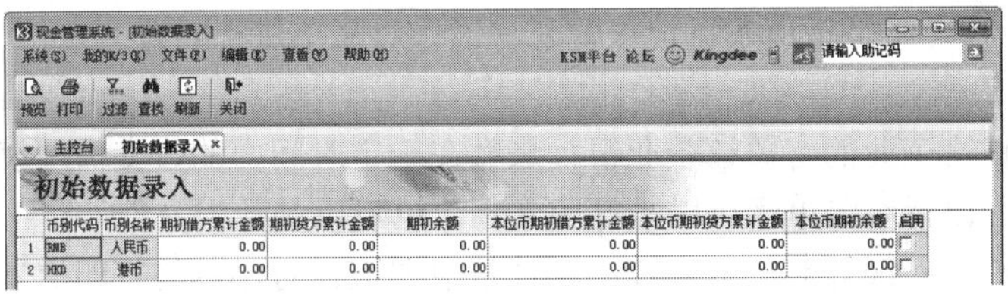

图 9-19

注意　因是第一次使用该功能，所以要初始化。

初始数据录入完成，单击菜单【编辑】→【结束初始化】，系统弹出"启用会计期间"窗口，单击"确定"按钮，系统弹出提示，单击"确定"按钮结束初始化，稍后系统弹出结束成功的提示。

单击"关闭"按钮退出初始化窗口，双击"现金收付流水账"，系统弹出"现金收付流水账"过滤窗口。币别选择"人民币"，单击"确定"按钮，系统进入"现金收付流水账"窗口，单击工具栏上的"新增"按钮，系统进入"现金收付流水账录入"窗口，如图9-20所示。

图9-20

现金收付流水账的录入方法与"现金日记账"的直接新增方法类似，录入日期、凭证字、凭证号、摘要和金额等内容，录入完成后单击"保存"按钮保存录入资料。

若要修改流水账记录，在"现金收付流水账"窗口选中记录，单击相应按钮即可，要查看、删除该记录的凭证时，单击工具栏上的相应按钮即可。

（1）录入的现金收付流水账若带有凭证字和凭证号时，系统会自动检测该记录是否与总账系统中的记录相匹配，若不匹配则不能保存。若录入的流水账经检测有凭证字和凭证号也可以保存，在返回的"现金流水账"窗口，选中该条目，单击工具栏上的"按单、汇总"按钮，则可以生成凭证传递到总账系统。

（2）生成凭证时，操作员一定要有操作总账的凭证权限才行。

9.3.3 银行存款

银行存款主要处理银行存款日记账的新增、修改等操作，并与银行对账单进行对账。

1. 银行存款日记账

银行存款日记账的新增、修改、删除和打印等操作的录入方法请参照"现金日记账"。

修改、删除银行存款日记账的方法是选中要进行修改或删除的记录，单击工具栏上的相应按钮即可。

勾对项目下显示"未勾对"，是指该条日记账暂未与银行对账单进行对账。

2. 银行对账单

银行对账单是银行出具给企业的有关该企业银行账号在一定时间内的收支情况表，可与企业的银行存款日记账进行核对。银行对账单既可以是打印文本，也可以是数据文件。

现金管理系统提供两种录入银行对账单方式：一种是根据银行对账单的打印文本手工录入，另一种是从银行取得对账单数据文件（要求必须转化成文本文件，即扩展名为.TXT文件），直接引入。

双击【财务会计】→【现金管理】→【银行存款】→【银行对账单】，系统弹出"银行对账单"过滤窗口，设定过滤条件后，单击"确定"按钮，系统进入"银行对账单"窗口，如图9-21所示。

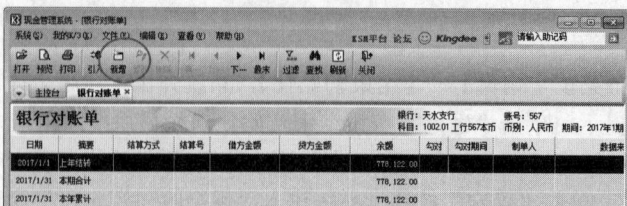

图9-21

单击图 9-21 中工具栏上的"新增"按钮，系统进入"银行对账单录入"窗口，选择正确的科目、币别和期间，录入银行对账单。

3. 银行存款对账

银行存款对账是指对银行对账单与银行存款日记账进行核对。

（1）在主界面窗口，双击【财务会计】→【现金管理】→【银行存款】→【银行存款对账】，系统弹出"银行存款对账"过滤窗口，在窗口中可以设置要对账的科目、期间范围和是否包含已勾对记录等选项。

（2）保持默认设置，单击"确定"按钮，系统进入"银行存款对账"窗口。窗口上部是"银行对账单"，窗口下部是"银行存款日记账"，如图 9-22 所示。

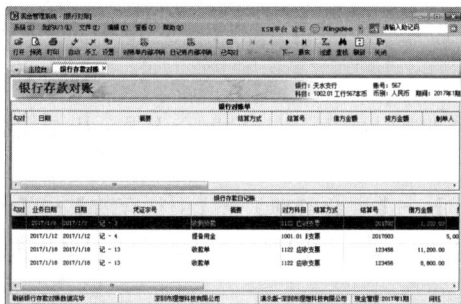

图 9-22

（3）对账设置。单击工具栏上的"对账设置"按钮，系统弹出"银行存款对账设置"窗口，单击"表格设置"选项卡，在"表格设置"窗口中设置对账单和日记账的显示位置，如图 9-23 所示。

单击"自动对账设置"选项卡，窗口切换到"自动对账设置"窗口，如图 9-24 所示。在窗口中设置"自动对账条件"，选中"日期相同"，表示对账时对账单中的日期与银行存款日记账的日期必须相同，否则不能自动对账；选中"结算方式及结算号都为空不允许对账"，则在对账时系统中的记录没有录入结算方式和结算号时不能对账。

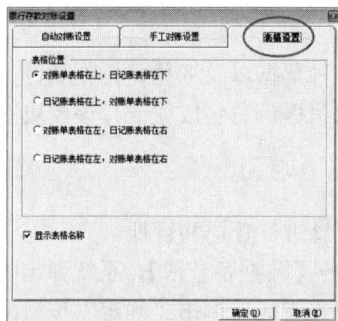

图 9-23

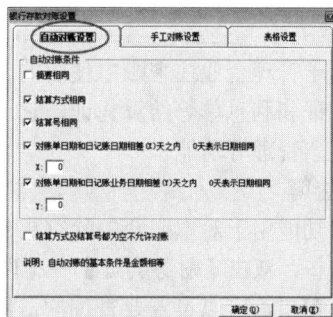

图 9-24

手工对账一般是处理不能自动对账的记录，"手工对账设置"可以设置记录的查找条件，以方便手工对账。对账设置完成，单击"确定"按钮，返回"银行存款对账"窗口。

（4）单击工具栏上"自动对账"按钮，系统弹出"银行存款对账设置"窗口，对账条件保持不变，单击"确定"按钮，稍后弹出信息提示窗口，单击"确定"按钮，系统返回"银行存款对账"窗口，系统同时将已经对上账的记录隐藏起来。

若要取消对账，在"已勾对记录列表"中，选中记录后单击"取消对账"按钮即可。单击"对账"按钮返回"银行存款对账"窗口，单击"第一""上一""下一"和"最末"按钮进行科目切换。

4. 余额调节表

余额调节表是在对账完毕后，为检查对账结果是否正确或查询对账结果，系统自动编制的银行存款报表。

在主界面窗口，双击【财务会计】→【现金管理】→【银行存款】→【余额调节表】，系统弹出"余额调节表"过滤窗口，可以选择"科目"，保持默认查询条件，单击"确定"按钮，系统进入"余额调节表"窗口。单击"第一""上一""下一"和"最末"按钮，切换不同科目，如图9-25所示。

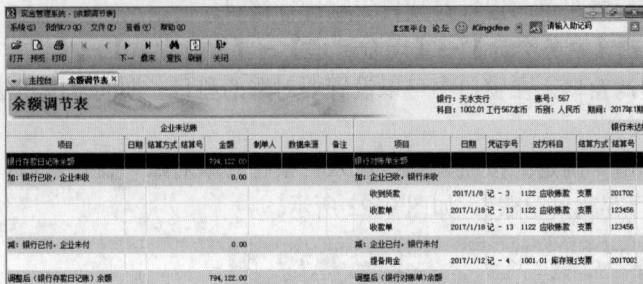

图 9-25

5. 长期未达账

长期未达账可协助操作员查询长期未达账项，以辅助财会人员分析查找造成长期未达账的原因，避免资金丢失。

在主界面窗口，双击【财务会计】→【现金管理】→【银行存款】→【长期未达账】，系统弹出"长期未达账"过滤窗口，在窗口中可选择要查询的科目、会计期间和报表类型等内容。单击"确定"按钮进入"长期未达账"查询窗口。

长期未达账分为企业未达账和银行未达账，凡是上月末存在的未达账全部形成本月的长期未达账。企业未达账是根据未勾对的银行对账单自动生成的，银行未达账是根据未勾对的银行存款日记账自动生成的。

6. 银行存款报表

银行对账日报表、银行存款日报表和银行存款与总账对账的查询请参照前面章节的报表查询方法。

9.3.4 票据

票据主要用于管理企业往来账中使用的支票、本票和汇票等各种票据以及汇兑、托收承付、委托收款、贷记凭证和利息单等结算凭证，它还可以根据出纳录入的票据信息生成凭证。该模块下有票据备查簿和支票管理等功能。

1. 票据备查簿

票据备查簿功能用于对本账套中除空头支票以外的所有票据信息进行登记和管理。

在主界面窗口，双击【财务会计】→【现金管理】→【票据】→【票据备查簿】，系统弹出"票据备查簿"过滤窗口，可以设置要查询的日期和各种核销情况，设置完成后单击"确定"按钮，系统进入"票据备查簿"窗口，窗口左侧显示当前账套中所建立的票据类型，右侧显示所选类型下的详细票据信息，如图9-26所示。

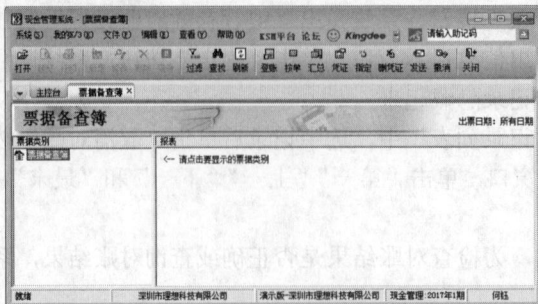

图 9-26

在"票据备查簿"窗口，单击工具栏上的"查看"按钮，系统弹出"收款票据-查看"窗口，如图 9-27 所示。

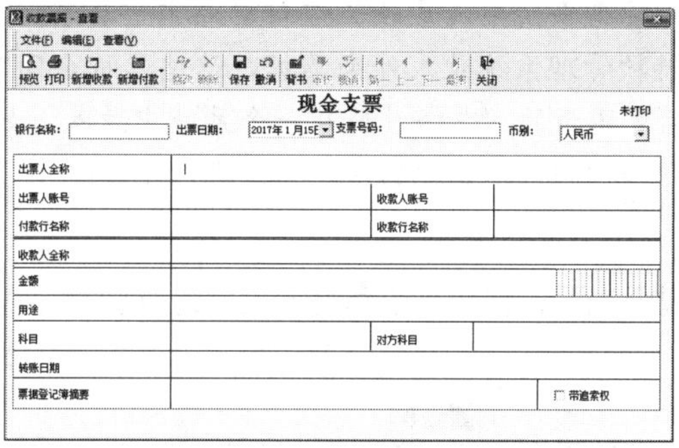

图 9-27

单击图 9-27 中工具栏的"新增收款"或"新增付款"按钮，系统弹出"票据类型"选择菜单，单击相应类型票据，系统将切换到该票据类型新增窗口。

系统提供以下票据，如表 9-1 所示。

表 9-1　　　　　　　　　　　　　　　　　　票据类型

大 类	票据类型	备 注
收款票据	现金支票，转账支票，普通支票，不定额本票，定额本票，银行汇票，商业承兑汇票，银行承兑汇票，电汇凭证，信汇凭证，托收承付结算凭证，委托银行收款结算凭证，贷记凭证，利息单	
付款票据	现金支票，转账支票，普通支票，不定额本票，定额本票，银行汇票，商业承兑汇票，银行承兑汇票，电汇凭证，信汇凭证，托收承付结算凭证，委托银行收款结算凭证，贷记凭证	现金支票、转账支票和普通支票只能在支票管理中处理

当票据录入完成后，要更换操作员再次进入"票据备查簿"窗口，选中要审核的票据，单击工具栏上的"审核"按钮，这时窗口下"审核"处将显示审核人的名字，表示审核成功，若取消审核，单击菜单【编辑】→【反审核】即可。

（1）贴现、背书、删除。在"票据备查簿"窗口，选中要贴现、背书的票据，单击工具栏上的"修改"按钮，系统弹出"修改"窗口，在贴现年利率和贴现日期处录入相应内容，系统会自动算出贴现所得；在"修改"窗口，单击工具栏上的"背书"按钮，系统会切换到"背书"信息录入窗口。背书信息录入完成，单击"保存"按钮保存录入资料，单击"背书"按钮系统切换到票据查看窗口。

若要删除新增的票据，在"票据备查簿"窗口，选中相应票据后，单击工具栏上的"删除"按钮即可。只有未审核过的票据才能删除。

（2）核销。在"票据备查簿"窗口，选中要核销的票据，单击工具栏上的"查看"按钮，系统弹出"查看"窗口，单击工具栏上的"核销"按钮，这时窗口下部的"核销"处会显示核销人的名字，表示核销成功。若要取消核销工作，单击菜单【编辑】→【反核销】即可。

（3）凭证管理。若票据要生成凭证，在"票据备查簿"窗口，选中要生成凭证的票据，单击工具栏上的"按单"按钮，系统根据选中票据的金额弹出"记账凭证"窗口，修改记账凭证，单击"保存"按钮完成凭证的生成工作。

在"票据备查簿"窗口选中多张要生成凭证的票据，单击工具栏上的"汇总"按钮，系统将按汇总方式生成凭证。

单击"凭证""删凭证"按钮，可以查看或删除选中票据所生成的凭证。单击"指定"按钮，系统可以指定其他供应链系统生成的凭证（如在应收应付系统和固定资产系统已经生成的凭证）。

（1）凭证管理工作只有具有凭证操作权限的用户才能使用。

（2）当票据备查簿管理的是商业承兑汇票和银行承兑汇票时，现金管理系统与应收款、应付款管理系统中的应收、应付票据完全共享。用户可在现金管理系统或应收款、应付款管理系统录入外来票据，这些票据会同时在另外的系统中出现。它们是启用后才同步的，票据最好在一个系统中录入（如现金管理系统），这更利于企业的管理和控制。初始化的信息必须在两个系统中分别建立。

2. 支票管理

支票管理功能是指对企业的现金支票、转账支票和普通支票进行管理，以表 9-2 和表 9-3 中数据为例介绍支票管理方法。

表 9-2　　　　　　　　　　　　　　　　　购置支票

银行名称	币　别	支票类型	支票规则	起始号码	结束号码	购置日期
工行 567 本币	人民币	转账支票	LX****	0001	0010	2017-01-08

表 9-3　　　　　　　　　　　　　　　　　领用支票

银行名称	支票号码	领用日期	领用部门	领用人	对方单位	使用限额（元）	领用用途	预计报销日期
工行 567 本币	LX0001	2017-1-11	采购部	杨玉琴	鸿安包装	1 000	付货款	2017-01-12

（1）购置支票

① 以"何钰"身份登录本账套。在主界面窗口，双击【财务会计】→【现金管理】→【票据】→【支票管理】，系统进入"支票管理"窗口，单击工具栏上"购置"按钮，系统弹出"支票购置"窗口，如图 9-28 所示。

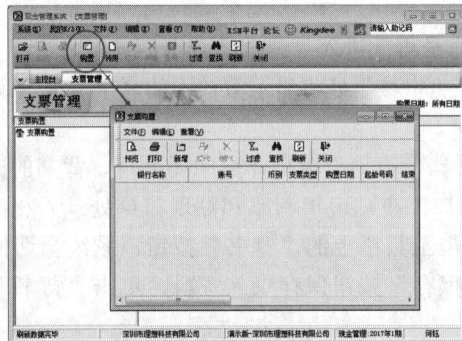

图 9-28

② 单击图 9-28 中工具栏上的"新增"按钮，系统弹出"新增支票购置"窗口，选中账号"工行 567"，选择支票类型"转账支票"，录入支票规则"LX****"、起始号码"0001"、结束号码"0010"，修改购置日期为"2017/1/8"，如图 9-29 所示。

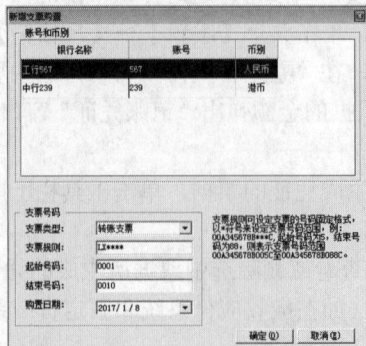

图 9-29

③ 输入完成，单击"确定"按钮，系统保存当前录入资料并返回"支票购置"窗口，系统将新增的信息显示在窗口上。若要修改、删除购置记录，单击相应按钮即可。

（2）支票领用

① 在"支票管理"窗口，选中要领用的"支票购置"记录，如图 9-30 所示。

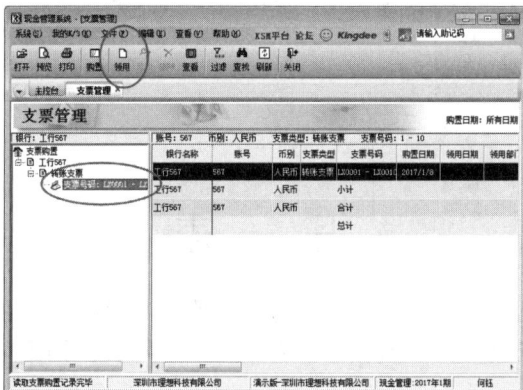

图 9-30

② 单击图 9-30 中工具栏上的"领用"按钮，系统弹出"支票领用"窗口，保持支票号码不变，录入领用日期"2017/1/11"、预计报销日期"2017/1/12"、使用限额"1000"，获取领用部门"采购部"、领用人"杨玉琴"、领用用途"付货款"、对方单位"深圳鸿安包装公司"，如图 9-31 所示。

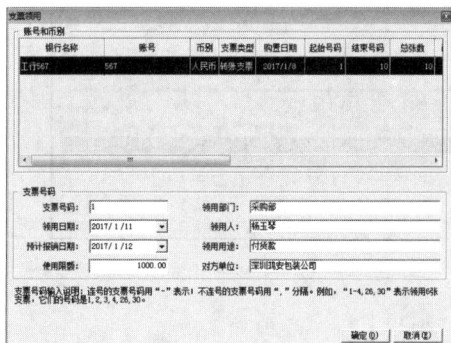

图 9-31

③ 单击"确定"按钮保存当前领用记录，系统弹出提示，单击"确定"按钮返回"支票管理"窗口，同时在窗口中显示领用的记录。

若要修改、删除领用记录，选中该记录后单击相应工具按钮即可。

（3）支票作废、审核与核销

在"支票管理"窗口，选中要作废、审核、核销的支票记录。例如选中"LX0001"，单击工具栏上"查看"按钮，系统弹出"支票-查看"窗口，如图 9-32 所示。

图 9-32

在查看窗口中单击作废、审核和核销按钮可完成相应功能，若取消相应操作，则单击菜单【编辑】下相应的取消功能即可。

> **注意**
>
> 支票的审核人不能是制单人。

9.4 报 表

报表包含资金头寸表和到期预警表。资金头寸表用于查阅各个日期或期间的资金（现金和银行存款）余额，到期预警表主要是提供应收商业汇票及应付商业汇票的到期预警功能。以查询资金头寸表为例，介绍报表的查询方法。

双击【财务会计】→【现金管理】→【报表】→【资金头寸表】，系统弹出"资金头寸表"过滤窗口，在窗口上可以选择会计期间范围并设置条件后，单击"确定"按钮，系统进入"资金头寸表"窗口，如图 9-33 所示。

图 9-33

9.5 期 末 结 账

期末结账的目的是总结当前会计期间资金的经营活动情况。系统结账后才能进入下一会计期间进行日常业务的处理。

（1）在主界面窗口，双击【财务会计】→【现金管理】→【期末处理】→【期末结账】，系统弹出"期末结账"窗口，选中"结账"项，单击"开始"按钮，如图 9-34 所示。

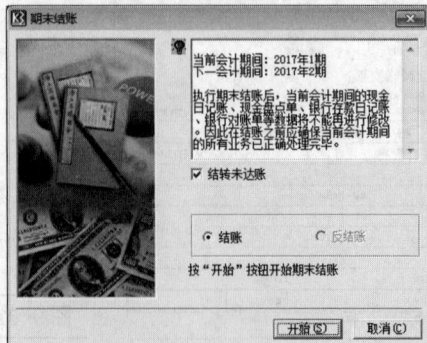

图 9-34

（2）系统弹出提示对话框，单击"确定"按钮，稍后"期末结账"窗口显示结账成功。

"结转未达账"是将本期（包括以前期间转为本期）未勾对的银行存款日记账和未勾对的银行对账单结转到下一期。结转未达账的选项必须打上标记，否则将造成下期余额调节表不能平衡。

系统同时提供反结账功能，操作方法与结账类似，在系统弹出"期末结账"窗口中勾选"反结账"即可，只有系统管理员才能反过账。

> 进行反结账时，上期结转的银行存款日记账、银行对账单以及与这些记录进行勾对的银行存款日记账、银行对账单的勾对标志将被取消。结账返回上期后需要重新进行勾对。

凭证管理是指对现金管理系统生成的凭证进行管理，包括查看、修改、删除和审核等功能，操作方法与总账中凭证处理类似。本账套中现金管理系统没有生成凭证，在此不讲解该功能。

> 操作凭证管理功能时，操作员一定要有操作记账凭证的权限。

9.6 课后习题

（1）现金日记账新增方式有哪几种？
（2）现金日记账有几种录入格式？
（3）银行对账单录入方式有哪几种？
（4）银行存款对账有哪几种方式？

实验八 现金管理

【实验目的】
（1）掌握现金管理系统功能。
（2）掌握现金日记账和银行日记账的处理方法。

【实验内容】
（1）初始化设置。
（2）现金日记账、银行日记账引入。
（3）银行对账单录入。
（4）银行存款对账。
（5）报表查询。

【实验资料】
2017 年 1 月招行 319 本币银行对账单，如表 9-4 所示。

表9-4   **2017年1月 招行319本币银行对账单**   单位：元

日　期	摘　要	结算方式	结算号	借方金额	贷方金额
2017-1-8	提备用金	现金	201701001	12 000	0
2017-1-23	购买专利	支票	201701002	200 000	
2017-1-24	支付物料清洁费	支票	201701003	1 200	0

【实验步骤】

（1）以"李丽"登录"100宇纵科技有限公司"账套，从总账引入初始数据。

（2）切换到"银行存款"下，完善"招行　319　本币"和"建行　712　美元"的银行名称和银行账号。

（3）平衡检查后，结束初始化。

（4）引入现金日记账。

（5）引入银行日记账。

（6）录入"2017年1月　招行　319　本币"银行对账单。

（7）进行"银行存款对账"处理。

【学习重点】

通过本章学习，了解供应链系统所包含的模块，了解供应链系统各模块间的数据传递关系，了解供应链系统中单据的基本使用和各种报表的查询方法，以及材料成本的计算方法。

10.1
系 统 概 述

供应链系统在金蝶 K/3 系统是指销售管理、采购管理、仓存管理、存货核算四大模块。供应链系统适合于需要同步管理物料动态、即时了解销售订单情况、即时了解采购进度和即时核算材料成本等需求的企业。供应链系统既适合于工业会计人员使用，也同时适合于各业务部门自行使用，如销售部对于销售管理模块的应用，采购部门对于采购管理模块的应用等。供应链系统数据传递关系如图 10-1 所示。

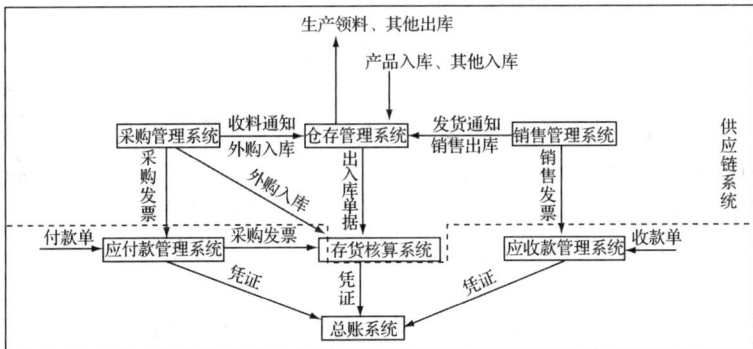

图 10-1

- **销售管理系统**：主要负责销售业务处理，流程包括销售报价、销售订单、销售出库和销售发票。销售出库单与仓存管理连用，形成数据共享，销售发票传递到应收款管理系统中供"收款单"结算处理。用户可以随时查询跟踪销售订单执行情况等报表。
- **采购管理系统**：主要负责材料采购业务，接收物料需求计划系统传递的"采购计划"，也可手工录入采购订单，根据订单生成采购入库单，由采购入库单生成采购发票以达到正确核算材料成本的目的，采购发票传递到应付款管理系统模块以供"付款单"结算处理。用户可以随时查询采购订单完成情况等报表。
- **仓存管理系统**：主要负责企业物料管理业务，从采购管理接收"采购入库单"，从销售管理接收"销售出库单"，处理日常生产领料业务、成品入库和其他物料业务，如盘点业务、盘亏盘盈处理等；用户可以随时查询即时库存情况、库存台账、收发存汇总等报表。
- **存货核算系统**：主要负责物料成本核算工作，接收从仓存管理系统传递的各种出入库单据，先核算入库成本，最后核算出库成本，从而即时了解企业"库存资金"是否合理；用户可以随时查询采购成本、销售成本和生产成本等报表。各种出入库单据可以生成凭证传递总账系统，以供总账会计进行账务核算。

需要设置的内容如下所列。

（1）公共资料：包括科目、币别、计量单位、客户、供应商、部门、职员、物料及仓库等，公共资料是本系统所涉及的最基础的资料，必须设置，否则在进行单据处理时会受到相应的限制。

（2）初始化：系统进行初始化时，需要设置以下内容——系统参数设置、初始数据录入、销售模块要录入启用期间前的未核销销售出库单、采购模块要录入启用期间前的暂估入库单、仓库模块要录入各仓库期初数量、存货核算模块要录入各仓库期初数量和金额，以上数据录入完成后启动供应链系统。

（3）系统设置资料：系统设置是针对该模块的参数再进行详细化的设置，包含单据类型、打印控制、系统设置、单据设置、多级审核管理和业务流程设计设置。

10.2
初 始 设 置

初始设置是指对本系统的系统参数、基础资料和初始数据进行设置。只有设置某年某月开始使用本系统，才能知道期初数据应该录入什么数据；只有基础资料设置成功后才能正常进行单据处理。基础资料设置方法请参照第 3 章，本节重点讲解系统参数设置和初始化数据录入。

10.2.1　系统参数设置

系统参数设置是对供应链系统的启用期间和核算方式等进行设置，操作步骤如下。

（1）在主界面窗口，双击【系统设置】→【初始化】→【销售管理】→【系统参数设置】，系统弹出"核算参数设置向导"窗口，如图 10-2 所示。

系统参数设置

- **启用年度和启用期间**：设置该系统年何月开始使用，设置为 2017 年 1 月，表示录入的期初数据是 2016 年 12 月的期末数据。启用期间可以根据实际需要手工修改。

（2）单击图 10-2 中"下一步"按钮，系统进入下一设置窗口，如图 10-3 所示。

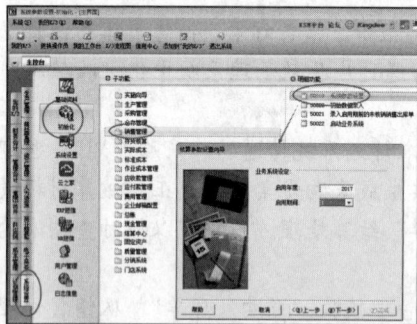

图 10-2

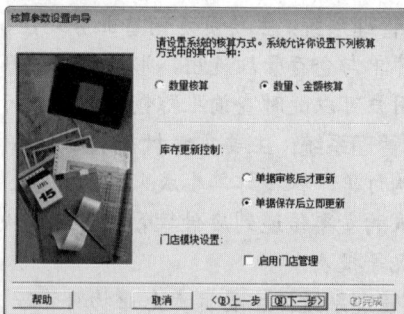

图 10-3

- **核算方式**：系统提供两种核算方式。

① 数量核算：选择该项，则系统以后只核算数量，不核算金额，所显示的金额可能不正确。

② 数量、金额核算：选择该项，则系统对材料数量和金额都核算。与财务各系统连用时，最好选择此项。

- **库存更新控制**：系统提供两种选择。

① 单据审核后才更新：系统将在库存类单据进行业务审核后才将该单据中物料的库存数量计算到即时库存中。

② 单据保存后立即更新：系统将在库存类单据保存成功后就将该单据中物料的库存数量计算到即时库存中，并在修改、复制、删除、作废、反作废该库存单据时进行库存调整。

- **启用门店管理**：启用门店管理，系统会把门店管理系统和系统设置涉及门店管理之外的菜单屏蔽；该项主要应用于连锁店形式的商业公司。

（3）保持图 10-3 中默认值设置，单击"下一步"按钮，系统进入"完成"窗口，单击"完成"按钮，保存设置，并完成核算参数设置工作。

> （1）只有进行"核算参数设置"后，才能进行日常业务处理和针对本系统的一些系统设置和基础设置。
> （2）核算参数设置针对所有供应链系统，即该参数设置后，同时采购、仓存和生产模块的核算参数也是一样的设置。

10.2.2　初始数据录入

初始数据录入是设置供应链系统启用时物料的期初数据，如某物料的期初数量是多少、金额是多少等。

销售模块：要录入启用期间前的未核销销售出库单，没有单据，可以不用录入。

采购模块：要录入启用期间前的暂估入库单，没有单据，可以不用录入。

仓库模块：要录入各仓库物料的期初数量。

以上功能位于【系统设置】→【初始化】→【仓存管理】菜单下。

存货核算模块：要录入各仓库期初数量和金额。功能位于【系统设置】→【初始化】→【存货核算】菜单下。

【例 10-1】 新增表 10-1 中物料初始数据。

表 10-1　　　　　　　　　　　　　　物料初始数据

仓库名称	物料代码	物料名称	期初数量（PCS）	期初金额（元）
原材仓	1.01	主板	60	1 000
原材仓	1.02	9 寸外壳—喷亮油	990	2 970
成品仓	3.01	9 寸数码相框—喷亮油	50	3 000

（1）双击【系统设置】→【初始化】→【仓存管理】→【初始数据录入】，系统弹出"初始数据录入"窗口，如图 10-4 所示。

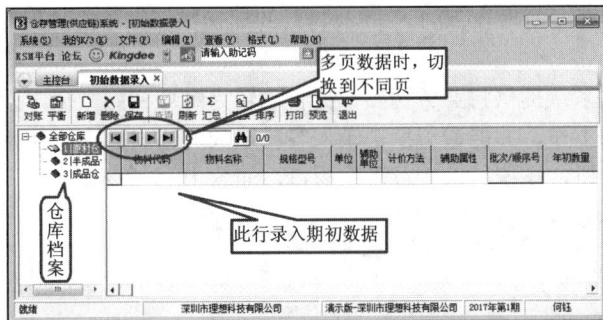

图 10-4

（2）录入初始数据。先选择"原材仓"，然后将光标放置到"物料代码"处，单击工具栏上"查看"按钮，系统弹出"核算项目-物料"窗口，切换到"浏览"模式，如图 10-5 所示。

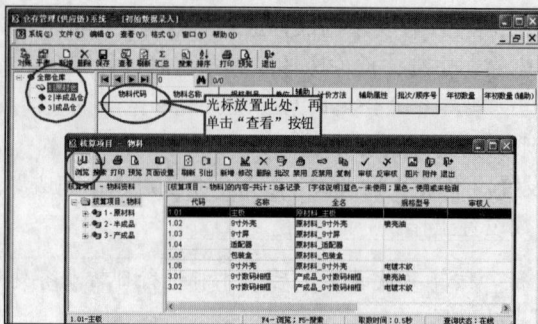

图 10-5

光标放置"物料代码"处时，可以按下键盘上"F7"功能键，系统同样可以弹出"核算项目-物料"窗口，可以称"F7"功能键为"万能查询键"。

在"核算项目-物料"窗口，可以对物料进行新增、修改和审核等操作。

（3）双击"1.01—主板"物料，将该物料引入到"初始数据录入"窗口，在期初数量处录入"60"，期初金额录入"1 000"，如图10-6所示。

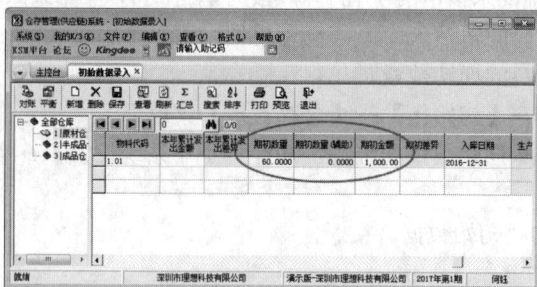

图 10-6

若为年中启用，本年累计收入和本年累计支出，这两项数据是否录入视各企业管理而定。

年初数=期初数+本年累计收入-本年累计支出

当物料采用的计价方法为分批计价法、先进先出法和后进先出法时，则"批次/顺序号"需要录入。

采用计划成本法的物料，差异金额需要根据实际情况录入。

（4）单击"新增"按钮，继续新增表10-1中其他物料的期初数据，单击"保存"按钮，保存初始数据录入。

在供应链系统初始化时，系统提供将业务初始数据自动转为财务初始数据，同时传递到总账系统的功能，减轻了总账系统的工作，并能避免手工录入容易造成的错误。在"初始化数据"录入窗口，单击工具栏上"对账"按钮，系统进入"对账"窗口，如图10-7所示。

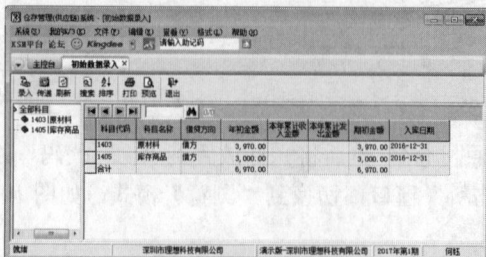

图 10-7

　　窗口中显示由物料属性中所设置的"存货科目代码",并根据录入的初始数据汇总到总账系统中的会计科目。单击"传递"按钮,系统弹出提示窗口,单击"是"按钮,则系统将初始数据传递到总账系统。单击"录入"按钮,返回初始数据录入状态。

10.2.3 启动供应链系统

　　此功能是指供应链系统的所有初始化数据录入完成,可以结束初始化工作,一经启动供应链系统后,不能再进行初始化数据录入工作,只有在"反初始化"后才能录入初始化数据。双击【系统设置】→【初始化】→【仓存管理】→【启动供应链系统】,系统弹出提示窗口,如图 10-8 所示。在此单击"是"按钮,启用供应链系统。

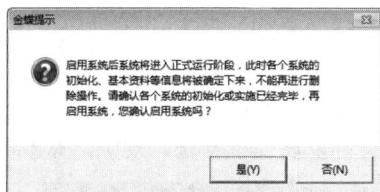

图 10-8

　　此功能是针对所有供应链系统的,即销售系统与仓存系统和采购系统在同一个启用期间使用时,仓存系统和采购系统必须录入正确初始化数据后,才能启动供应链系统,否则,在此一经启动,则仓存系统和采购系统的初始化无法继续录入。反之,若"销售系统"单独使用,则不受此限制。

10.3

通 用 介 绍

10.3.1 单据界面通用介绍

　　在供应链系统中,各模块下的单据项目有所不同,但是基本处理方法类似,具有通用性,所以在本节简单介绍业务单据界面的基本处理方法。

　　请将金蝶 K/3 安装光盘":\Demo\"下的"蓝海机械有限公司(正式)"演示账套恢复,以"administrator"登录该演示账套,双击【供应链】→【采购管理】→【外购入库】→【外购入库单—新增】,系统进入"外购入库单"单据处理界面,如图 10-9 所示。

单据界面通用介绍

图 10-9

说明　单据快捷应用：在项目处按F7功能键可以从"基础资料"档案获取资料，等同于"查看"按钮，如供应商、客户、仓库、部门和职员等项目。

1. 单据日期

新增单据时系统自动显示当前系统日期，用户可对日期进行修改，也可单击下拉按钮，系统弹出日历表供选择，如图10-10所示。但不可以输入已结账期间的日期。

2. 单据编号

每张单据都有唯一的编号，系统默认自动递增方式，系统按照在【系统设置】→【系统设置】→【采购管理】→【系统设置】中的"单据设置"编码规则自动生成每张单据的编号。双击对应的单据类型，系统弹出"修改单据参数设置"窗口，在"编码设置"标签页可以设置单据编码规则，修改参数界页如图10-11所示。

图10-10

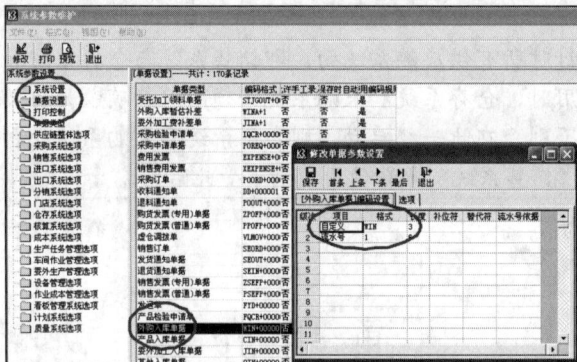

图10-11

3. 供应商或客户

采购类单据中的"供应商"，销售类单据中的"客户"，属必须录入项目，可以按F7功能键，或单击工具栏上"查看"按钮，打开供应商档案或客户档案，选中单据关联供应商或者客户信息后，双击即可获取成功。

4. 仓库

在出入库单据中，"仓库"选项都是必录项，仓库就类似于银行账号，所有的存款（收料）和取钱（发料）业务都记录在正确的银行账号（仓库）上，从而保证库存台账和流水账等账簿报表的正确性。为更好地区分仓库代表的业务类型，单据录入界面中仓库可能会冠以业务说明，如发货仓库、收料仓库、调出仓库、调入仓库、组装件仓库、子件仓库等。按F7功能键或双击鼠标左键，打开仓库列表，双击获取所需要的仓库档案。

5. 源单类型和选单号

源单类型在此是指可以与当前单据建立关联的单据，可以成为该单据来源可查的单据。如采购入库，理论上讲作为"仓管"人员不能无缘无故收货，他们必须要看到采购员所下达的"采购订单"或"采购发票"；或者其他采购合同文件才能进行收货处理，在此我们把采购订单和采购发票称为采购入库单的源单。

每种单据，系统已经预设好相应的源单类型，单击下拉列表选择即可。无源单类型选择的单据，表示只能手工录入。

在单据处理时选择"源单"，既可以达到关联目的，又可以提高业务处理速度。如采购入库单，当选择"采购订单"为源单时，在查询"采购订单执行情况明细表"时，可以一目了然地查询到该采购订单的数量是多少，已经入库多少，还有多少未入库等情况。

选单号是源单类型的补充，当选择所需的"源单类型"后，在"选单号"项按 F7 功能键，获取该源单类型下未完成任务的单据。选中要获取的单据号，双击或单击"返回"按钮返回单据处理界面，系统自动将源单中的信息引入单据中，如物料代码、名称、未完成任务的数量和单价等信息。按住 Shift 键或 Ctrl 键可以连续选中或间接选中要获取的单据。

源单类型选"采购订单"，选单号选"POORD000013"，如图 10-12 所示。

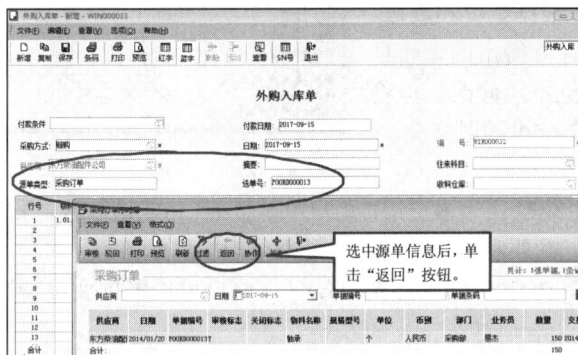

图 10-12

注意

源单并非必选项。例如，供应链系统从 2017 年 1 月启用，但是现在要收一批 2016 所采购的材料，由于系统中无该源采购订单可关联，因而只能手工录入采购入库单。

6. 选择物料

在所有业务单据中，均需要输入物料，可以选择输入物料代码，或按 F7 功能键系统弹出"物料"档案窗口，如图 10-13 所示。

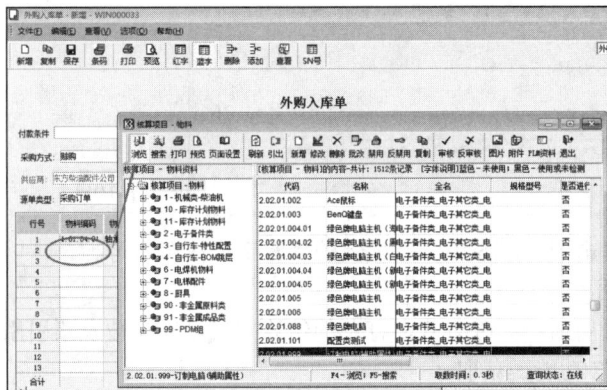

图 10-13

选中所需要的物料双击即可。当录入物料代码成功后，物料名称、规格型号和计量单位也同时带出。

7. 基本单位名称、基本单位数量、单位之间的关系和数量之间的关系

这 4 项内容的关系要从物料的基本资料介绍开始，选择物料所属的计量单位组后，同时确定此物料的基本计量单位以及采购、销售、仓库的计量单位，如图 10-14 所示。

在所有涉及物料的单据中，系统会根据设置确定以哪种计量单位作为数量输入单位。例如，采购系统的计量单位不是基本计量单位，在采购系统中的单据里输入数量时，系统会根据输入的数量

换算成基本单位数量，并反映在基本单位数量列中。

所有单据的单据体中，都包含这 4 项内容。其中，单位和数量是可以编辑和输入的，单位默认状态下显示物料的所属系统单位，但可以在录单界面随时修改此单位。在输入数量后，系统会自动根据单位和基本单位换算出基本单位数量，也就是说，基本单位名称和基本单位数量这两项内容不能够编辑和修改，内容是根据单位和数量，以及计量单位组的换算关系而计算得出的。一旦发生业务，物料的基本计量单位不能修改，但物料的采购、销售、仓库的计量单位可随时修改。

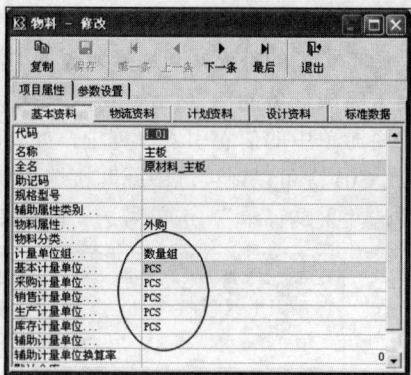

图 10-14

8. 币别、汇率

币别是指结算时的币别。系统默认为本位币，用户可以按 F7 功能键修改。采购订单和发票可以处理外币核算业务。销售订单、发票和报价单均可以处理外币核算业务。

汇率即为当前币别的汇率，取自币别基础资料信息，用户可以根据实际情况改为业务发生日汇率。

9. 蓝字、红字

蓝字单据数量为正，红字单据数量为负，它们可以用作互相抵消冲减，也可用来表达账面上的正负关系。主要针对发票类单据和材料出入库类单据，当单击工具栏上"红字"按钮，当前单据处于红字单据处理模式，并且在单据表头显示"红字"字样，如图 10-15 所示。

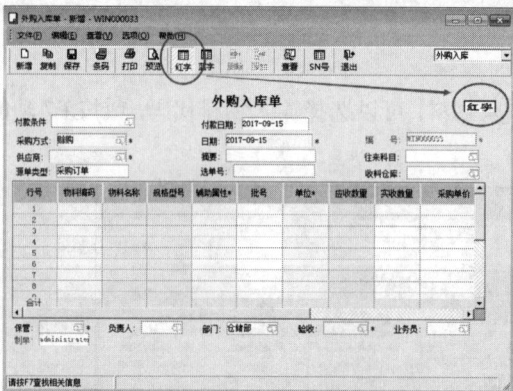

图 10-15

需要切换回蓝字单据则单击图 10-15 中工具栏上的"蓝字"按钮即可。

10. 结算方式、结算日期

结算方式是指订单结算采用何种处理方式，订单的结算方式可以在被发票引用后直接填入，保持信息的连续跟进，可使用 F7 功能键获取。

结算日期是指该笔业务结算时的日期，用户手工录入。

11. 摘要、备注、地址、开户行等

以上几项是指该笔业务的辅助性说明，用户通过业务摘要库维护摘要、备注、地址、开户行等信息，它们都是作为单据的辅助性说明，用户可以直接在打印单据时选择这些信息。

12. 主管、部门、保管、验收、业务员

以上几项是指提出该笔单据业务涉及的部门、主管、职员信息。用户可以通使用 F7 功能键或单击"资料"按钮获取。

13. 制单、审核、记账、审核日期

这 4 项内容是由系统根据当前单据的编制人、审核人、记账人和日期自动填入，用来记录单据的操作人和操作日期。

10.3.2　业务单据操作介绍

1. 单据保存后新增

在单据保存时，系统默认停留在当前编制的单据界面，只有单击工具栏上的"新增"按钮，系统才会进入下一张新单据。为提高单据录入效率，可以在单据制作保存后，让系统立刻进入下一张单据的录入窗口，这适用于连续录单。该控制位于菜单【选项】→【保存后立即新增】下，选中该项，保存后立即新增，反之，必须单击"新增"按钮才能新增单据。

业务数据操作介绍

2. 单据可查看的信息数据

在单据录入过程中，可能需要参考很多库存信息和价格信息，用户可以通过"查看"菜单查询当前物料的库存信息，查询历史价格信息和价格信息等。

3. 审核与反审核

审核是为了再次检查单据内容的正确性。在已保存单据界面，单击工具栏上"审核"即可，也可以选择菜单【查看】→【审核】。审核的快捷键为 F4。

在【系统设置】→【系统设置】→【仓存管理】→【系统设置】窗口中的"供应链整体选项"中，若选中"审核和制单可为同一人"，则操作员本人可以审核自己的单据，反之，审核人和制单人不能为同一人。

已审核后的单据不能修改和删除，若发现审核后的单据有错误时，必须"反审核"后才能修改单据。反审核位于菜单【查看】→【反审核】选项下。反审核的组合键为 Shift+F4。

4. 删除

删除是在账套中清除当前单据。要删除的单据只能是未审核单据。删除功能位于"单据序时簿"窗口中，选中要删除的单号，单击工具栏上"删除"按钮。删除单据后，系统会将删除单号空置。

5. 作废和反作废

为保证单据编号的连续性，不因"删除"操作造成单据编码断号情况，金蝶 K/3 系统提供单据的作废和反作废功能。单据保存未审核状态下，单据可以执行"作废"，单据作废后不参与报表的统计汇总。处理方法是：单击菜单【查看】→【作废】，系统会作废该张单据，并给予相应提示信息；对已作废的单据选择【查看】→【反作废】，系统会自动反作废该单据，并给予相应提示。需要说明的是，作废单据可以让此单据在当月期间报表汇总时不包括作废单据，同时结账时不检查作废单据是否审核。如果对已结账期间的作废单据进行反作废操作，需要首先更改单据日期，然后才可以审核和加以使用。

6. 复制单据及批量复制

用户日常工作中，录入单据的工作量很大，系统提供复制单据和批量复制单据的功能，可以最大程度地减少录入单据的工作量。

复制单据操作方法：单据编辑界面和单据序时簿查询界面有两个复制单据的功能，在编辑界面的复制是一对一的复制，且复制后还要录入和确认其他无法复制的信息；在序时簿查询界面是多对多的复制，复制后的单据即是一张已完整保存的单据。这就是在编制订单时的复制和在序时簿里的批量复制的区别。下面说明复制的具体规则。

① 在单据序时簿上只提供整单复制的功能。

② 单据复制时单据号自动顺序递增，即不能复制原单的单据号。

③ 复制单据日期自动默认为当前系统日期；交货日期默认为当前系统日期。

④ 复制时默认为被复制的单据的必录项齐全，不进行必录项的检查。

⑤ 所有的单据，无论被复制单据的状态如何，都可以进行单据复制，且复制后的单据都处于可编辑的状态，且审核人、记账人等字段应置为空值。源单据为作废状态的，复制后的单据为正常单据。

⑥ 复制相当于手工新增，如果被复制单据是关联生成的，则不复制该单据的源单据号码。

⑦ 在初始化设置中，不提供复制功能。

⑧ 一旦出现保存时条件不能满足（例如不允许负库存，却出现了负库存），不能保存时，系统将中断目前单据的处理，并由用户选择是否继续进行其他单据的复制处理。

7. 单据打印

单据打印是资料的另一种备份形式，同时在实际业务中也会经常使用到。金蝶 K/3 系统提供两种打印方式：普通打印和套打打印。

（1）普通打印

使用普通打印时，要在"金蝶 K/3 客户端工具包"下的【辅助工具】→【单据自定义】功能下设置当前单据各项目是否打印。

例如，进入任意一张"采购入库单"界面，不选中菜单【文件】→【使用套打】，单击"预览"按钮，进入"打印预览"窗口，当前即为普通打印格式，如图 10-16 所示。

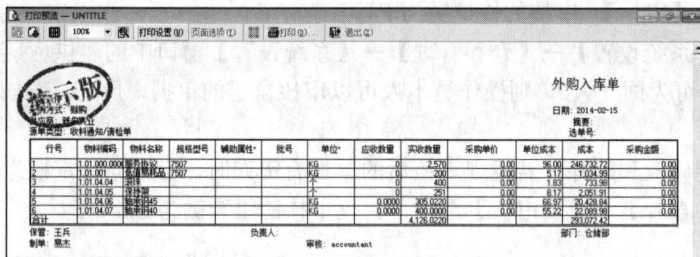

图 10-16

（2）套打打印

预先在"金蝶 K/3 客户端工具包"下的【单据套打工具】→【供应链单据套打】设置好"套打文件"，然后在单据界面选中菜单【文件】→【使用套打】，则打印输出时系统按照设置的套打格式输出当前单据。使用套打的优点是格式统一化，界面美观化。

例如，进入任意一张"采购入库单"界面，选中菜单【文件】→【使用套打】，再单击菜单【文件】→【套打设置】，系统弹出"套打设置"窗口，选填相关内容，如图 10-17 所示。

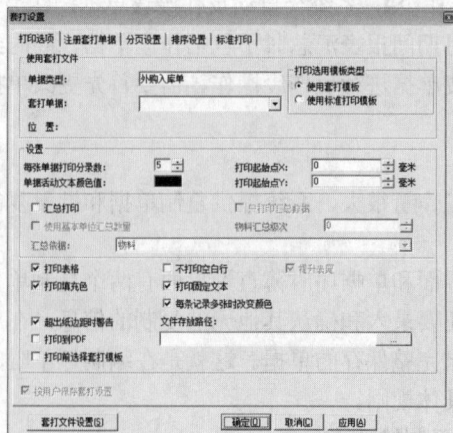

图 10-17

第一次使用要注册"套打文件"。切换到"注册套打单据"选项卡，单击"自动搜索"按钮，系统弹出"浏览文件夹"，选择金蝶 K/3 系统安装目录文件夹"K3ERP"，如图 10-18 所示。

单击图 10-18 中的"确定"按钮，系统搜索后会将所有找到的套打显示在窗口中，如图 10-19 所示。

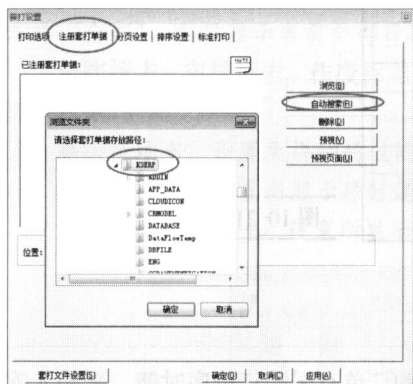

图 10-18

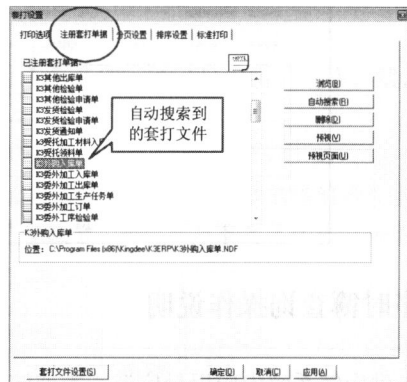

图 10-19

切换到"打印选项"选项卡，单击"套打单据"下拉按钮，系统会把对应的单据显示出来，选中"K3 外购入库单"，取消选中"超出纸边距时警告"，如图 10-20 所示。

- **单据类型**：当前的单据类型名称。
- **套打单据**：选择要使用的套打格式。因同一种单据类型可有多种套打单据格式选择。
- **每张单据打印分录数**：设置打印时每张单据要打印的行数；例如，现设置为"5"行，当单据中有 6 行记录时，则分两页打印，第 2 页的其他 4 行以空白表格打印。
- **单据活动文本颜色值**：设置活动文本的颜色。
- **打印起始点 X、打印终止点 Y**：设置打印的起始点和终止点。

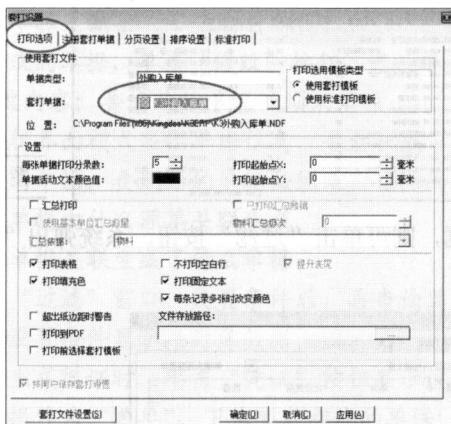

图 10-20

- **打印表格**：选中该项，需要将表格打印；反之，不打印表格。
- **打印填充色**：选中该项，需要打印填充色；反之，不打印。
- **超出纸边距时警告**：选中该项，当所使用的套打格式宽度超出所使用打印纸张的边距时，系统弹出提示，并且不能打印；反之，超出纸边距可以打印和预览。
- **打印固定文本**：选中该项，将固定文本项目打印；反之，不打印。
- **每条记录多张时改变颜色**：选中该项，当每条记录多张时改变颜色输出。
- **套打文件设置**：单击该按钮，可以进入"套打设计工具"功能进行套打文件的新增和修改等操作。

能有效地操作会计信息系统。

本小节将从实战出发，从接销售订单处理、采购订单处理、外购入库单处理、生产领料单处理、产品入库单处理、销售出库单处理、采购发票处理、外购入库成本核算处理、销售发票处理、材料成本核算处理和供应链单据生成凭证处理的流程，讲述供应链系统的应用方法。

10.4.1　销售订单处理

销售订单处理是将客户所采购的本公司产品信息录入 ERP 系统中，作为销售发货凭据和收款凭据依据。销售订单的录入方法有两种：一种是直接手工录入，另一种是参照"销售报价单"录入。

【例 10-2】2017-1-10 接到"上海扬帆"订购"3.01—9 寸数码相框—喷亮油"产品，数量 1 000，含税单价 87.00 元，要求交货日期 2017-1-17。

（1）以"陈铮"身份登录账套，切换到"主界面"窗口模式，双击【供应链】→【销售管理】→【销售订单】→【销售订单-新增】，系统弹出"销售订单"录入窗口，如图 10-25 所示。

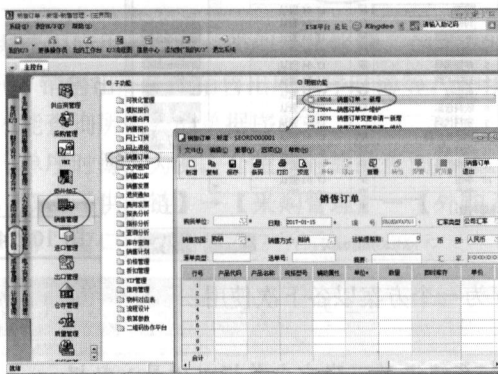

图 10-25

（2）单据日期修改为 2017-1-10，光标放置在"购货单位"处，按 F7 功能键，系统弹出"客户"档案窗口，双击"04 上海扬帆"记录，将其引用到单据录入窗口，光标移至表体"产品代码"处，按 F7 功能键，系统弹出"物料"档案窗口，选中"3.01—9 寸数码相框"记录，双击并返回单据录入窗口，请注意窗口的变化，数量录入"1 000"，含税单价录入"87"，交货日期修改为 2017-1-17，部门获取"销售部"，业务员获取"陈铮"，如图 10-26 所示。

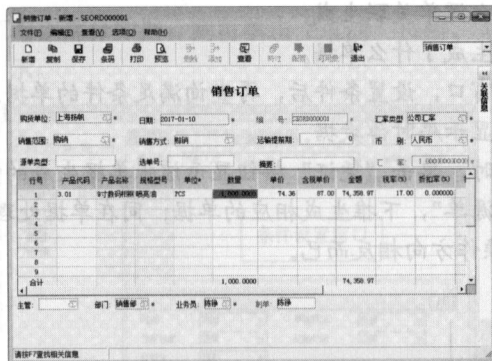

图 10-26

> **说明**　在购货单位、产品代码和部门等位置获取信息时，也可以单击工具栏上"查看"按钮。

（3）单击"保存"按钮保存当前单据，单击"审核"按钮审核当前单据以供发货时使用。

若要修改或处理销售订单时，则使用"销售订单-维护"功能进入"销售订单序时簿"窗口，选择要处理单据后，单击工具栏上相应按钮即可。

10.4.2 采购订单处理

采购订单处理是将公司向供应商下达的采购合同录入系统以供仓库收货时参照使用，并且系统根据订单信息汇总生成各种分析报表。

【例 10-3】2017-1-11 向"深圳富友电子加工厂"订购"1.01—主板"，数量 1 000，含税单价 17.50 元，订购"1.02—9 寸外壳—喷亮油"，数量 500，含税单价 3.45 元，订购"1.04—适配器"，数量 1 000，含税单价 2.60 元，要求交货日期 2017-1-13。

（1）以"杨玉琴"身份登录账套，切换到主界面窗口，双击【供应链】→【采购管理】→【采购订单】→【采购订单-新增】，系统进入"采购订单"窗口，如图 10-27 所示。

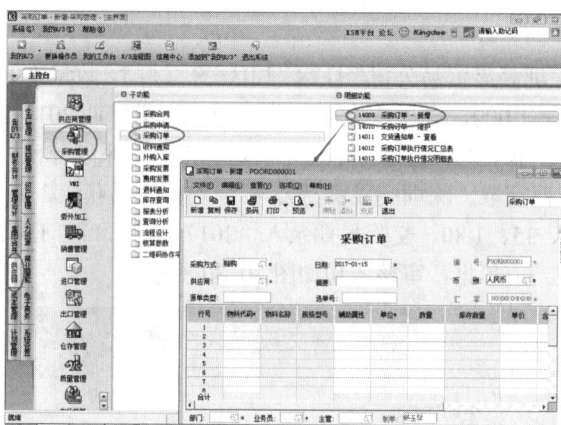

图 10-27

（2）单据日期修改为 2017-1-11，光标移至"供应商"处，单击工具栏上"查看"按钮，系统弹出"供应商"档案表，选中"深圳富友电子加工厂"，双击引用该供应商至单据录入窗口，光标移至表体"物料代码"处，按 F7 功能键，系统弹出"物料"档案窗口，使用 Ctrl 键同时选中 1.01、1.02 和 1.04 物料，如图 10-28 所示。

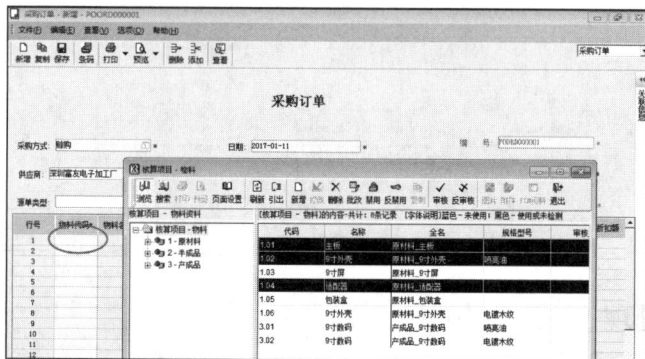

图 10-28

（3）双击选中记录，引用并返回单据录入窗口，请注意单据窗口的变化，数量分别录入 1 000、500、1 000，含税单价分别录入 17.50、3.45、2.60，交货日期修改为"2017-1-13"，部门获取"采购部"，业务员获取"杨玉琴"，保存并审核当前单据，审核成功如图 10-29 所示。

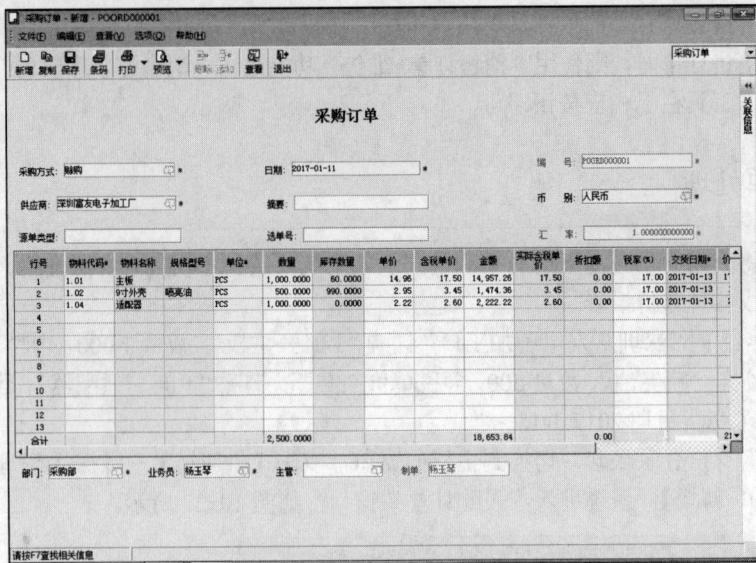

图 10-29

【例 10-4】2017-1-11 向"深圳高显贸易公司"订购"1.03—9 寸屏"，数量 1 000，含税单价 35.00元，订购"1.05—包装盒"，数量 1 000，含税单价 1.80 元，要求交货日期 2017-1-13。

接例 10-3 操作，在"采购订单录入"窗口，单击"新增"按钮，系统弹出一张空白单据窗口，日期修改为"2017-1-11"，供应商获取"深圳高显贸易公司"，物料代码获取 1.03 和 1.05，数量均录入"1 000"，含税单价分别录入 35、1.80，交货日期录入"2017-1-13"，部门获取"采购部"，业务员获取"杨玉琴"，保存并审核当前单据，审核成功如图 10-30 所示。

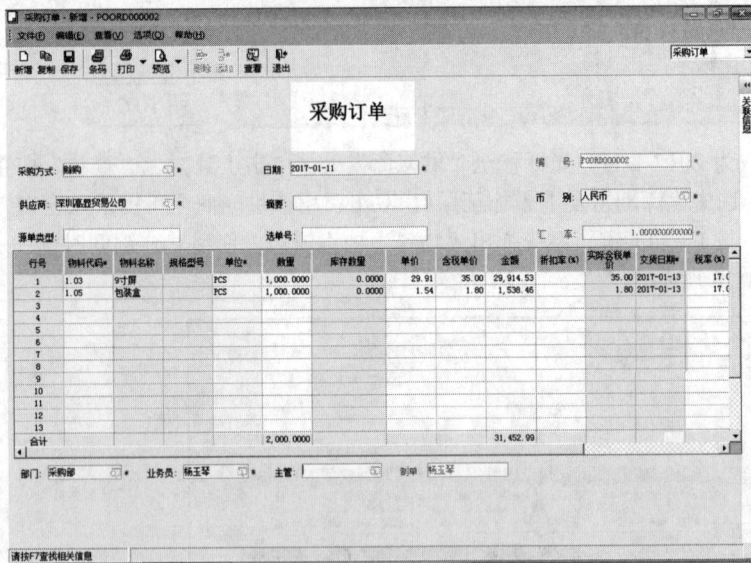

图 10-30

10.4.3 外购入库单处理

外购入库单处理是处理所有由"采购订单"行为产生的材料入库动作，该单据主要由"仓库员"处理，在录入外购入库单时参照"采购订单"入库，这样在查询"采购订单执行明细表"时，可以有效地查询到每一款物料、每一张采购订单的执行情况。

【例 10-5】2017-1-13 收到"深圳富友电子加工厂"送货的"1.01—主板"，数量 1 000，"1.02—

9 寸外壳—喷亮油"，数量 500，"1.04—适配器"，数量 1 000。

（1）假设"何钰"负责仓库业务，以"何钰"身份登录账套，双击【供应链】→【仓存管理】→【验收入库】→【外购入库单-新增】，系统弹出"外购入库单"录入单据窗口，如图 10-31 所示。

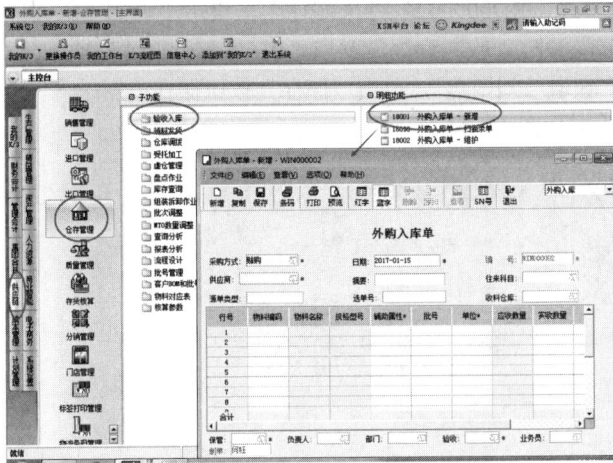

图 10-31

（2）日期修改为"2017-01-13"，"源单类型"选择"采购订单"，光标放至"选单号"处，单击"查看"按钮，系统弹出"采购订单序时簿"窗口，如图 10-32 所示。

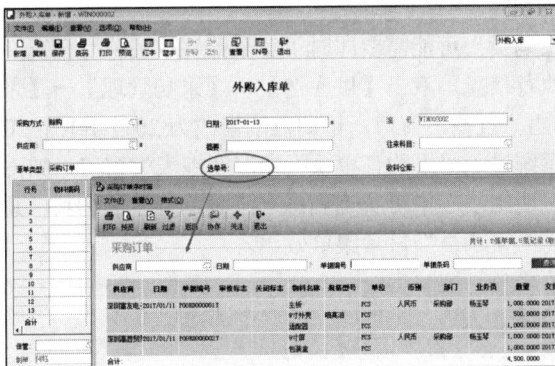

图 10-32

（3）选中"POORD000001"号采购订单的 3 行记录，单击"返回"按钮，返回"外购入库单"，并将获取成功的信息显示出来，光标放至"收料仓库"处，单击"查看"按钮，系统弹出"仓库"档案窗口，双击"1 原材仓"，"保管"获取"刘国燕"，"验收"获取"刘国燕"，保存并审核当前单据，审核成功如图 10-33 所示。

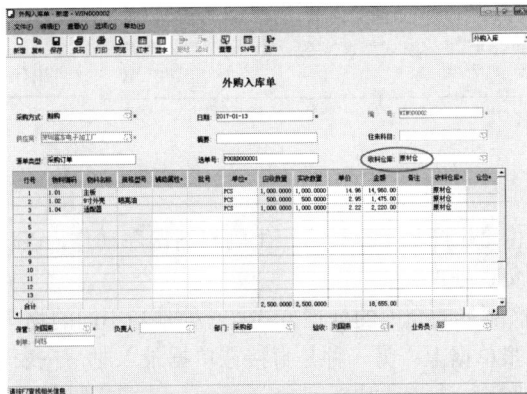

图 10-33

【例 10-6】2017-1-13 收到"深圳高显贸易公司"送货"1.03—9 寸屏"，数量 1 000，"1.05—包装盒"，数量 1 000。

接【例 10-5】方法，单击"新增"按钮，系统弹出一空白"外购入库"窗口，"源单类型"选择"采购订单"，"选单号"获取"POORD000002"号采购订单，单击"返回"按钮，返回"外购入库单"，并将获取成功的信息显示出来，"收料仓库"获取"01 原材仓"，"实收数量"保持不变，"保管"获取"刘国燕"，"验收"获取"刘国燕"，单击"保存"按钮保存单据录入，单击"审核"按钮审核当前单据，审核成功的单据如图 10-34 所示。

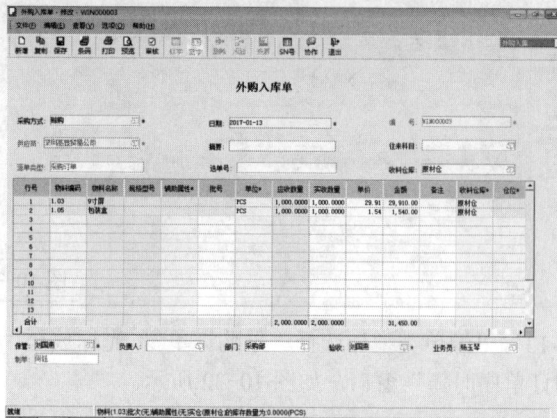

图 10-34

外购入库完成后，作为"采购员"可能需要即时了解采购订单的执行情况，可以通过查询"采购订单执行明表"查询订单的执行信息。双击【供应链】→【采购管理】→【采购订单】→【采购订单执行情况明细表】，系统弹出"过滤"窗口，日期范围修改为 2017-1-1 至 2017-1-31，其他保持默认值，单击"确定"按钮，系统进入"采购订单执行情况明细表"窗口，如图 10-35 所示。

用户在"采购订单执行情况明细表"中可查询到每一张采购订单的物料信息、数量信息、入库信息和未入库信息，能大大提高"采购员"日常跟单效率。

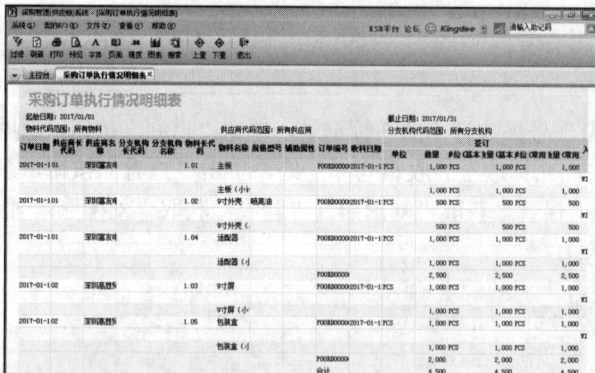

图 10-35

10.4.4 生产领料单处理

生产领料单处理主要是处理由"生产加工"行为产生的材料出库动作，该功能位于"仓存管理"模块下，生产领料通常由仓管员负责处理。

金蝶 K/3 系统中，有两种生产领料的仓库的处理方式：一种是当不同的物料存放在不同仓库时，建议一个仓库物料的出库录在一张单据上；另一种是直接在单据录入时，在表体项目中选择该物料正确的出库仓库即可。

【例 10-7】2017-1-13 生产部前来领料 "1.01—主板"，数量 1 000，"1.02—9 寸外壳—喷亮油"，数量 1 000，"1.03—9 寸屏"，数量 1 000，"1.04—适配器"，数量 1 000，"1.05—包装盒"，数量 1 000。

双击【供应链】→【仓存管理】→【领料发货】→【生产领料-新增】，系统进入 "领料单" 录入单据窗口，领料部门获取 "生产部"，在表体物料代码处分别录入 1.01、1.02、1.03、1.04、1.05，系统引出正确的物料信息，实发数量都录入 "1 000"，发料仓库都获取 "原材仓"，领料获取 "李力全"，发料获取 "刘国燕"，如图 10-36 所示。单击 "保存" 按钮保存当前出库单，单击 "审核" 按钮审核当前单据。

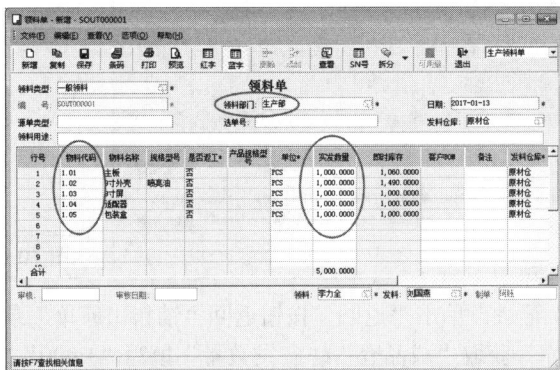

图 10-36

10.4.5　产品入库单处理

产品入库单处理是处理由本公司加工生产任务发生的产品（半成品或成品）入库业务。

【例 10-8】2017-1-17 生产部将组装完工的 "3.01—9 寸数码相框—喷亮油"，数量 1 000，交回成品仓库。

双击【供应链】→【仓存管理】→【验收入库】→【产品入库-新增】功能，系统进入 "产品入库单" 录入单据窗口，交货单位获取 "生产部"，收货仓库获取 "成品仓"，在表体物料编码处录入 3.01，系统自动带入物料信息，实收数量录入 "1 000"，验收和保管获取 "刘国燕"，如图 10-37 所示。保存并审核当前单据。

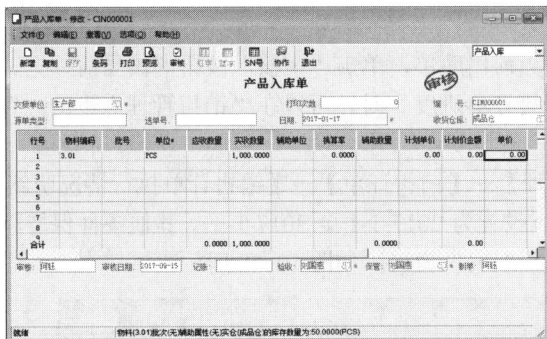

图 10-37

10.4.6　销售出库单处理

销售出库单处理是处理由销售发货行为产生的产品出库业务。

【例 10-9】2017-1-18 销售部参照 2017-1-10 接到 "上海扬帆" 销售订单，发货 "3.01—9 寸数码相框—喷亮油"，数量 1 000。

（1）双击【供应链】→【仓存管理】→【领料发货】→【销售出库-新增】功能，系统进入"销售出库单"录入单据窗口，源单类型选择"销售订单"，光标放置"选单号"处，单击"查看"按钮，系统弹出"销售订单序时簿"窗口，如图10-38所示。

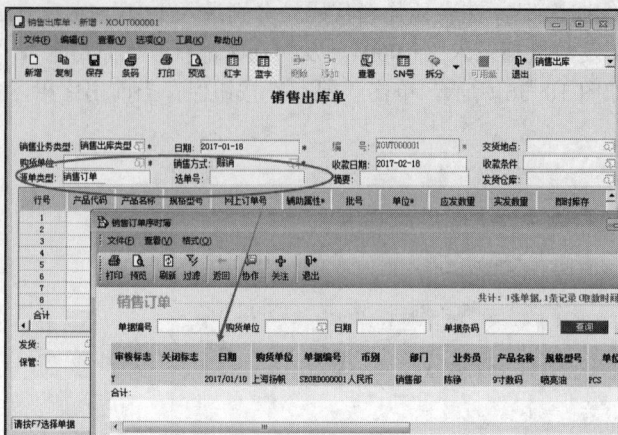

图10-38

（2）选中"SEORD000001"记录，单击"返回"按钮返回"销售出库单"录入窗口，并将获取成功的信息在窗口中，"发货仓库"获取"成品仓"，"实发数量"填写"1 000"，发货获取"陈铮"，保管获取"刘国燕"，如图10-39所示。

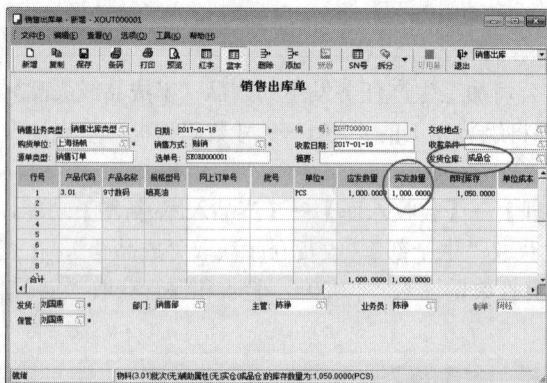

图10-39

（3）单击"保存"按钮保存当前出库单，单击"审核"按钮审核当前单据。

作为销售人员需要跟踪"销售订单进度"时，可以在"销售管理"下的"销售订单执行情况明细表"中查询。

双击【供应链】→【销售管理】→【销售订单】→【销售订单执行情况明细表】，系统弹出"过滤"条件窗口，窗口中的日期范围设置为2017-1-1至2017-1-31，其他条件保持默认值，单击"确定"按钮，进入"销售订单执行情况明细表"窗口，如图10-40所示。

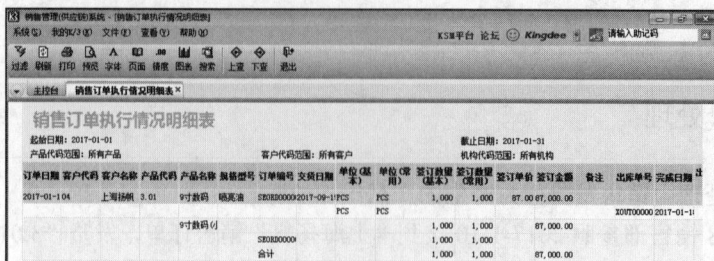

图10-40

在窗口中可查询到每一张销售订单的数量和每次销售出库情况。

10.4.7　采购发票处理

采购发票是进行应付账款和采购入库成本核算的基本凭据，同时也是采购管理系统和应付款管理系统进行数据传递的单据。金蝶 K/3 系统为用户提供采购专用发票、采购普通发票和费用发票的处理。

采购专用发票：通常是指日常业务中处理的"增值税发票"，当某物料的外购入库单是采购专用发票时，则该物料的入库成本为"不含税单价"。

采购普通发票：当某物料的发票是录入"采购普通发票"时，则该物料的入库成本为"含税单价"。

费用发票：是以某笔"采购业务"对应产生的费用而开具的发票，如运输费、报关费和保险费等，是据以付款、记账、纳税的依据，同时也是核算原材料的"入库成本"重要凭证。

采购发票可以在"实际发生业务时间"处理，例如，2017-1-13 的外购入库单，则可以"参照"入库单生成采购发票，也可以"月底"一次性处理。本书选择第二种方式。

当"采购管理"与"应付款管理"模块连用时，发票在"采购管理"中处理，处理好的发票在"应付款"下的"发票处理"下查询，付款时直接在应付款管理系统中处理。

1. 采购发票录入、审核

【例 10-10】2017-1-31 收到"深圳富友电子加工厂"送货的"1.01—主板"，数量 1 000，"1.02—9 寸外壳—喷亮油"，数量 500，"1.04—适配器"，数量 1 000。

（1）仍然以"何钰"身份登录账套。双击【供应链】→【采购管理】→【采购发票】→【购货发票-新增】，系统进入"购货发票"录入窗口，如图 10-41 所示。

图 10-41

在窗口右上角切换处理不同的发票类型。

（2）选择"购货发票（专用）"，源单类型选择"外购入库"，光标放至"选单号"处，单击"查看"按钮或按 F7 功能键，系统弹出"外购入库单序时簿"，选中"深圳富友电子加工厂"的 3 行外购入库单记录，双击或单击"返回"按钮，系统自动显示"参照"的外购入库单信息，往来科目获取"应付账款"科目，其他项目保持不变，如图 10-42 所示。保存并审核当前发票。

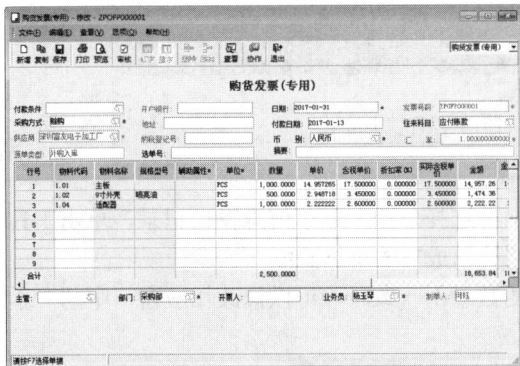

图 10-42

2. 采购发票钩稽

采购发票钩稽是采购发票和费用发票与入库单确认的标志，是核算入库成本的依据。只有钩稽后的发票才能进行入库成本核算、根据凭证模板生成记账凭证等操作。无论是本期或以前期间的发票，钩稽后都作为当期发票来核算成本。

采购发票钩稽的前提条件如下。

（1）两者供应商相同。

（2）两者单据状态必须是已审核、尚未完全钩稽（即钩稽状态是部分钩稽或未钩稽）。

（3）对于受托入库采购方式的单据钩稽时，两者的采购方式必须一致。

（4）对于委外加工类型的入库单进行钩稽时，两者的业务类型必须一致。

（5）如果系统选项"允许钩稽以后期间单据"未选中，单据或采购发票两者都必须是以前期间或当期的单据，否则，前期、当期和以后期间的单据均可钩稽。

（6）两者的物料、辅助属性、本次钩稽数量必须一致。

以"实例10-10"为例，练习采购发票的钩稽操作，操作步骤如下。

（1）双击【供应链】→【采购管理】→【采购发票】→【采购发票-维护】，系统弹出"条件过滤"窗口，事务类型选择"购货发票（专用）"，选择"默认方案"，其他保持默认条件，单击"确定"按钮，系统进入"采购发票序时簿"窗口，如图10-43所示。

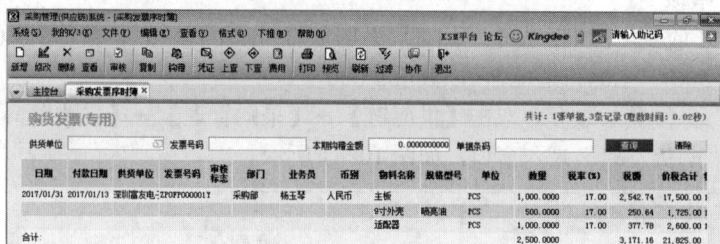

图 10-43

在序时簿窗口可以进行采购发票的新增、修改、删除、审核和钩稽等操作，在菜单"编辑"下可以进行相应的反操作，如反审核和反钩稽等。

（2）选择刚才录入的"ZPOFP000001"采购发票，单击"钩稽"按钮，系统进入"采购发票钩稽"窗口，在窗口上部可以进行"采购发票"与"采购费用发票"窗口的切换，如图10-44所示。

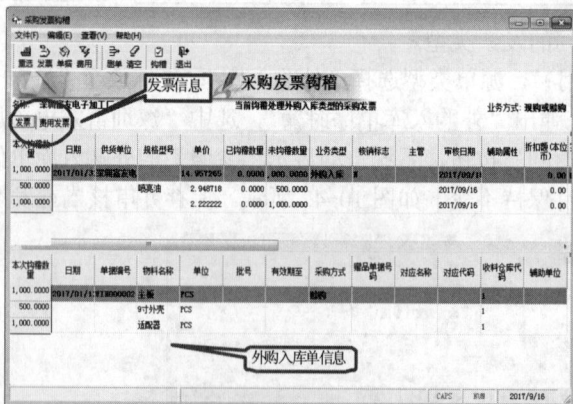

图 10-44

（3）选中发票信息中的记录，再选择外购入库单信息窗口记录，单击工具栏上"钩稽"按钮，稍后系统弹出钩稽成功提示，并将钩稽成功的单据隐藏。

当发票上的数量与入库单上的数量不一致时，可以修改相应窗口中的"本次钩稽数量"后再进行钩稽。

【例 10-11】2017-1-31 收到"深圳高显贸易公司"送货"1.03—9 寸屏",数量 1 000,"1.05—包装盒",数量 1 000 的增值税发票,参照【例 10-10】录入、审核并钩稽该张发票。

10.4.8　外购入库成本核算处理

外购入库成本核算是核算材料外购入库的实际成本,其包括购买价和采购费用两部分。购买价由与外购入库单相钩稽的发票决定,采购费用由用户录入后,可按数量、按金额或手工先分配到发票上每一条物料的金额栏,再通过核算功能,将购买价与采购费用之和根据钩稽关系分配到对应的入库单上,作为外购入库的实际成本。

外购入库成本核算

金蝶 K/3 系统中入库成本核算的流程是:录入采购发票和费用发票→审核→钩稽→入库成本核算。

【例 10-12】2017-1-31 对所有外购入库单进行核算。

(1)双击【供应链】→【存货核算】→【入库核算】→【外购入库核算】,系统弹出"过滤"窗口,单击"确定"按钮,系统进入"外购入库核算"窗口,如图 10-45 所示。

图 10-45

钩稽: 查看选中"采购发票"的钩稽日志情况。

分配: 分配费用;分配方式在"核算"菜单下选择。

核算: 开始外购入库成本核算。

(2)单击"核算"按钮,开始核算入库操作,稍后系统弹出核算成功提示窗口,表示核算成功。

如果查看核算后的入库成本,可先退出"外购入库核算"窗口,双击【供应链】→【仓存管理】→【验收入库】→【外购入库单-维护】,即可查询。

10.4.9　销售发票处理

销售发票是进行应收账款的基本凭据,同时也是销售管理系统和应收款管理系统进行数据传递的单据。金蝶 K/3 系统为用户提供销售专用发票、销售普通发票和费用发票的处理功能。

销售专用发票: 通常是指日常业务中处理的"增值税发票",当某产品销售出库时录入的是销售专用发票时,则该产品的税额进入"销项税"科目。

销售普通发票: 当某产品的发票录入的是"销售普通发票"时,则该产品的税额不能计入"销项税"科目。

费用发票: 是与某笔"销售业务"对应产生的费用而开具的发票,如运输费、报关费和保险费等,是据以收款、记账的依据。

【例 10-13】2017-1-31　参照 2017-1-18"上海扬帆"发货"3.01—9 寸数码相框—喷亮油",数量 1 000,生成销售专用发票。

(1)双击【供应链】→【销售管理】→【销售发票】→【销售发票-新增】,系统进入"销售发票"录入窗口，如图10-46所示。

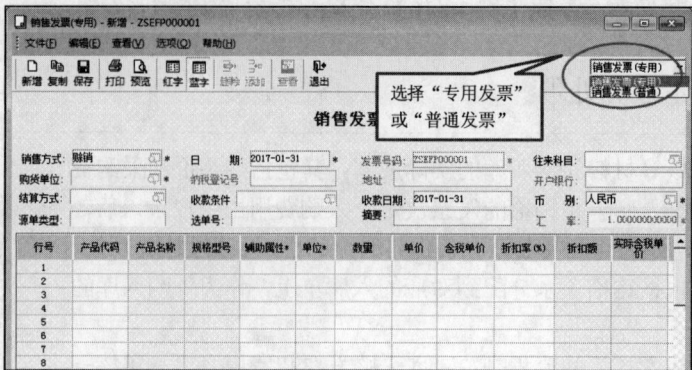

图 10-46

（2）选择"销售发票（专用）"，源单类型选择"销售出库"，光标放至"选单号"处，单击"查看"按钮或按 F7 功能键，系统弹出"销售出库单序时簿"，选中"XOUT000001"号销售出库单，双击或单击"返回"按钮，系统自动将"参照"的销售出库单信息显示出来，往来科目获取"应收账款"科目，单击"保存"保存当前发票，单击"审核"并审核当前发票，审核成功的发票如图10-47所示。

图 10-47

（3）销售发票钩稽。销售发票的钩稽主要是指销售发票同销售出库单的钩稽。如果销售属于分期收款和委托代销方式的销售发票，只有钩稽后才能生成凭证，且无论是本期或以前期间的发票，钩稽后都作为钩稽当期发票来计算收入；如果是属现销和赊销发票，钩稽的主要作用就是进行收入和成本的匹配确认，对于记账没有什么影响。

销售发票钩稽的前提条件如下。

① 两者的客户相同。

② 单据必须是已审核且未完全钩稽（即钩稽状态是未钩稽或者是部分钩稽）。

③ 分期收款销售、委托代销、受托代销、零售的发票必须和相同销售方式的出库单钩稽，现销和赊销两种方式之间可以混合钩稽。

④ 两者单据日期必须为以前期间或当期。

⑤ 两者的物料、辅助属性以及钩稽数量必须一致。

双击【供应链】→【销售管理】→【销售发票】→【销售发票-维护】，系统弹出"条件过滤"窗口，事务类型选择"销售发票（专用）"，其他保持默认条件，单击"确定"按钮，系统进入"销售发票序时簿"窗口，如图10-48所示。

在序时簿窗口可以进行销售发票的新增、修改、删除、审核和钩稽等操作，在菜单"编辑"下可以进行相应的反操作，如反审核和反钩稽等。

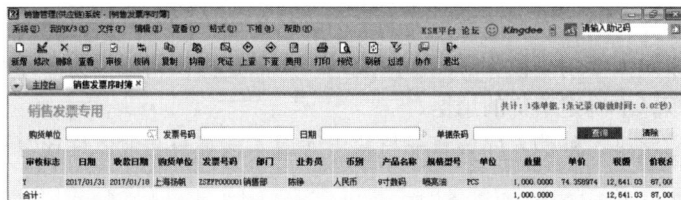

图 10-48

选择刚才录入的"ZSEFP000001"销售发票，单击"钩稽"按钮，系统进入"销售发票钩稽"窗口。在窗口上部可以进行"销售发票"与"销售费用发票"窗口的切换，如图 10-49 所示。

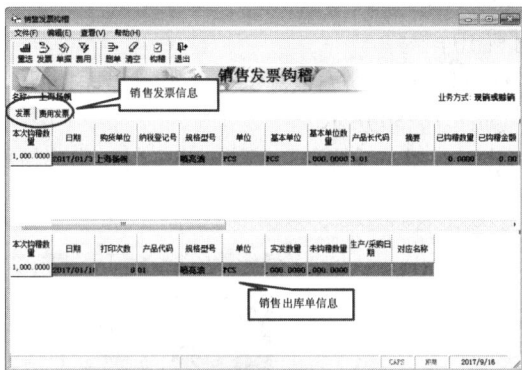

图 10-49

选中发票信息窗口中的记录，再选择销售出库单信息窗口的记录，单击工具栏上"钩稽"按钮，稍后系统弹出钩稽成功提示，并将钩稽成功的单据隐藏。

当发票上的数量与入库单上的数量不一致时，可以修改相应窗口中的"本次钩稽数量"后再进行钩稽。

该张销售发票会自动传递到"应收账款管理"模块中，并可在【财务会计】→【应收款管理】→【发票处理】→【销售发票–维护】选项中查询。

10.4.10　材料成本核算处理

材料成本核算处理功能由"存货核算"模块完成。具体操作流程是：先核算材料入库成本，然后核算材料出库成本。

入库成本通常包括以下几类。

外购入库核算：核算"采购"行为的入库单据，并且已经收到"采购发票"，然后进行钩稽，可以正确计算材料入库成本。操作方法参照前面章节。

存货估价入账：处理"外购入库"行为的入库单，由于与之对应的"采购发票"未送到，从而不能正确计算材料的入库成本，此时宜采用估价入账的行为。

自制入库核算：处理"产品入库"单据的材料成本核算，在未使用"成本系统"的情况下，该入库单价由手工录入。

其他入库核算：处理"其他入库"单据的材料成本核算，入库单价可以通过手工录入和更新无单价单据。

委外加工入库核算：处理"委外加工入库"单据的材料入库成本，它主要由材料费用和加工费用组成。

出库成本是必须在已经有入库成本的情况下，系统自动根据"物料档案"中的"计价方式"，如先进先出、移动平均等，计算出该张出库单据上的单价，从而核算正确的出库成本。材料出库成本核算主要包括以下几种。

材料成本核算

材料出库成本核算：核算材料（物料属性为外购类的物料）出库成本。

产成品出库核算：该模块主要用来核算产品出库成本（产品是指物料属性为非外购类的物料）。

特殊出库单据核算：核算不确定单价的单据。

材料成本核算的流程通常是：外购入库核算→材料出库成本核算→自制入库核算→产成品出库核算。

因前面章节已经讲述过外购入库成本核算，此后章节将讲述材料出库核算、自制入库核算和产成品出库核算。

1. 材料出库核算

【例10-14】2017-1-31进行材料出库核算。

（1）双击【供应链】→【存货核算】→【出库核算】→【材料出库核算】，系统弹出"结转存货-介绍（材料出库核算）"窗口，如图10-50所示。

（2）单击图10-50中的"下一步"按钮，系统进入"第一步（材料出库核算）"窗口，选择"结转本期所有物料"，如图10-51所示。

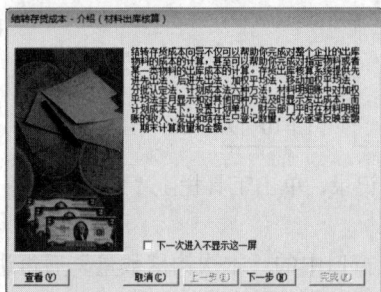

图 10-50

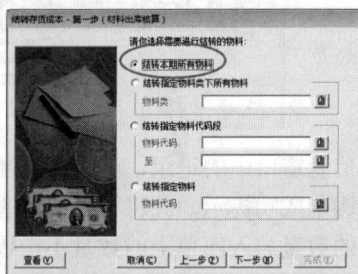

图 10-51

（3）单击"下一步"按钮，系统进入"第二步（材料出库核算）"窗口，如图10-52所示。单击"下一步"按钮，系统开始计算材料成本，稍后系统进入"完成（材料出库核算）"窗口，若需要查询某个物料的成本计算过程，可以单击"查看报告"按钮，如图10-53所示。

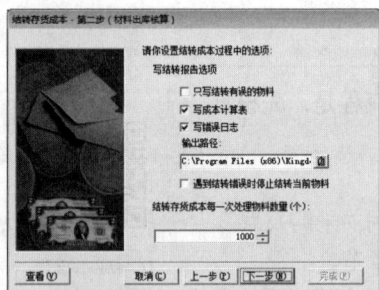

图 10-52

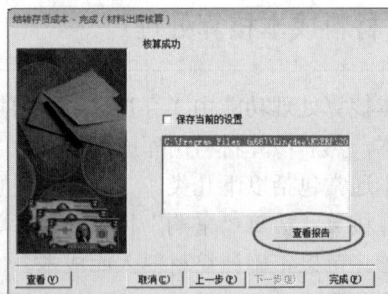

图 10-53

系统进入IE浏览器，并且将对应的"结转存货成本报告"打开，如图10-54所示。

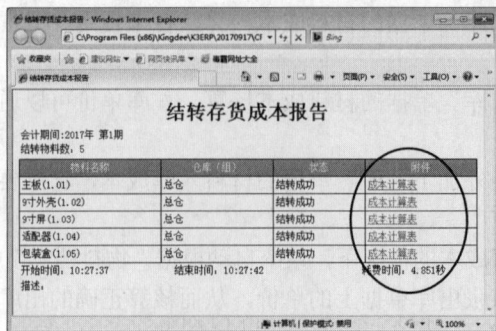

图 10-54

单击“附件”项目下的“成本计算表”，系统进入该物料的“成本计算表”窗口，如图 10-55 所示。

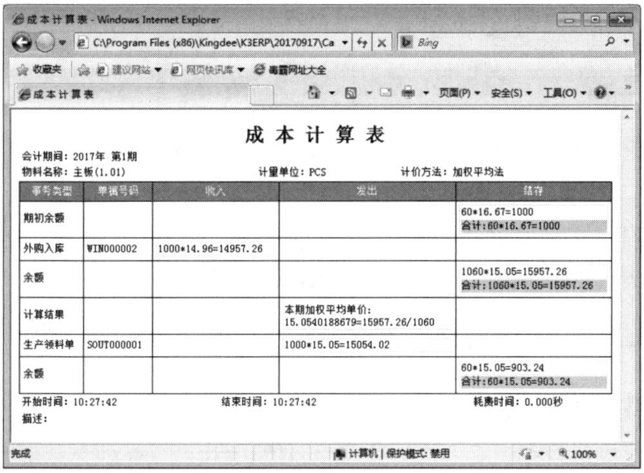

成 本 计 算 表

会计期间：2017年 第1期
物料名称：主板(1.01)　计量单位：PCS　计价方法：加权平均法

事务类型	单据号码	收入	发出	结存
期初余额				60*16.67=1000 合计:60*16.67=1000
外购入库	WIN000002	1000*14.96=14957.26		
余额				1060*15.05=15957.26 合计:1060*15.05=15957.26
计算结果			本期加权平均单价: 15.0540188679=15957.26/1060	
生产领料单	SOUT000001		1000*15.05=15054.02	
余额				60*15.05=903.24 合计:60*15.05=903.24

开始时间：10:27:42　结束时间：10:27:42　耗费时间：0.000秒
描述：

图 10-55

2. 自制入库核算

【例 10-15】2017-1-31 进行自制入库核算。

（1）双击【供应链】→【存货核算】→【入库核算】→【自制入库核算】，系统弹出“过滤”窗口，如图 10-56 所示。

保持默认条件，单击“确定”按钮，系统进入“自制入库核算”窗口，如图 10-57 所示。

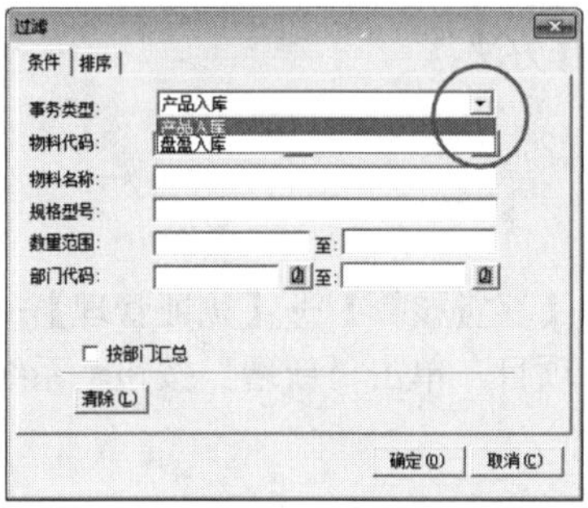

图 10-56

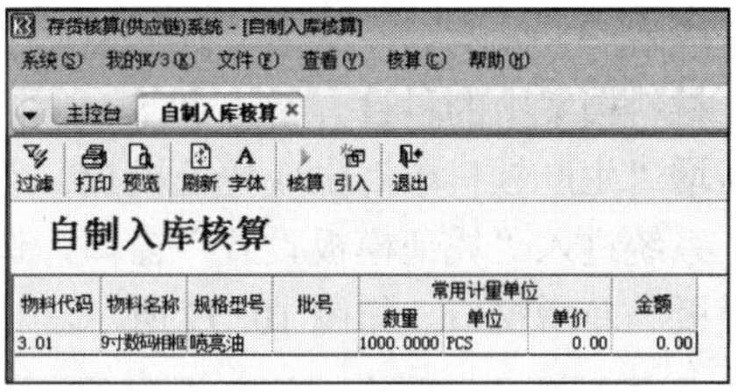

图 10-57

在“自制入库核算”窗口，系统会将相同物料代码的所有制造单汇总为一行，而非明细行，每一行物料代码的单价必须手工录入或者使用“引入”功能引入。

（2）在“3.01—9 寸数码相框—喷亮油”物料的“单价”下录入“52.83”，单击“核算”按钮，开始计算自制入库核算，稍后弹出提示，表示核算成功。

若要查询制造入库单是否有单价返回，可以双击【供应链】→【仓存管理】→【验收入库】→【产品入库-维护】进行查询。

3. 产成品出库核算

【例 10-16】2017-1-31 进行产成品出库核算。

双击【供应链】→【存货核算】→【出库核算】→【产成品出库核算】，系统弹出“介绍”窗口，单击“下一步”按钮，系统进入“第一步（产成品出库核算）”窗口，选择“结转本期所有物料”，单击“下一步”按钮，系统进入“第二步”窗口，单击“下一步”按钮，开始计算出库成本，稍后进入“完成”窗口，单击“查看报告”按钮，系统打开“查询报告”文件，单击“成本计算表”，进入计算表窗口，如图 10-58 所示。

图 10-58

10.4.11 供应链单据生成凭证处理

以"供应链单据"生成凭证是 ERP 系统的一大特点，能起到数据共享作用，并且财务人员能从"凭证"联查到其由什么源单据生成，该源单据又是基于什么行为而产生的，从而使财务核算和公司管理达到有据可查的目的。

供应链单据生成凭证前，需要设置对应的"凭证模板"，这样在实际生成凭证时，系统将引用该模板，从而轻松快速地完成工作。

通常所有供应链单据都需要生成凭证，但实际业务处理中，只选择有需要的单据生成凭证即可。本节以"生产领料单"为例介绍单据生成凭证的操作方法。

供应链单据生成凭证处理

【例 10-17】2017-1-31 生产领料单生成的凭证如下。

    借：生产成本

      贷：材料档案中的科目

（1）先新增"生产领料单"生成凭证模板。双击【供应链】→【存货核算】→【凭证管理】→【凭证模板】，系统进入"凭证模板设置"窗口，选择"生产领用"项目，单击"新增"按钮，系统进入"凭证模板"新增窗口，如图 10-59 所示。

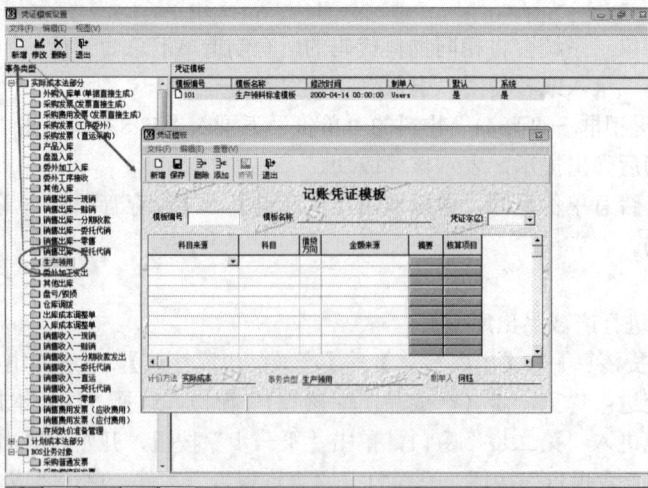

图 10-59

（2）模板编号录入"Z004"，模板名称录入"生产领料凭证"，凭证字选择"记"，如图 10-60 所示。

图 10-60

（3）单击第一行"科目来源"项，选择"凭证模板"，"科目"处按 F7 功能键，系统弹出"会计科目"档案窗口，获取"5001.01.01-直接材料"科目，如图 10-61 所示。

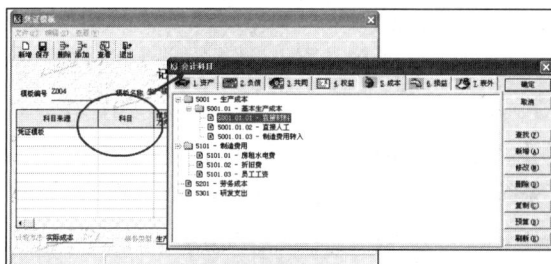

图 10-61

（4）借贷方向选择"借"，金额来源选择"生产领料单实际成本"，单击"摘要"按钮，系统弹出"摘要定义"窗口，在"摘要公式"中录入"生产领料"，"金额来源"选择"生产领料单实际成本"，如图 10-62 所示。

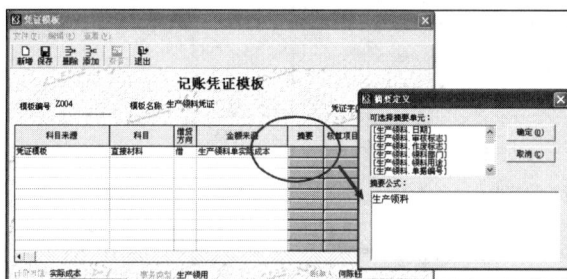

图 10-62

（5）单击"确定"按钮返回"凭证模板"窗口，第二行的"科目来源"选择"单据上物料的存货科目"，借贷方向选择"贷"，"金额来源"选择"生产领料单实际成本"，如图 10-63 所示。

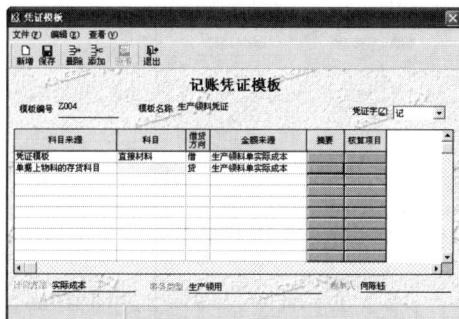

图 10-63

（6）单击"保存"按钮保存当前模板，单击"退出"按钮返回"凭证模板设置"窗口。选中"Z004"号凭证模板，单击菜单"编辑"设为默认模板。

（7）生成凭证。双击【供应链】→【存货核算】→【凭证管理】→【生成凭证】，系统进入"生成凭证"窗口，选中左侧"生产领用"，单击工具栏上"重设"按钮，系统弹出"过滤"窗口，保持默认条件，单击"确定"按钮，系统显示满足条件的单据，选中"SOUT000001"生产领料单，单击"生成凭证"按钮，系统开始自动处理，如图 10-64 所示。

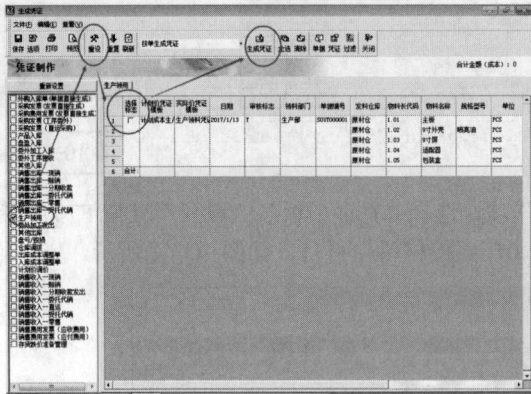

图 10-64

（8）稍后弹出提示窗口，单击"确定"按钮完成凭证生成工作。再次选中"SOUT000001"生产领料单，单击"凭证"按钮，系统弹出生成的"记账凭证-修改"窗口，如图 10-65 所示。

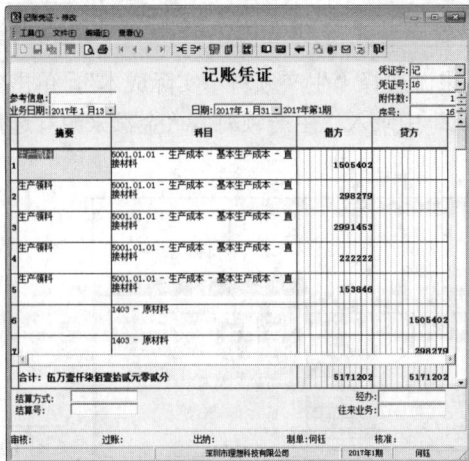

图 10-65

在"生成凭证"管理窗口，可以单击"选项"按钮，系统弹出"生成凭证选项"窗口，在该窗口可以对异常处理、科目与单据选项和计量单位进行设置，如图 10-66 所示。

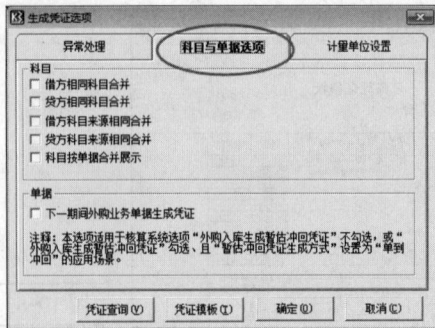

图 10-66

当供应链与财务连用时，存货核算中生成的凭证会自动传递到总账系统，审核、过账后，可以生成相应的报表和账簿。这就显示出会计信息系统的数据共享优点。

10.5

课 后 习 题

（1）画出供应链系统数据传递关系图。

（2）获取基础档案有哪几种方法？

（3）是否仓库期初数据在录入完成后即可启动供应链系统？

（4）单据编号能否自定义？

（5）"单据保存后新增"选项在何处设置？

（6）反审核快捷键是什么？

（7）单据中的源单是否为必选项？

（8）单据打印有几种方式？

实验九

供应链系统

【实验目的】

（1）掌握供应链系统的基本功能。

（2）掌握供应链系统的参数设置。

（3）掌握供应链系统的初始化数据录入

（4）掌握供应链系统的日常操作。

【实验内容】

（1）系统参数设置。

（2）初始化数据录入。

（3）销售模块应用。

（4）采购模块应用。

（5）仓库模块应用。

（6）存货核算系统材料成本核算。

（7）报表查询。

【实验资料】

（1）仓库档案，如表 10-2 所示。

表 10-2 仓库档案

代　码	名　称
1	原材仓
2	半成品仓
3	成品仓

（2）物料档案，如表10-3所示。

表10-3　　　　　　　　　　　　　　物料档案

物料大类	1 原材料			3 产成品
代　码	1.01	1.02	1.03	3.01
名　称	K-16GB 盘	K-32GB 盘	木纹包装盒	16GB 盘
规格型号			20cm×8cm×4cm	
物料属性	外购	外购	外购	自制
计量单位组	数量组	数量组	数量组	数量组
基本计量单位	支	支	个	支
计价方法	加权平均法			
存货科目代码	1403	1403	1403	1405
销售收入科目代码	6001	6001	6001	6001
销售成本科目代码	6401	6401	6401	6401

说明：3.01—16GB 盘是由 1.01 与 1.03 包装而成。

（3）仓库期初数据，如表10-4所示。

表10-4　　　　　　　　　　　　　　仓库期初数据

仓库名称	物料代码	物料名称	期初数量（PCS）	期初金额（元）
原材仓	1.01	K-16GB 盘	80	2 840
原材仓	1.02	K-32GB 盘	17	2 720
原材仓	1.03	木纹包装盒	120	240
成品仓	3.01	16GB 盘	80	3 200

（4）采购入库单，如表10-5所示。

表10-5　　　　　　　　　　　　　　采购入库单

日　期	供应商	物料代码	物料名称	收料仓库	单　位	实收数量	含税单价（元）	含税金额（元）
2017-1-11	广州速龙数据公司	1.01	K-16GB 盘	原材仓	支	400	41.5	16 600
2017-1-12	广州唯安包装公司	1.03	木纹包装盒	原材仓	个	500	2	1 000

说明：广州速龙数据公司供应商需要新增。

（5）领料单，如表10-6所示。

表10-6　　　　　　　　　　　　　　领料单

日　期	领料部门	物料代码	物料名称	发料仓库	单　位	实发数量
2017-1-13	生产部	1.01	笔芯	原材仓	支	420
		1.04	纸箱	原材仓	个	420

（6）成品入库单，如表10-7所示。

表10-7　　　　　　　　　　　　　　成品入库单

日　期	领料部门	物料代码	物料名称	收料仓库	单　位	实收数量
2017-1-16	生产部	3.01	16GB 盘	成品仓	支	420

（7）销售出库单，如表 10-8 所示。

表 10-8 销售出库单

日　期	客　户	物料代码	物料名称	发货仓库	单　位	实收数量	含税价（元）
2017-1-20	上海常星礼品公司	3.01	16GB 盘	成品仓	支	500	70

（8）2017-1-25 付 5 000 元广州浩友塑胶制品厂货款。

（9）2017-1-28 收 30 000 元上海常星礼品公司货款。

【实验步骤】

（1）以"贺君兰"身份登录"100 宇纵科技有限公司"账套，建立表 1 所列仓库档案。

（2）建立物料档案。

（3）双击【系统设置】→【初始化】→【仓存管理】→【系统参数设置】，启用期间设置为 2017年 1 月，其他保持默认。

（4）录入仓库期初数据。

（5）启用供应链系统。

（6）以"叶小英"身份登录账套，录入表 4 所列采购入库数据，并且审核。说明：广州速龙数据公司供应商需要新增。

（7）以"李丽"身份登录账套，录入领料单并审核。

（8）录入成品入库单并审核。

（9）录入销售出库单并审核。

（10）以参考仓库单据方式，生成采购发票和销售发票，默认专用发票，税率都为 17%。

（11）2017-1-25 付广州浩友塑胶制品厂货款，以引用"发票"作为源单生成付款单，本次付款5 000 元，并且生成凭证。

（12）2017-1-28 收上海常星礼品公司货款，以引用"发票"作为源单生成收款单，本次收款30 000 元，并且生成凭证。

（13）进行存货核算处理，相关单据生成凭证。

（14）查询存货核算下的材料明细账和存货收发存汇总表。

实操考试一

涉及模块： 总账、报表

涉及内容： 建立账套、用户管理、初始化设置、会计科目管理、期初数据录入、各类凭证录入、凭证查询、凭证审核、凭证过账、期末转账、期末调汇、账表查询、资产负债表、损益表和期末结账。

考试要求： 从初始化到出财务报表等一系列操作都必须会。

检查要点： 每一张凭证上的制单人是否为"考试者"的姓名，报表输出是否符合要求。

说明： 当出现"姓名"时，它表示的是当前考试者的姓名。目的：防止考试者使用账套恢复功能互相导入，从而作弊。

1. 账套信息和用户

（1）建立账套。

账套号：考试学号

账套名称：考试姓名 A（如：考试者是"贺君兰"，则录入"贺君兰 A"。）

账套路径：系统默认值

公司名称：考试姓名 A

（2）系统启用参数设置。

设置会计期间：2017 年 01 月 01 日～2017 年 12 月 31 日

（3）总账参数设置。

启用会计年度：2017 年

启用会计期间：1 月

选中"凭证过账前必须审核"

（4）操作人员及权限分工如考试表 1-1 所示。

考试表 1-1　　　　　　　　　　操作人员及权限分工

用户名	用户组	权　限	分　工
考试姓名 A	Administrators	所有权限	负责审核"考试姓名 B"录入的业务数据和出报表
考试姓名 B	财务组	基础资料、总账、报表	负责凭证录入等日常业务

2. 基础设置

（1）导入"新会计准则科目"。

（2）新增 HKD——港币，汇率为 0.88。

（3）新增"记"凭证字。

（4）建立客户和供应商档案，如考试表 1-2 所示。

考试表 1-2　　　　　　　　　　客户和供应商

客　户		供应商	
代　码	名　称	代　码	名　称
01	深圳 A 客户	01	A 供应商
02	深圳 B 客户	02	B 供应商

（5）新增和修改会计科目，如考试表 1-3 所示。

考试表 1-3　　　　　　　　　新增和修改会计科目

科目代码	科目名称	币别核算	期末调汇	核算项目
1002.01	工行东桥支行 125	否	否	
1002.02	人行东桥支行 128	单一外币（港币）	是	
1122	应收账款			客户
2202	应付账款			供应商
4001.01	何成越			
4001.02	王成明			
5001.01	基本生产成本			
5001.01.01	直接材料			
5001.01.02	直接人工			
5001.01.03	制造费用转入			
5101.01	折旧费			
5101.02	职员工资			
6601.01	差旅费			
6601.02	业务招待费			
6601.03	业务员工资			
6602.01	办公费			
6602.02	伙食费			
6602.03	管理人员工资			
6602.04	折旧费			

3. 期初数据

（1）客户期初余额，如考试表 1-4 所示。

考试表 1-4　　　　　　　　　客户初始数据　　　　　　　　　单位：元

客　户	日　期	应收账款	预收账款	期初余额
深圳 A 客户	2016-12-31	13 000.00		13 000.00
深圳 B 客户	2016-12-31	25 000.00		25 000.00

（2）供应商期初余额，如考试表 1-5 所示。

考试表 1-5　　　　　　　　　供应商初始数据　　　　　　　　　单位：元

客　户	日　期	应付账款	预付账款	期初余额
A 供应商	2016-12-31	8 000.00		8 000.00

（3）科目期初余额，如考试表 1-6 所示。

考试表 1-6　　　　　　　　　科目初始数据　　　　　　　　　单位：元

科目代码	科目名称	方　向	期初余额
1001	人民币	借	5 000.00
1002.01	工行东桥支行 125	借	285 000.00
1122	应收账款	借	38 000.00
1403	原材料	借	56 000.00
1601	固定资产	借	156 000.00
1602	累计折旧	贷	32 000.00
2202	应付账款	贷	8 000.00
4001.01	何成越	贷	250 000.00
4001.02	王成明	贷	250 000.00

4．日常业务资料

（1）以"考试姓名 B"用户身份录入考试表 1-7 中所有凭证，注意部分科目的新增和客户档案的新增。

考试表 1-7　　　　　　　　　　　　　　　凭证　　　　　　　　　　　　　　　单位：元

凭证号	日　期	摘　要	会计科目	币　别	汇　率	原币金额	借　方	贷　方
记-1	2017-1-8	实收投资款	1002.02 人行东桥支行 128	HKD	0.88	100 000.00	88 000.00	
			4001.02 王成明					88 000.00
记-2	2017-1-12	业务部经理报销招待费	6601.02 业务招待费				2 350.00	
			1001 现金					2 350.00
记-3	2017-1-13	向 A 供应商采购原材一批	1403 原材料				45 000.00	
			2221.01.01 进项税				7 650.00	
			2202 应付账款——A 供应商					52 650.00
记-4	2017-1-15	给 A 供应商付部分货款	2202 应付账款——A 供应商				30 000.00	
			1002.01 工行东桥支行 125					30 000.00
记-5	2017-1-17	销售 C 客户产品	1122 应收账款——C 客户				81 900.00	
			6001 主营业务收入					70 000.00
			2221.01.05 销项税					11 900.00
记-6	2017-1-18	收到 A 客户货款	1002.01 工行东桥支行 125				13 000.00	
			1122 应收账款——深圳 A 客户					13 000.00
记-7	2017-1-22	购买荣威 350	1601 固定资产				95 600.00	
			1002.01 工行东桥支行 125					95 600.00
记-8	2017-1-31	本期生产领料	5001.01.01 直接材料				38 970.00	
			1403 原材料					38 970.00
记-9	2017-1-31	期末固定资产计提折旧	5101.01 折旧费				1 200.00	
			6602.04 折旧费				2 150.00	
			1602 累计折旧					3 350.00

（2）以"考试姓名 A"身份进入凭证的审核和过账。

（3）期末调汇，港币期末汇率为 0.89。

（4）自定义期末结转凭证模板，并且生成相应的凭证。

（5）期末结转损益。

（6）生成资产负债表和损益表，调整格式，以 A4 纸张作为打印纸张输出。

（7）会查询各种账簿和报表。（条件允许安装 PDF 打印机，让考试学员输出 PDF 格式文件上交）

涉及模块：账务处理、报表、固定资产、工资、采购、销售、仓存、存货核算和应收应付。

涉及内容：建立账套、用户管理、初始化设置、应收、应付往来处理、固定资产卡片处理、现金管理、凭证处理和出财务报表

考试要求：了解标准财务模块数据流向关系，掌握这些模块的操作方法。

说明：当出现"姓名"时，它表示的是当前考试者的姓名。目的：防止考试者使用账套恢复功能互相导入，从而作弊。

1. 账套信息和用户

（1）建立账套。

账套号：考试学号 2

账套名称：考试姓名 B（如：考试者是"贺君兰"，则录入"贺君兰 B"。）

账套路径：系统默认值

公司名称：考试姓名 B

（2）账套启用参数设置。

设置会计期间：2017 年 01 月 01 日～2017 年 12 月 31 日

（3）基础资料引入"新会计准则科目"。

（4）总账参数设置。

启用会计年度：2017 年

启用会计期间：1 月

选中"凭证过账前必须审核"

（5）应收款管理参数设置。

启用会计年度：2017 年

启用会计期间：1 月

设置"坏账计提方法"和"科目设置"

（6）应付款管理参数设置。

启用会计年度：2017 年

启用会计期间：1 月

设置"科目设置"

（7）固定资产管理参数设置。

启用会计年度：2017 年

启用会计期间：1 月

（8）应付款管理参数设置。

启用会计年度：2017 年

启用会计期间：1 月

设置"科目设置"

（9）现金管理参数设置。

启用会计年度：2017 年

启用会计期间：1 月

（10）工资新增一个"总类别"。

（11）操作人员及权限分工如考试表 2-1 所示。

考试表 2-1　　　　　　　　　　　　操作人员及权限分工

用户名	用户组	权　限	分　工
考试姓名 A	administrators	所有权限	负责审核"考试姓名 B"录入的业务数据和出报表
考试姓名 B	财务组	所有权限	负责日常业务处理，如凭证录入、固定资产管理和工资录入

2. 基础设置

（1）新增 HKD——港币，汇率为 0.88。

（2）新增"记"凭证字。

（3）建立考试表 2-2~考试表 2-4 基础资料。

考试表 2-2　　　　　　　　　　　　　客户和供应商

客　户		供应商	
代　码	名　称	代　码	名　称
01	深圳 A 客户	01	A 供应商
02	深圳 B 客户	02	B 供应商

考试表 2-3　　　　　　　　　　　　　计量单位

组　别	代　码	名　称	系　数
数量组	11	台	1

考试表 2-4　　　　　　　　　　　　　部门、职员

部　门		职　员		
代　码	名　称	代　码	姓　名	部　门
01	总经办	01	何成越	总经办
02	财务部	02	考试姓名 A	财务部
03	销售部	03	考试姓名 B	财务部
04	采购部	04	郝达	销售部
05	仓库	05	张琴	采购部
06	生产部	06	王平	仓库
07	品管部	07	张强	生产部
08	行政部	08	赵理	生产部
		09	李小明	生产部
		10	李大明	生产部
		11	王长明	品管部
		12	李闯	行政部

（4）建立一个"办公设备"固定资产类别，建立一个"公司办公楼"存放地点。

（5）新增和修改会计科目，如考试表 2-5 所示。

考试表 2-5 　　　　　　　　　　　　　新增和修改会计科目

科目代码	科目名称	币别核算	期末调汇	核算项目
1002.01	工行东桥支行 125	否	否	
1002.02	人行东桥支行 128	单一外币（港币）	是	
1122	应收账款			客户
2202	应付账款			供应商
4001.01	何成越			
4001.02	王成明			
5001.01	基本生产成本			
5001.01.01	直接材料			
5001.01.02	直接人工			
5001.01.03	制造费用转入			
5101.01	折旧费			
5101.02	职员工资			
6601.01	差旅费			
6601.02	业务招待费			
6601.03	业务员工资			
6602.01	办公费			
6602.02	伙食费			
6602.03	管理人员工资			
6602.04	折旧费			

3. 期初数据

（1）应收客户期初余额，如考试表 2-6 所示，在应收款管理"初始化"模块中处理。

考试表 2-6 　　　　　　　　　　　　　客户初始数据 　　　　　　　　　　单位：元

客　户	日　期	应收账款	预收账款	期初余额
深圳 A 客户	2016-12-31	13 000.00		13 000.00
深圳 B 客户	2016-12-31	25 000.00		25 000.00

（2）应付供应商期初余额，如考试表 2-7 所示，在应付款管理"初始化"模块中处理。

考试表 2-7 　　　　　　　　　　　　　供应商初始数据 　　　　　　　　　　单位：元

客　户	日　期	应付账款	预付账款	期初余额
A 供应商	2016-12-31	8 000.00		8 000.00

（3）固定资产初始数据，如考试表2-8所示。

考试表2-8　　　　　　　　　　　　　　　固定资产初始卡片　　　　　　　　　　　　　　　单位：元

基本信息		部门及其他		原值、使用期间与折旧	
资产类别	办公设备	固定资产科目	1601	币别	人民币
资产编码	B001	累计折旧科目	1602	原币金额	9 800
名称	IBM手提电脑	使用部门	总经办	开始使用日期	2016-6-7
计量单位	台	折旧费用科目	6602.04	预计使用期间数	60
数量	1			已使用期间数	6
入账日期	2016-6-7			累计折旧	882
存放地点	公司办公楼			预计净残值	980
使用状况	正常使用			折旧方法	平均年限法（基于入账原值和预计使用期间）
变动方式	购入				

（4）科目期初余额，如考试表2-9所示。

考试表2-9　　　　　　　　　　　　　　　科目初始数据　　　　　　　　　　　　　　　单位：元

科目代码	科目名称	方　向	期初余额
1001	人民币	借	5 000.00
1002.01	工行东桥支行125	借	448 082.00
1122	应收账款	借	38 000.00
1403	原材料	借	8 000.00
1601	固定资产	借	9 800.00
1602	累计折旧	贷	882.00
2202	应付账款	贷	8 000.00
4001.01	何成越	贷	250 000.00
4001.02	王成明	贷	250 000.00

4. 日常业务资料

（1）以"考试姓名B"身份录入考试表2-10其他应付单据。

考试表2-10　　　　　　　　　　　　　　　其他应付单据　　　　　　　　　　　　　　　单位：元

日　期	供应商	金　额
2017-1-11	A供应商	12 500.00
2017-1-12	B供应商	90 000.00

（2）以"考试姓名B"身份录入考试表2-11其他应收单据。

考试表2-11　　　　　　　　　　　　　　　其他应收单据　　　　　　　　　　　　　　　单位：元

日　期	客　户	金　额
2017-1-20	C客户	83 000.00

（3）付 A 供应商货款，以引用"其他应付单"作为源单生成付款单，本次付款 12 000 元。

（4）收深圳 A 客户的货款，以引用"其他应收单"作为源单生成收款单，本次收款 13 000 元。

（5）其他应付单生成凭证、付款单生成凭证。

（6）其他应收单生成凭证、收款单生成凭证。

（7）在"总工资"类别引入所有的部门和职员，然后核算工资，生成费用分配凭证。

（8）计提固定资产折旧。

（9）以"考试姓名 B"用户身份录入考试表 2-12 中所有凭证，注意部分科目的新增和客户档案的新增。

考试表 2-12　　　　　　　　　　　　　　　　　凭证　　　　　　　　　　　　　　单位：元

凭证号	日　期	摘　要	会计科目	币　别	汇　率	原币金额	借　方	贷　方
记-1	2017-1-8	实收投资款	1002.02 人行东桥支行 128	HKD	0.88	100 000.00	88 000.00	
			4001.02 王成明					88 000.00
记-2	2017-1-12	业务部经理报销招待费	6601.02 业务招待费				2 350.00	
			1001 现金					2 350.00

（10）以"考试姓名 A"身份进入凭证的审核和过账。

（11）期末调汇，港币期末汇率为 0.89。

（12）自定义期末结转凭证模板，并且生成相应的凭证。

（13）期末结转损益。

（14）生成资产负债表和损益表，调整格式，以 A4 纸张作为打印纸张输出。

（15）会查询各种账簿和报表。（条件允许安装 PDF 打印机，让考试学员输出 PDF 格式文件上交）

实操考试三

涉及模块：账务处理、报表、固定资产、工资、采购、销售、仓存、存货核算和应收应付。

涉及内容：建立账套、用户管理、初始化设置、进销存单据处理、材料成本核算、应收应付往来处理、固定资产卡片处理、现金管理、凭证处理和出财务报表。

考试要求：了解财务业务一体化的数据流关系，掌握这些模块的操作方法，熟练程度为"会操作"即可。

说明：当出现"姓名"时，它表示的是当前考试者的姓名。目的：防止考试者使用账套恢复功能互相导入，从而作弊。

1．账套信息和用户

（1）建立账套。

账套号：考试学号3

账套名称：考试姓名C（如：考试者是"贺君兰"，则录入"贺君兰C"。）

账套路径：系统默认值

公司名称：考试姓名C

（2）账套启用参数设置。

设置会计期间：2017 年 01 月 01 日～2017 年 12 月 31 日

（3）导入"新会计准则科目"。

（4）财务所有模块参数设置。

启用会计年度：2017 年

启用会计期间：1 月

（5）进销存参数设置。

启用会计年度：2017 年

启用会计期间：1 月

（6）操作人员及权限分工如考试表 3-1 所示。

考试表 3-1 　　　　　　　　　　　　操作人员及权限分工

用户名	用户组	权　限	分　工
考试姓名 B	administrators	所有权限	负责审核"考试姓名 C"录入的业务数据和出报表
考试姓名 C	财务组	所有权限	负责日常业务处理,如单据录入、凭证录入、固定资产管理和工资录入

2．基础设置

（1）新增 HKD——港币，汇率为 0.88。

（2）新增"记"凭证字。

（3）建立考试表 3-2～考试表 3-6 基础资料。

考试表 3-2 　　　　　　　　　　　　客户和供应商

客　户		供应商	
代　码	名　称	代　码	名　称
01	深圳 A 客户	01	A 供应商
02	深圳 B 客户	02	B 供应商

考试表 3-3   计量单位

组　别	代　码	名　称	系　数
数量组	11	PCS	1
其他组	21	台	1
	22	辆	1

考试表 3-4   部门、职员

部　门		职　员		
代　码	名　称	代　码	姓　名	部　门
01	总经办	01	何成越	总经办
02	财务部	02	考试姓名 B	财务部
03	销售部	03	考试姓名 C	财务部
04	采购部	04	郝达	销售部
05	仓库	05	张琴	采购部
06	生产部	06	王平	仓库
07	品管部	07	张强	生产部
08	行政部	08	赵理	生产部
		09	李小明	生产部
		10	李大明	生产部
		11	王长明	品管部
		12	李闯	行政部

考试表 3-5   仓库

代　码	名　称
01	原材仓
02	半成品仓
03	成品仓

考试表 3-6   物料

物料大类	1 原材料				3 产成品
代　码	1.01	1.02	1.03	1.04	3.01
名　称	笔芯	笔壳	笔帽	纸箱	圆珠笔
规格型号	蓝色		蓝色	500PCS 装	蓝色
物料属性	外购	外购	外购	外购	自制
计量单位组	数量组	数量组	数量组	数量组	数量组
基本计量单位	PCS	PCS	PCS	PCS	PCS
计价方法	加权平均法				
存货科目代码	1403	1403	1403	1403	1405
销售收入科目代码	6001	6001	6001	6001	6001
销售成本科目代码	6401	6401	6401	6401	6401

（4）建立一个"办公设备"固定资产类别，建立"公司办公楼"一个存放地点。

（5）新增和修改会计科目，如考试表3-7所示。

考试表3-7　　　　　　　　　　　　　新增和修改会计科目

科目代码	科目名称	币别核算	期末调汇	核算项目
1002.01	工行东桥支行125	否	否	
1002.02	人行东桥支行128	单一外币（港币）	是	
1122	应收账款			客户
2202	应付账款			供应商
4001.01	何成越			
4001.02	王成明			
5001.01	基本生产成本			
5001.01.01	直接材料			
5001.01.02	直接人工			
5001.01.03	制造费用转入			
5101.01	折旧费			
5101.02	职员工资			
6601.01	差旅费			
6601.02	业务招待费			
6601.03	业务员工资			
6602.01	办公费			
6602.02	伙食费			
6602.03	管理人员工资			
6602.04	折旧费			

3. 期初数据

（1）存货初始数据，如考试表3-8所示。

考试表3-8　　　　　　　　　　　　　存货初始数据　　　　　　　　　　　　　单位：元

仓库名称	物料代码	物料名称	期初数量（PCS）	期初金额（元）
原材仓	1.01	笔芯—蓝色	10 000	1 000

（2）应收客户期初余额，如考试表3-9所示。

考试表3-9　　　　　　　　　　　　　客户初始数据　　　　　　　　　　　　　单位：元

客 户	日 期	应收账款	预收账款	期初余额
深圳A客户	2016-12-31	13 000.00		13 000.00
深圳B客户	2016-12-31	25 000.00		25 000.00

（3）应付供应商期初余额，如考试表3-10所示。

考试表3-10　　　　　　　　　　　　供应商初始数据　　　　　　　　　　　　单位：元

客 户	日 期	应付账款	预付账款	期初余额
A供应商	2016-12-31	8 000.00		8 000.00

（4）固定资产初始数据，如考试表 3-11 所示。

考试表 3-11　　　　　　　　　　固定资产初始卡片

基本信息		部门及其他		原值、使用期间与折旧	
资产类别	办公设备	固定资产科目	1601	币别	人民币
资产编码	B001	累计折旧科目	1602	原币金额	9 800
名称	IBM 手提电脑	使用部门	总经办	开始使用日期	2016-6-7
计量单位	台	折旧费用科目	6602.04	预计使用期间数	60
数量	1			已使用期间数	6
入账日期	2016-6-7			累计折旧	882
存放地点	公司办公楼			预计净残值	980
使用状况	正常使用			折旧方法	平均年限法
变动方式	购入				（基于入账原值和预计使用期间）

（5）科目期初余额，如考试表 3-12 所示。

考试表 3-12　　　　　　　　　　科目初始数据　　　　　　　　　　　　　　　　单位：元

科目代码	科目名称	方　向	期初余额
1001	人民币	借	5 000.00
1002.01	工行东桥支行 125	借	448 082.00
1122	应收账款	借	38 000.00
1403	原材料	借	8 000.00
1601	固定资产	借	9 800.00
1602	累计折旧	贷	882.00
2202	应付账款	贷	8 000.00
4001.01	何成越	贷	250 000.00
4001.02	王成明	贷	250 000.00

4. 日常业务资料

（1）以"考试姓名 C"身份录入考试表 3-13～考试表 3-16 业务单据，并且审核。

考试表 3-13　　　　　　　　　　采购入库单

日　　期	供应商	物料代码	物料名称	收料仓库	实收数量（PCS）	含税单价（元）	含税金额（元）
2017-1-11	A 供应商	1.01	笔芯	原材仓	10 000	1	10 000
		1.04	纸箱	原材仓	500	5	2 500
2017-1-12	B 供应商	1.02	笔壳	原材仓	20 000	3	60 000
		1.03	笔帽	原材仓	20 000	1.5	30 000

考试表 3-14　　　　　　　　　　生产领料单

日　　期	领料部门	物料代码	物料名称	发料仓库	单　位	实发数量
2017-1-13	生产部	1.01	笔芯	原材仓	PCS	10 000
		1.02	笔壳	原材仓	PCS	10 000
		1.03	笔帽	原材仓	PCS	10 000
		1.04	纸箱	原材仓	PCS	20

考试表 3-15　　　　　　　　　　产品入库单

日　　期	领料部门	物料代码	物料名称	收料仓库	单　位	实收数量
2017-1-16	生产部	3.01	圆珠笔	成品仓	PCS	10 000

考试表 3-16　　　　　　　　　　　　　销售出库单

日　期	客　户	物料代码	物料名称	发货仓库	单　位	实收数量	含税价（元）
2017-1-20	C 客户	3.01	圆珠笔	成品仓	PCS	10 000	8.30

（2）以参考仓库单据方式，生成采购发票和销售发票，默认专用发票，税率都为 17%。

（3）付 A 供应商货款，以引用"发票"作为源单生成付款单，本次付款 12 000 元，并且生成凭证。

（4）收深圳 A 客户的货款，以引用"发票"作为源单生成收款单，本次收款 13 000 元，并生成凭证。

（5）进行存货核算处理，相关单据生成凭证。

（6）建立一个"总工资"类别，并引入所有的部门和职员，然后核算工资，生成费用分配凭证。

（7）计提固定资产折旧。

（8）以"考试姓名 C"用户身份录入考试表 3-17 中所有凭证，注意部分科目的新增和客户档案的新增。

考试表 3-17　　　　　　　　　　　　　　凭证　　　　　　　　　　　　　　　　单位：元

凭证号	日　期	摘　要	会计科目	币　别	汇　率	原币金额	借　方	贷　方
记-1	2017-1-8	实收投资款	1002.02 人行东桥支行 128	HKD	0.88	100 000	88 000	
			4 001.02 王成明					88 000
记-2	2017-1-12	业务部经理报销招待费	6 601.02 业务招待费				2 350	
			1 001 现金					2 350

（9）以"考试姓名 B"身份进行凭证的审核和过账。

（10）期末调汇，港币期末汇率为 0.89。

（11）自定义期末结转凭证模板，并且生成相应的凭证。

（12）期末结转损益。

（13）生成资产负债表和损益表，调整格式，以 A4 纸张作为打印纸张输出。

（14）会查询各种账簿和报表。（条件允许安装 PDF 打印机，让考试学员输出 PDF 格式文件上交）

金蝶 K/3 有两种使用方式。

（1）在局域网环境下，如果多用户使用金蝶软件，则可以指定一台机器作为数据库服务器和中间层服务器，其他机器作为客户机。服务器兼有计算、保存数据、响应客户端请求等功能，因此配置应该高一些。在服务器上应先安装 SQL Server 2005/2008，然后再安装金蝶软件。客户端计算机只需安装金蝶软件客户端即可。

（2）单机环境下，它既是服务器又是客户机，需先安装 SQL Server 2005/2008，然后再安装金蝶软件。

1 金蝶ERP-K/3 V14.0对硬件和软件环境的要求

金蝶 K/3 的安装和使用对计算机（俗称计算机）的配置有所要求，其中包括硬件配置和软件配置，下面介绍的最低配置，是系统运行的基本条件，为能更好地完成工作任务，金蝶公司会提供一个推荐配置。

1.1 硬件环境

金蝶 K/3 是 3 层结构的客户/服务器数据库应用系统，包括服务器端、中间层服务器和客户端。

（1）数据服务器端。

最低配置：CPU 双核 2.0 GHz、2GB 内存、20GB 硬盘空间，适合单用户使用。

建议配置：采用专业服务器，配置双路或四路 CPU、8GB 内存、40GB 硬盘空间、网卡 1 000Mbit/s，适合网络版使用。

（2）中间层服务端。

最低配置：CPU 双核 2.0 GHz、2GB 内存、20GB 硬盘空间，适合单用户使用。

建议配置：采用专业服务器，配置双路或四路 CPU、8GB 内存、40GB 硬盘空间，网卡 1 000Mbit/s，适合网络版使用。

（3）客户端。

最低配置：CPU 双核 2.0 GHz、1GB 内存、10GB 剩余硬盘空间。

建议配置：CPU 双核 2.4 GHz 或更快、2GB 内存、20GB 剩余硬盘空间。

> **说明**　如果使用 K/3 网络版，当站点数很少时，数据服务器和中间层服务器可以使用高配置的 PC，而且数据服务器端与中间层服务器端也可以使用同一台计算机。为保证软件运行速度，建议采用高配置的硬件，并且将数据服务器端、中间层服务器端和客户端安装在不同计算机上。

1.2 软件环境

（1）数据服务器端。数据服务器端需要安装的软件有数据库系统（SQL Server 2005/2008/2012 标准版/企业版）和 Windows 操作系统（2000/2003/2008/2012/Win7）。

（2）中间层服务器端需要安装 Windows 操作系统（2000/2003/2008/2012/Win7）。

（3）客户端需要安装 Windows 操作系统（2000/XP/Win7/Win8）。

2　安装金蝶K/3

安装金蝶 K/3 分两步，首先要安装数据库软件 SQL Server 2000/2005/2008，然后再安装金蝶 K/3。

金蝶 K/3 的安装方法同其他软件安装方法基本相同，只需按照安装向导安装即可。本书讲述单机 Win7 环境下安装金蝶 K/3 的方法，数据库软件选择的是 SQL Server 2008。在其他操作系统上的安装方法基本类似，可参照本附录。

2.1　安装 SQL Server 2008

金蝶 K/3 的后台数据库是 SQL Server，该数据库由 Microsoft 公司开发，是比较流行的数据库之一，在安装金蝶 K/3 之前需先安装该软件。

（1）打开 SQL2008 安装光盘，双击运行"STETUP.EXE"安装程序，系统检测后进入 SQL Server 安装中心后跳过"计划"内容，直接选择界面左侧列表中的"安装"，选择"安装"下"全新安装或向现有安装添加功能"，如图 1 所示。

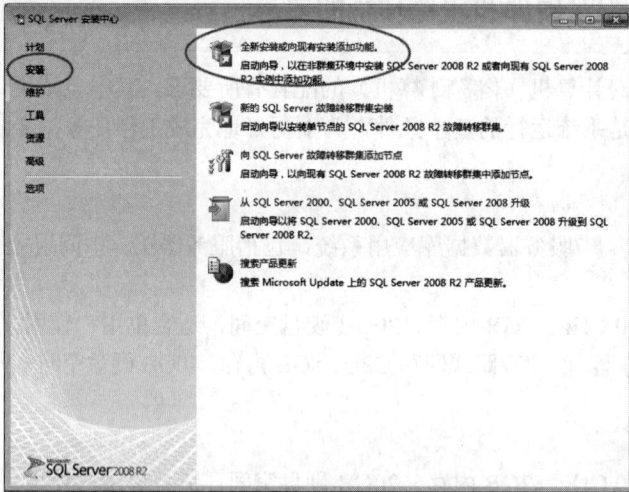

图1

（2）单击"确定"按钮，填写 SQL Server 2008 版本选择和密钥填写，本文以"Enterprise Evaluation"为例介绍安装过程，密钥可以向 Microsoft 官方购买，如图 2 所示。

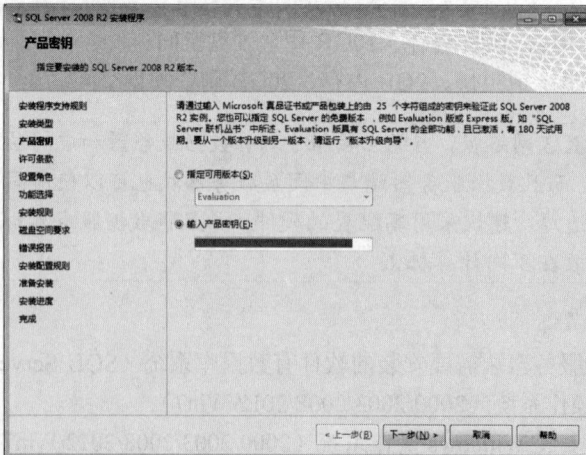

图2

（3）密钥填写后，单击"下一步"按钮进入许可条款界面中，选择"我接受许可条款"，单击"下一步"按钮，接下来将进行安装支持文件检查，如图 3 所示。

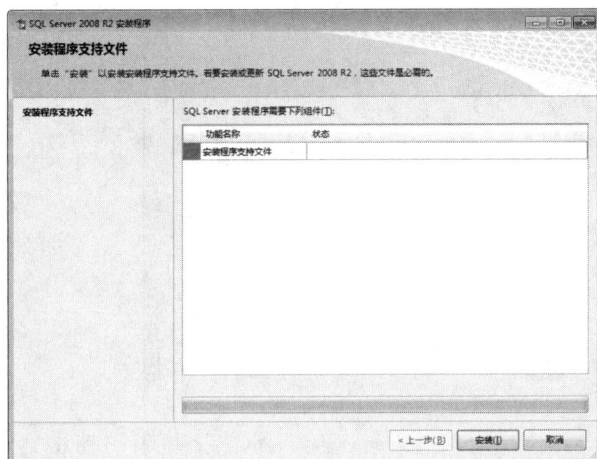

图 3

（4）单击"安装"继续安装，当所有检测都通过之后才能继续下面的安装。如果出现错误，需要更正所有失败后才能安装，如图 4 所示。

图 4

（5）通过"安装程序支持规则"检查之后进入"设置角色"界面，如图 5 所示。

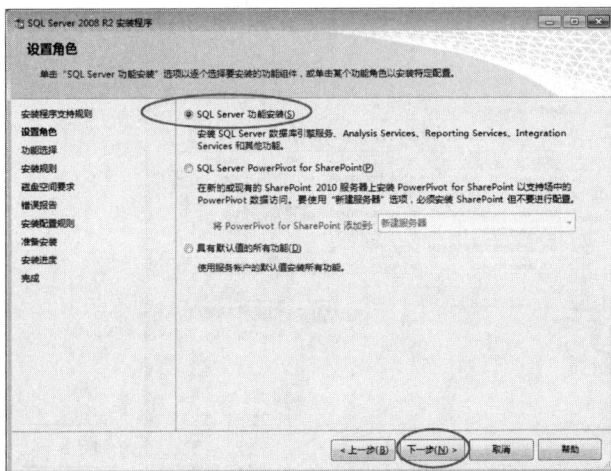

图 5

（6）保持默认值，单击"下一步"按钮，进入"功能选择"界面，如图 6 所示。这里选择需要安装的 SQL Server 功能，以及安装路径。

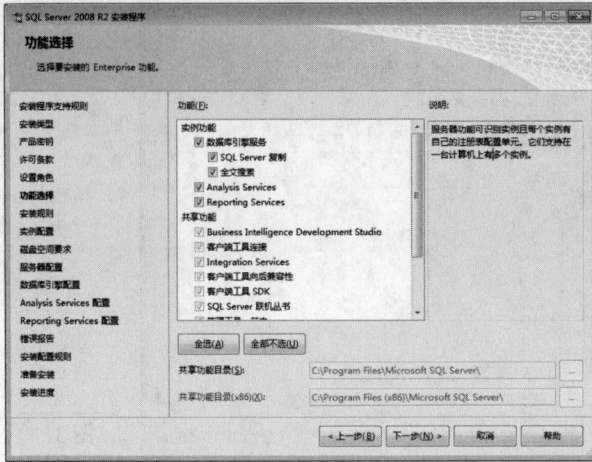

图 6

（7）单击"下一步"按钮，进入"实例配置"，这里选择默认的 ID 和路径，如图 7 所示。

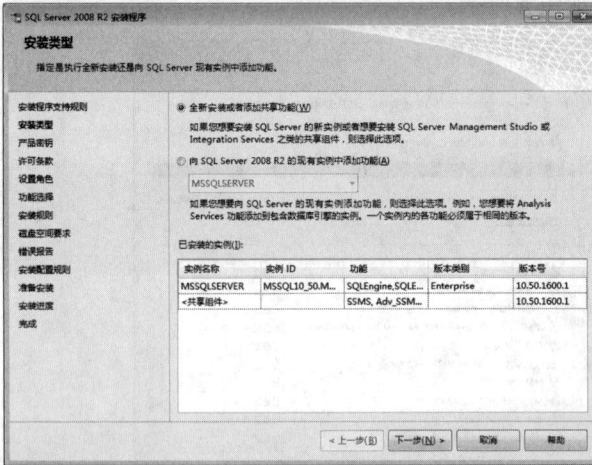

图 7

（8）在完成安装内容选择之后会显示磁盘使用情况，可根据磁盘空间自行调整，单击"下一步"按钮进入服务器配置，需要为各种服务指定合法的账户，如图 8 所示。

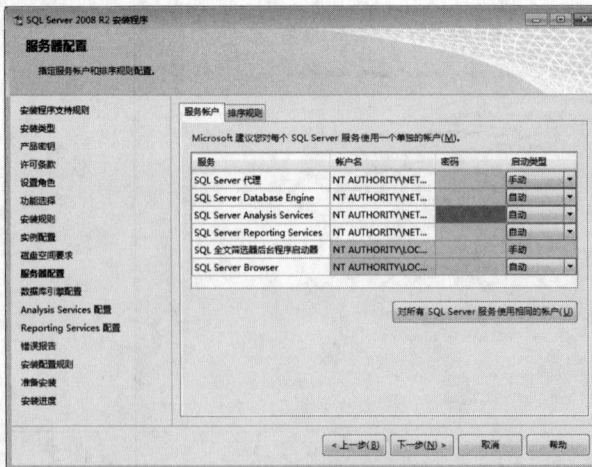

图 8

（9）单击"下一步"按钮，进入数据库登录时的身份验证，选择"混合模式"，并录入密码，然后"添加当前用户"，如图 9 所示。

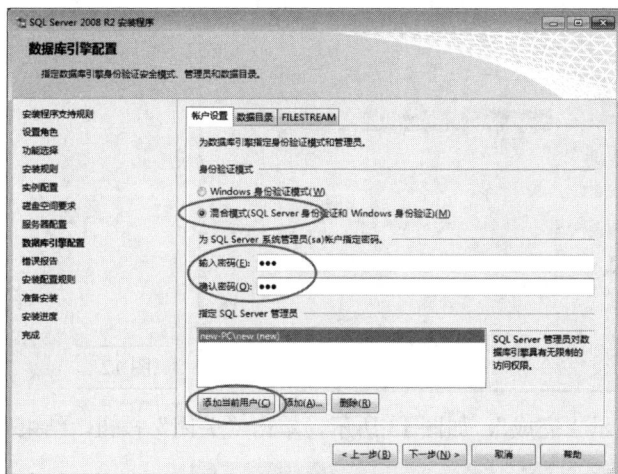

图 9

（10）单击"下一步"按钮进入"错误和使用情况报告"，再单击"下一步"按钮，最后根据功能配置选择再次进行环境检查，如图 10 所示。

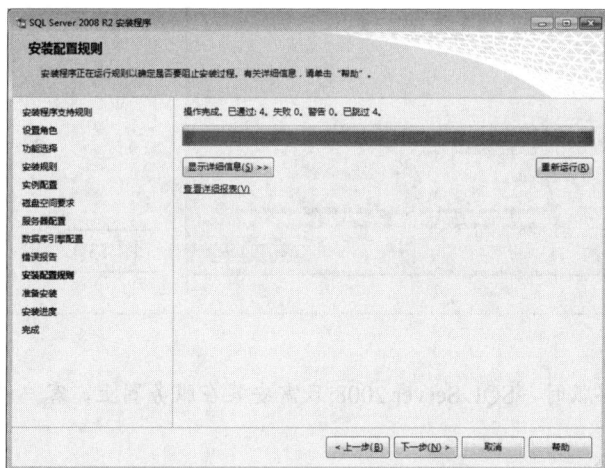

图 10

（11）检查通过后，软件将会列出所有的配置信息，最后一次确认安装，如图 11 所示。

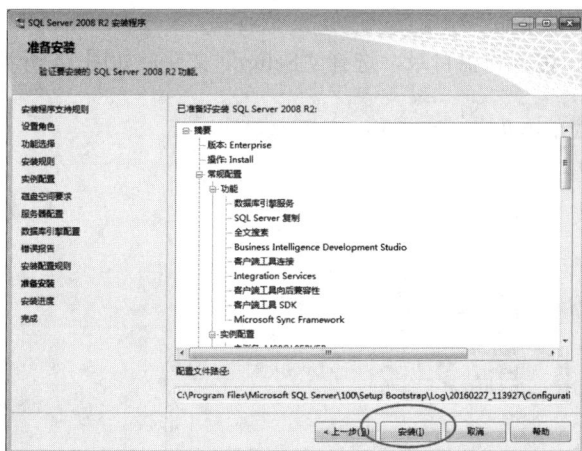

图 11

（12）单击"安装"按钮，开始安装，根据软硬件环境的差异，安装过程可能持续 15～30 分钟，如图 12 所示。

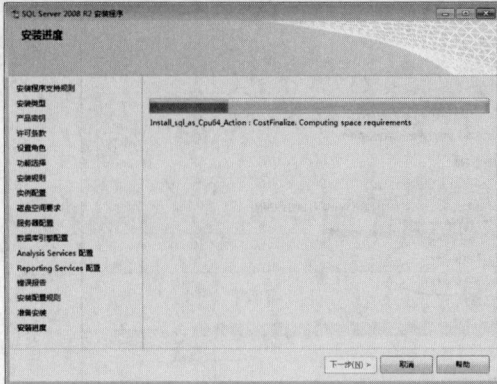

图 12

（13）安装完成之后，显示"完成"，如图 13 所示，单击"关闭"按钮，结束安装。

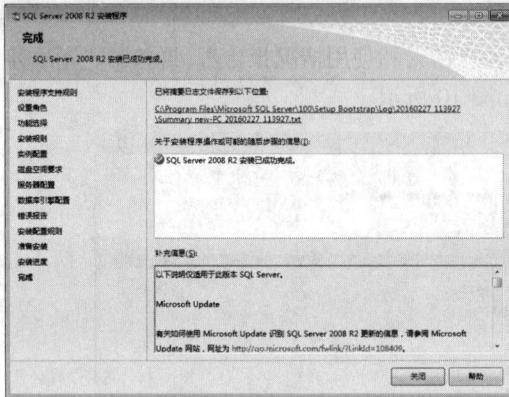

图 13

使用网络版时，SQL Server 2008 只需安装在服务器上，客户端不用安装。

注意

2.2 安装金蝶 K/3

金蝶 K/3 WISE 的安装方法如下。

（1）将安装光盘放入光驱，进入光盘目录，选择"Setup"文件，如图 14 所示。

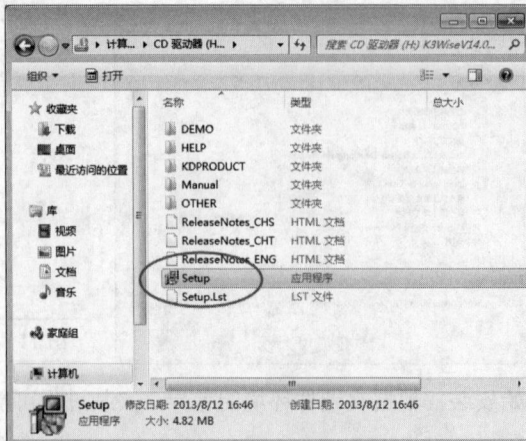

图 14

说明

为保证金蝶 K/3 顺利安装，在安装前需先退出第三方软件，特别是杀毒软件和防火墙，然后再进行 K/3 WISE 安装，安装完成后再启用第三方软件。

（2）双击"Setup"文件，系统弹出"金蝶 K/3 安装程序"选择界面，如图 15 所示。

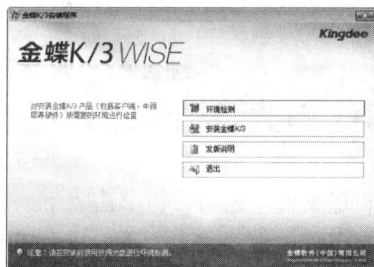

图 15

（3）选择"环境检测"，系统弹出"金蝶 K/3 环境检测"选择窗口，如图 16 所示。

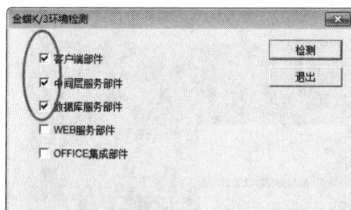

图 16

选中客户端部件、中间层服务部件、数据库服务部件，单击"检测"按钮，系统开始检测，弹出"问题窗口"，单击"确定"按钮，继续检测进程，系统弹出检测到缺少的组件，单击"确定"按钮，系统会将检测出缺少的组件进行安装，根据系统弹出的提示，放入资源光盘可完成缺少组件的安装工作，组件安装成功后，会显示"环境更新完毕"窗口。

说明

经测试，学习本书不用安装资源盘内容也可以顺利进行。

（4）返回"金蝶 K/3 安装程序"选择界面，如图 15 所示，再选择"安装金蝶 K/3"，系统经过检测后进入安装向导窗口，如图 17 所示。

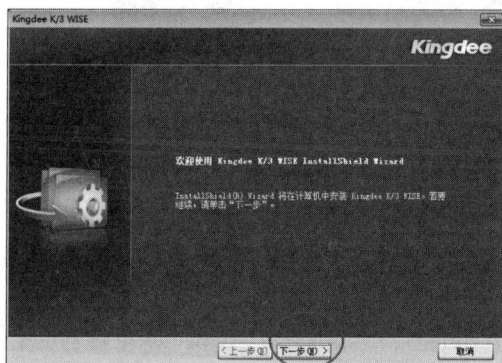

图 17

（5）单击"下一步"按钮，系统进入"许可证协议"窗口，如图 18 所示。

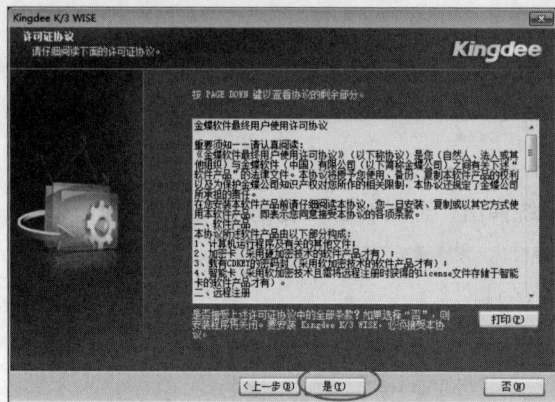

图 18

（6）单击"是"按钮，系统进入"自述文件"窗口，再单击"下一步"按钮，系统进入"客户信息"窗口，在此窗口录入用户名和公司名称，继续单击"下一步"按钮，系统进入"选择目的地位置"窗口，保持默认位置，继续单击"下一步"按钮，系统进入选择"安装类型"窗口，如图 19所示。

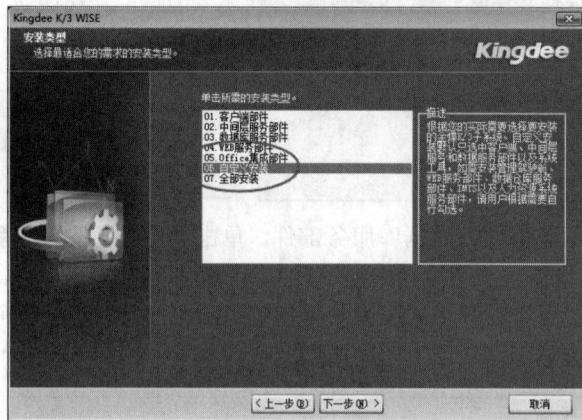

图 19

（7）在此选择"自定义安装"类型，单击"下一步"按钮，系统进入"选择功能"窗口，如图 20 所示。打"√"表示选中，单击"+"可以展开更明细功能后进行选择。

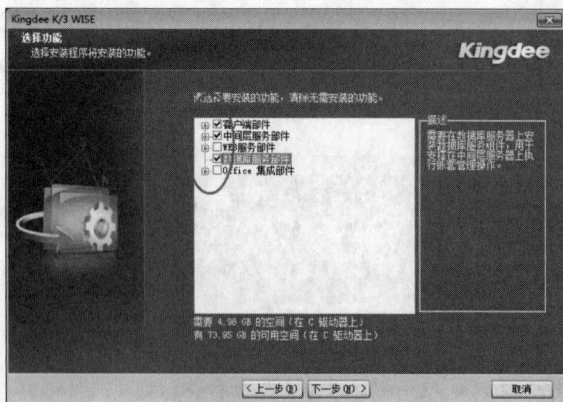

图 20

（8）选择客户端部件、中间层服务部件、数据库服务部件，单击"下一步"按钮，系统进入"安装状态"，安装完成后，显示"完成"窗口，单击"完成"按钮，系统进入"中间层组件安装"窗口，如图 21 所示。